全国计算机等级考试二级教程
——C 语言程序设计
(2020 年版)

Quanguo Jisuanji Dengji Kaoshi Erji Jiaocheng
——C Yuyan Chengxu Sheji

教育部考试中心

主编　田淑清
参编　周海燕　孙甲松　叶海建

高等教育出版社·北京

内容提要

本书根据教育部考试中心制订的《全国计算机等级考试二级C语言程序设计考试大纲(2018年版)》的要求而编写，是教育部考试中心组织编写的计算机等级考试系列教程之一。本书主要内容包括：程序设计基本概念，C程序设计的初步知识，顺序结构，选择结构，循环结构，字符型数据，函数，地址和指针，数组，字符串，对函数的进一步讨论，C语言中用户标识符的作用域和存储类，编译预处理和动态存储分配，结构体、共用体和用户定义类型，位运算，文件。

本书内容精练，结构合理，便于自学，对读者可能遇到的难点做了十分系统、清楚和详细的阐述，极大地减轻了读者学习C语言的困难，是应试人员考前必备的教材，也可作为普通高等学校的教材。

图书在版编目(CIP)数据

全国计算机等级考试二级教程. C语言程序设计：2020年版 / 教育部考试中心编. --北京：高等教育出版社,2019.12

ISBN 978-7-04-053162-6

Ⅰ. ①全…　Ⅱ. ①教…　Ⅲ. ①电子计算机-等级考试-教材②C语言-程序设计-等级考试-教材　Ⅳ. ①TP3

中国版本图书馆CIP数据核字(2019)第274995号

策划编辑　何新权　　责任编辑　何新权　　封面设计　李树龙　　版式设计　杜微言

责任校对　吕红颖　　责任印制　赵义民

出版发行	高等教育出版社	网　　址	http://www.hep.edu.cn
社　　址	北京市西城区德外大街4号		http://www.hep.com.cn
邮政编码	100120	网上订购	http://www.hepmall.com.cn
印　　刷	大厂益利印刷有限公司		http://www.hepmall.com
开　　本	787mm×1092mm　1/16		http://www.hepmall.cn
印　　张	18.25		
字　　数	450千字	版　　次	2019年12月第1版
购书热线	010-58581118	印　　次	2019年12月第1次印刷
咨询电话	400-810-0598	定　　价	36.00元

本书如有缺页、倒页、脱页等质量问题，请到所购图书销售部门联系调换

物 料 号　53162-00

积极发展全国计算机等级考试
为培养计算机应用专门人才、促进信息
产业发展作出贡献

（序）

中国科协副主席　中国系统仿真学会理事长
第五届全国计算机等级考试委员会主任委员
赵沁平

当今，人类正在步入一个以智力资源的占有和配置，知识生产、分配和使用为最重要因素的知识经济时代，也就是小平同志提出的“科学技术是第一生产力”的时代。世界各国的竞争已成为以经济为基础、以科技（特别是高科技）为先导的综合国力的竞争。在高科技中，信息科学技术是知识高度密集、学科高度综合、具有科学与技术融合特征的学科。它直接渗透到经济、文化和社会的各个领域，迅速改变着人们的工作、生活和社会的结构，是当代发展知识经济的支柱之一。

在信息科学技术中，计算机硬件及通信设施是载体，计算机软件是核心。软件是人类知识的固化，是知识经济的基本表征，软件已成为信息时代的新型“物理设施”。人类抽象的经验、知识正逐步由软件予以精确的体现。在信息时代，软件是信息化的核心，国民经济和国防建设、社会发展、人民生活都离不开软件，软件无处不在。软件产业是增长快速的朝阳产业，是具有高附加值、高投入高产出、无污染、低能耗的绿色产业。软件产业的发展将推动知识经济的进程，促进从注重量的增长向注重质的提高方向发展。软件产业是关系到国家经济安全和文化安全，体现国家综合实力，决定21世纪国际竞争地位的战略性产业。

为了适应知识经济发展的需要，大力促进信息产业的发展，需要在全民中普及计算机的基本知识，培养一批又一批能熟练运用计算机和软件技术的各行各业的应用型人才。

1994年，国家教委（现教育部）推出了全国计算机等级考试，这是一种专门评价应试人员对计算机软硬件实际掌握能力的考试。它不限制报考人员的学历和年龄，从而为培养各行业计算机应用人才开辟了一条广阔的道路。

1994年是推出全国计算机等级考试的第一年，当年参加考试的有1万余人，2017年报考人数已达620万人。截至2017年年底，全国计算机等级考试共开考50次，考生人数累计达7 665万人，有2 885万人获得了各级计算机等级证书。

事实说明，鼓励社会各阶层人士通过各种途径掌握计算机应用技术，并通过等级考试对他们的能力予以科学、公正、权威性的认证，是一种比较好的、有效的计算机应用人才培养途径，符合我国的具体国情。等级考试同时也为用人部门录用和考核人员提供了一种测评手段。从有关公司对等级考试所作的社会抽样调查结果看，不论是管理人员还是应试人员，对该项考试的内容和

形式都给予了充分肯定。

计算机技术日新月异。全国计算机等级考试大纲顺应技术发展和社会需求的变化,从2010年开始对新版考试大纲进行调研和修订,在考试体系、考试内容、考试形式等方面都做了较大调整,希望等级考试更能反映当前计算机技术的应用实际,使培养计算机应用人才的工作更健康地向前发展。

全国计算机等级考试取得了良好的效果,这有赖于各有关单位专家在等级考试的大纲编写、试题设计、阅卷评分及效果分析等多项工作中付出的大量心血和辛勤劳动,他们为这项工作的开展作出了重要的贡献。我们在此向他们表示衷心的感谢!

我们相信,在21世纪知识经济和加快发展信息产业的形势下,在教育部考试中心的精心组织领导下,在全国各有关专家的大力配合下,全国计算机等级考试一定会以“激励引导成才,科学评价用才,服务社会选材”为目标,服务考生和社会,为我国培养计算机应用专门人才的事业作出更大的贡献。

前　言

随着我国计算机应用的进一步普及和深入，人们已经达成了一个共识：计算机知识是当代人类文化的重要组成部分，计算机应用是当代人才不可缺少的素质。因此，许多单位把计算机知识和应用能力作为考核、录用工作人员的重要条件，许多人也在努力证实自身在这方面的实力。人们都在寻求一个统一、客观、公正的衡量标准，各种考试也就应运而生，其中最受欢迎和信赖的是教育部考试中心组织的“全国计算机等级考试”。此考试中，不仅涉及计算机有关方面的基本知识，而且考核考生实际操作的能力。这一考试自 1994 年举办以来，应试人数逐年递增。为适应考试的需要，我们根据教育部考试中心制定的《全国计算机等级考试二级 C 语言程序设计考试大纲(2018 年版)》编写了这本教程。本书紧扣考试大纲，内容取舍得当，是一本系统的应试教材。

本书内容共分 16 章，包括：程序设计基本概念，C 语言程序设计的初步知识，顺序结构，选择结构，循环结构，字符型数据，函数，地址和指针，数组，字符串，对函数的进一步讨论，C 语言中用户标识符的作用域和存储类，编译预处理和动态存储分配，结构体、共用体和用户定义类型，位运算，文件等。本书的编写力求在体系结构上安排合理、重点突出、难点分散、便于读者由浅入深逐步掌握，在语言叙述上注重概念清晰、逻辑性强、通俗易懂、便于自学。本书所有例题涵盖了初学程序设计者应掌握的基本算法，并在 VC 的环境下运行通过。书中各章后均配有习题及参考答案，以便于读者自我检查，同时给出了若干编程题并提示了主要算法，以便读者上机练习。本书有配套的电子教案，可从书末所示地址下载。

本书由教育部考试中心组织编写并审定。第 1～16 章由田淑清、周海燕、孙甲松、叶海建合作编写。在本书的编写和出版过程中，教育部考试中心和高等教育出版社给予了大力支持，在此一并表示衷心的感谢。

由于我们水平有限，书中难免会有许多不足之处。我们真诚希望得到广大读者的批评指正。

编者

目　录

第 1 章　程序设计基本概念 …………………… 1
1.1　程序和程序设计 ………………………… 1
1.1.1　C 程序 ………………………………… 1
1.1.2　程序设计 ……………………………… 2
1.2　算法 ……………………………………… 2
1.3　结构化程序设计和模块化结构 …… 3
1.3.1　结构化程序 …………………………… 3
1.3.2　模块化结构 …………………………… 6
习题 ………………………………………… 7
第 2 章　C 程序设计的初步知识 ……………… 8
2.1　简单 C 语言程序的构成和格式 …… 9
2.2　标识符、常量和变量 ………………… 10
2.2.1　标识符 ……………………………… 10
2.2.2　常量 ………………………………… 11
2.2.3　符号常量 …………………………… 11
2.2.4　变量 ………………………………… 12
2.3　整型数据 ……………………………… 12
2.3.1　整型常量 …………………………… 12
2.3.2　整型变量 …………………………… 13
2.3.3　整型数据的分类 …………………… 13
2.3.4　整数在内存中的存储形式 ………… 14
2.4　实型数据 ……………………………… 15
2.4.1　实型常量 …………………………… 15
2.4.2　实型变量 …………………………… 15
2.5　算术表达式 …………………………… 16
2.5.1　基本的算术运算符 ………………… 16
2.5.2　运算符的优先级、结合性和算术表达式 ………………………………… 16
2.5.3　强制类型转换表达式 ……………… 17
2.6　赋值表达式 …………………………… 18
2.6.1　赋值运算符和赋值表达式 ………… 18
2.6.2　复合赋值表达式 …………………… 19
2.6.3　赋值运算中的类型转换 …………… 19
2.7　自加、自减运算符和逗号运算符 ………………………………… 20
2.7.1　自加运算符“++”和自减运算符“--” ………………………………… 20
2.7.2　逗号运算符和逗号表达式 ………… 21
习题 ………………………………………… 21
第 3 章　顺序结构 ……………………………… 23
3.1　赋值语句 ……………………………… 23
3.2　数据输出 ……………………………… 24
3.2.1　printf 函数的一般调用形式 ………… 24
3.2.2　printf 函数中常用的格式说明 ……… 25
3.2.3　使用 printf 函数时的注意事项 ……… 28
3.3　数据输入 ……………………………… 29
3.3.1　scanf 函数的一般调用形式 ………… 29
3.3.2　scanf 函数中常用的格式说明 ……… 29
3.3.3　通过 scanf 函数从键盘输入数据 …… 30
3.4　复合语句和空语句 …………………… 32
3.4.1　复合语句 …………………………… 32
3.4.2　空语句 ……………………………… 32
3.5　程序举例 ……………………………… 32
习题 ………………………………………… 34
第 4 章　选择结构 ……………………………… 37
4.1　关系运算和逻辑运算 ………………… 38
4.1.1　C 语言的逻辑值 …………………… 38
4.1.2　关系运算符和关系表达式 ………… 38
4.1.3　逻辑运算符和逻辑表达式 ………… 39
4.2　if 语句和用 if 语句构成的选择结构 ………………………………… 40
4.2.1　if 语句 ……………………………… 40
4.2.2　嵌套的 if 语句 ……………………… 43
4.3　条件表达式构成的选择结构 ……… 45
4.4　switch 语句以及用 switch 语句和 break 语句构成的选择结构 …… 46
4.4.1　switch 语句 ………………………… 46
4.4.2　switch 语句的执行过程 …………… 46

4.4.3 在 switch 语句体中使用 break 语句 …… 47
4.5 语句标号和 goto 语句 …… 48
4.5.1 语句标号 …… 48
4.5.2 goto 语句 …… 48
习题 …… 49
第 5 章 循环结构 …… 53
5.1 while 语句和用 while 语句构成的循环结构 …… 53
5.1.1 while 循环的一般形式 …… 53
5.1.2 while 循环的执行过程 …… 54
5.2 do-while 语句和用 do-while 语句构成的循环结构 …… 57
5.2.1 do-while 语句构成的循环结构 …… 57
5.2.2 do-while 循环的执行过程 …… 57
5.3 for 语句和用 for 语句构成的循环结构 …… 58
5.3.1 for 语句构成的循环结构 …… 58
5.3.2 for 循环的执行过程 …… 59
5.3.3 有关 for 语句的说明 …… 59
5.4 循环结构的嵌套 …… 60
5.5 break 和 continue 语句在循环体中的作用 …… 63
5.5.1 break 语句 …… 63
5.5.2 continue 语句 …… 63
5.6 程序举例 …… 64
习题 …… 66
第 6 章 字符型数据 …… 71
6.1 字符型常量 …… 72
6.1.1 字符常量 …… 72
6.1.2 转义字符常量 …… 72
6.1.3 字符串常量 …… 73
6.1.4 可对字符量进行的运算 …… 73
6.2 字符变量 …… 73
6.3 字符的输入和输出 …… 74
6.3.1 调用 printf 和 scanf 函数输出和输入字符 …… 74
6.3.2 调用 putchar 和 getchar 函数输出和输入字符 …… 75
6.4 程序举例 …… 76
习题 …… 78
第 7 章 函数 …… 81
7.1 库函数 …… 82
7.2 函数的定义和返回值 …… 83
7.2.1 函数定义的语法 …… 83
7.2.2 函数的返回值 …… 84
7.3 函数的调用 …… 84
7.3.1 函数的两种调用方式 …… 84
7.3.2 函数调用时的语法要求 …… 85
7.4 函数的说明 …… 85
7.4.1 函数说明的形式 …… 85
7.4.2 函数说明的位置 …… 86
7.5 调用函数和被调用函数之间的数据传递 …… 86
7.6 程序举例 …… 88
习题 …… 93
第 8 章 地址和指针 …… 97
8.1 变量的地址和指针 …… 97
8.2 指针变量的定义和指针变量的基类型 …… 99
8.3 给指针变量赋值 …… 100
8.3.1 给指针变量赋地址值 …… 100
8.3.2 给指针变量赋“空”值 …… 101
8.4 对指针变量的操作 …… 101
8.4.1 通过指针来引用一个存储单元 …… 101
8.4.2 移动指针 …… 103
8.4.3 指针比较 …… 104
8.5 函数之间地址值的传递 …… 104
8.5.1 形参为指针变量时实参和形参之间的数据传递 …… 104
8.5.2 通过传送地址值在被调用函数中直接改变调用函数中的变量的值 …… 105
8.5.3 函数返回地址值 …… 106
习题 …… 107
第 9 章 数组 …… 111
9.1 一维数组的定义和一维数组元素的引用 …… 112

9.1.1 一维数组的定义 …… 112
9.1.2 一维数组元素的引用 …… 113
9.1.3 一维数组的初始化 …… 113
9.1.4 通过赋初值定义数组的大小 …… 114
9.1.5 一维数组的定义和数组元素引用举例 …… 114
9.2 一维数组和指针 …… 115
9.2.1 一维数组和数组元素的地址 …… 115
9.2.2 通过数组的首地址引用数组元素 …… 116
9.2.3 通过指针引用一维数组元素 …… 116
9.2.4 用带下标的指针变量引用一维数组元素 …… 117
9.3 函数之间对一维数组和数组元素的引用 …… 117
9.3.1 数组元素作实参 …… 117
9.3.2 数组名作实参 …… 117
9.3.3 数组元素地址作为实参 …… 119
9.3.4 函数的指针形参和函数体中数组的区别 …… 120
9.4 一维数组应用举例 …… 121
9.5 二维数组的定义和二维数组元素的引用 …… 129
9.5.1 二维数组的定义 …… 129
9.5.2 二维数组元素的引用 …… 130
9.5.3 二维数组的初始化 …… 130
9.5.4 通过赋初值定义二维数组的大小 …… 131
9.5.5 二维数组的定义和数组元素引用举例 …… 131
9.6 二维数组和指针 …… 132
9.6.1 二维数组和数组元素的地址 …… 132
9.6.2 通过地址引用二维数组元素 …… 133
9.6.3 通过建立一个指针数组引用二维数组元素 …… 134
9.6.4 通过建立一个行指针引用二维数组元素 …… 135
9.7 二维数组名和指针数组作为实参 …… 135
9.7.1 二维数组名作为实参时实参和形参之间的数据传递 …… 135
9.7.2 指针数组作为实参时实参和形参之间的数据传递 …… 136
9.8 二维数组程序举例 …… 136
习题 …… 139
第 10 章 字符串 …… 147
10.1 用一维字符数组存放字符串 …… 148
10.1.1 通过赋初值的方式给一维字符数组赋字符串 …… 149
10.1.2 在 C 程序执行过程中给一维字符数组赋字符串 …… 150
10.2 使指针指向一个字符串 …… 151
10.2.1 通过赋初值的方式使指针指向一个字符串 …… 151
10.2.2 通过赋值运算使指针指向一个字符串 …… 151
10.2.3 用字符数组作为字符串和用指针指向的字符串之间的区别 …… 151
10.3 字符串的输入和输出 …… 152
10.3.1 输入和输出字符串时的必要条件 …… 152
10.3.2 用格式说明符%s 进行整串输入和输出 …… 152
10.3.3 调用 gets、puts 函数在终端输入或输出一行字符串 …… 153
10.4 字符串数组 …… 153
10.5 用于字符串处理的函数 …… 155
10.6 程序举例 …… 155
习题 …… 159
第 11 章 对函数的进一步讨论 …… 164
11.1 传给 main 函数的参数 …… 164
11.2 通过实参向函数传递函数名或指向函数的指针变量 …… 166
11.3 函数的递归调用 …… 167
习题 …… 170
第 12 章 C 语言中用户标识符的作用域和存储类 …… 174
12.1 局部变量、全局变量和存储分类 …… 174

12.1.1 用户标识符的作用域 …… 174
12.1.2 局部变量、全局变量和存储分类 …… 175
12.2 局部变量及其作用域和生存期 …… 175
12.2.1 auto 变量 …… 175
12.2.2 register 变量 …… 176
12.2.3 静态存储类的局部变量 …… 177
12.3 全局变量及其作用域和生存期 …… 177
12.3.1 全局变量的作用域和生存期 …… 177
12.3.2 在同一编译单位内用 extern 说明符扩展全局变量的作用域 …… 179
12.3.3 在不同编译单位内用 extern 说明符扩展全局变量的作用域 …… 179
12.3.4 静态全局变量 …… 180
12.4 函数的存储分类 …… 180
12.4.1 用 extern 说明函数 …… 180
12.4.2 用 static 说明函数 …… 181
习题 …… 181
第 13 章 编译预处理和动态存储分配 …… 184
13.1 编译预处理 …… 184
13.1.1 宏替换 …… 185
13.1.2 文件包含 …… 187
13.2 动态存储分配 …… 187
13.2.1 malloc 函数和 free 函数 …… 188
13.2.2 calloc 函数 …… 189
习题 …… 189
第 14 章 结构体、共用体和用户定义类型 …… 192
14.1 用 typedef 说明一种新类型名 …… 193
14.2 结构体类型 …… 194
14.2.1 结构体类型的说明 …… 194
14.2.2 结构体类型的变量、数组和指针变量的定义 …… 195
14.2.3 给结构体变量、数组赋初值 …… 197
14.2.4 引用结构体变量中的数据 …… 198
14.2.5 函数之间结构体变量的数据传递 …… 200
14.2.6 利用结构体变量构成链表 …… 204
14.3 共用体 …… 210
14.3.1 共用体类型的说明和变量定义 …… 210
14.3.2 共用体变量的引用 …… 211
习题 …… 212
第 15 章 位运算 …… 217
15.1 位运算符 …… 217
15.2 位运算符的运算功能 …… 218
习题 …… 221
第 16 章 文件 …… 222
16.1 C 语言文件的概念 …… 222
16.2 文件指针 …… 224
16.3 打开文件 …… 224
16.4 关闭文件 …… 225
16.5 调用 getc(fgetc)和 putc(fputc)函数进行输入和输出 …… 226
16.6 判断文件结束函数 feof …… 228
16.7 fscanf 函数和 fprintf 函数 …… 228
16.8 fgets 函数和 fputs 函数 …… 229
16.9 fread 函数和 fwrite 函数 …… 230
16.10 文件定位函数 …… 231
16.10.1 fseek 函数 …… 231
16.10.2 ftell 函数 …… 232
16.10.3 rewind 函数 …… 232
习题 …… 232
附录 1 考试指导 …… 235
附录 2 C 语言的关键字 …… 243
附录 3 双目算术运算中两边运算量类型转换规律 …… 244
附录 4 运算符的优先级和结合性 …… 245
附录 5 常用字符与 ASCII 代码对照表 …… 247
附录 6 库函数 …… 248
附录 7 全国计算机等级考试二级 C 语言程序设计考试大纲(2018 年版) …… 253

附录 8　全国计算机等级考试二级 C 语言程序设计样题及参考答案 …………………… 256
附录 9　习题参考答案 …………………… 269

第1章 程序设计基本概念

学习目标与要求

一、了解程序设计的基本含义

二、了解“算法”的基本特点，学习“算法”的重要性

三、结构化程序设计

1. 了解结构化程序的3种基本结构。
2. 掌握如何用一般流程图和N-S流程图表示三种基本结构。

1.1 程序和程序设计

1.1.1 C程序

计算机现已广泛应用于社会生活的各个领域，成为大众化的现代工具。但是，不熟悉计算机的人仍然把它想象得十分神秘。其实，计算机不过是一种具有内部存储能力、由程序自动控制的电子设备。人们将需要计算机做的工作写成一定形式的指令，并把它们存储在计算机内部的存储器中，当人们给出命令之后，它就按指令顺序自动进行操作。人们把这种可以连续执行的一条条指令的集合称为“程序”。可以说，程序就是人与机器“对话”的语言，也就是我们常说的“程序设计语言”。

目前，在社会上使用的程序设计语言有上百种，它们中的大多数被称为计算机的“高级语言”，如Visual Basic、C++、Java以及本书将要介绍的C语言等。这些语言都是用接近人们习惯的自然语言和数学语言作为表达形式，使人们学习和操作起来感到十分方便。

但是，对于计算机本身来说，它并不能直接识别由高级语言编写的程序，它只能接受和处理由0和1的代码构成的二进制指令或数据。由于这种形式的指令是面向机器的，因此也被称为“机器语言”。

我们把由高级语言编写的程序称为“源程序”，把由二进制代码表示的程序称为“目标程序”。为了把源程序转换成机器能接受的目标程序，软件工作者编制了一系列软件，通过这些软

件可以把用户按规定语法写出的语句一一翻译成二进制的机器指令。这种具有翻译功能的软件称为“编译程序”,每种高级语言都有与它对应的编译程序。例如,C 语言编译程序就是这样的一种软件,其功能如图 1.1 所示。

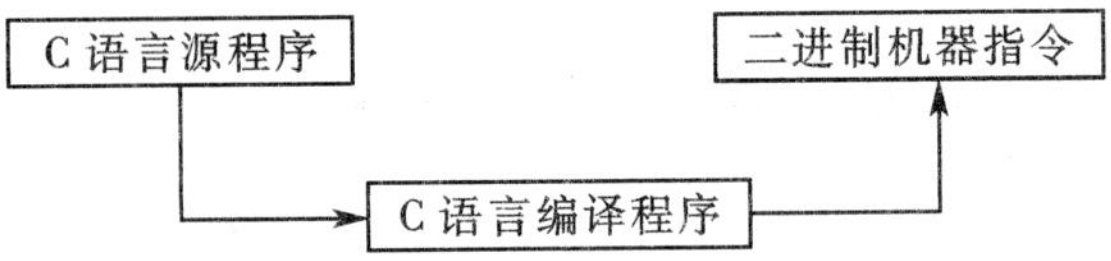

图 1.1 C 语言编译程序功能示意图

我们所写的每条 C 语句,经过编译(Compile)最终都将转换成二进制的机器指令。由 C 语言构成的指令序列称为 C 源程序;按 C 语言的语法编写 C 程序的过程,称为 C 语言的代码编写。

C 源程序经过 C 编译程序编译之后生成一个后缀为 .OBJ 的二进制文件(称为目标文件),然后由称为“连接程序”(Link)的软件,把此 .OBJ 文件与 C 语言提供的各种库函数连接起来生成一个后缀为 .EXE 的可执行文件。在操作系统环境下,只需点击或输入此文件的名字(而不必输入后缀 .EXE),该可执行文件就可运行。

1.1.2 程序设计

简单的程序设计一般包含以下几个部分。

(1) 确定数据结构。根据任务书提出的要求、指定的输入数据和输出结果,确定存放数据的数据结构。

(2) 确定算法。针对存放数据的数据结构来确定解决问题、完成任务的步骤。有关算法的概念将在下一节中介绍。

(3) 编码。根据确定的数据结构和算法,使用选定的计算机语言编写程序代码,输入到计算机并保存在磁盘上,简称编程。

(4) 在计算机上调试程序。消除由于疏忽而引起的语法错误或逻辑错误;用各种可能的输入数据对程序进行测试,使之对各种合理的数据都能得到正确的结果,对不合理的数据能进行适当的处理。

(5) 整理并写出文档资料。

1.2 算法

学习计算机程序设计语言的目的,是要用语言作为工具,设计出可供计算机运行的程序。

在拿到一个需要求解的问题之后,怎样才能编写出程序呢?除了选定合理的数据结构外,一般来说,十分关键的一步是设计算法,有了一个好的算法,就可以用任何一种计算机高级语言把算法转换为程序(编写程序)。

算法是指为解决某个特定问题而采取的确定且有限的步骤。一个算法应当具有以下五个特性:

(1) 有穷性。一个算法包含的操作步骤应该是有限的。也就是说,在执行若干个操作步骤之后,算法将结束,而且每一步都在合理的时间内完成。

(2) 确定性。算法中每一条指令必须有确切的含义,不能有二义性,对于相同的输入必能得出相同的执行结果。

(3) 可行性。算法中指定的操作,都可以通过已经验证过可以实现的基本运算执行有限次后实现。

(4) 有零个或多个输入。在计算机上实现的算法是用来处理数据对象的,在大多数情况下这些数据对象需要通过输入来得到。

(5) 有一个或多个输出。算法的目的是为了求"解",这些"解"只有通过输出才能得到。

算法可以用各种描述方法来进行描述,最常用的是伪代码和流程图。

伪代码是一种近似于高级语言但又不受语法约束的一种语言描述方式,这在英语国家中使用起来更为方便。

流程图也是描述算法的很好的工具,一般的流程图由图 1.2 中所示的几种基本图形组成。

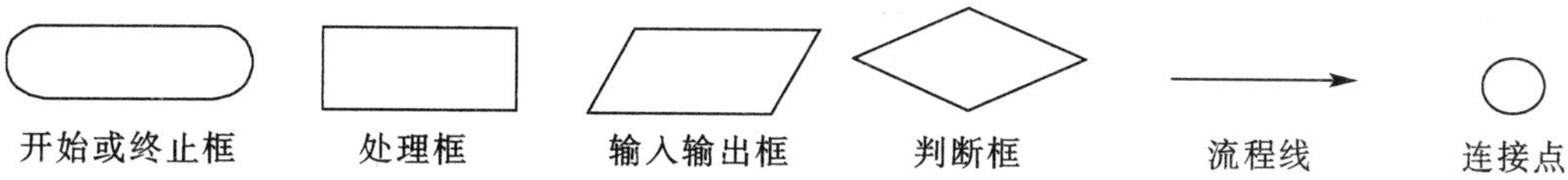

图 1.2 一般的流程图所用的几种基本图形

由这些基本图形中的框和流程线组成的流程图来表示算法,形象直观,简单方便。但是,这种流程图对于流程线的走向没有任何限制,可以任意转向,在描述复杂的算法时所占篇幅较多,费时费力且不易阅读。

随着结构化程序设计方法的出现,1973 年美国学者 I. Nassi 和 B. Shneiderman 提出了一种新的流程图形式,这种流程图完全去掉了流程线,算法的每一步都用一个矩形框来描述,把一个个矩形框按执行的次序连接起来就是一个完整的算法描述。这种流程图用两位学者名字的第一个英文字母命名,称为 N-S 流程图。在下一节中将结合结构化程序设计中的三种基本结构来介绍这种流程图的基本结构。

由于本书中的例题比较简单,因此大都采用文字来进行描述,但要求读者能读懂这两种流程图。

1.3 结构化程序设计和模块化结构

1.3.1 结构化程序

结构化程序由三种基本结构组成。

(1) 顺序结构。在本书第 3 章中将要介绍的如赋值语句、输入、输出语句都可构成顺序结构。当执行由这些语句构成的程序时，将按这些语句在程序中的先后顺序逐条执行，没有分支，没有转移。顺序结构可用图 1.3 所示的流程图表示，其中(a)是一般的流程图，(b)是 N-S 流程图。

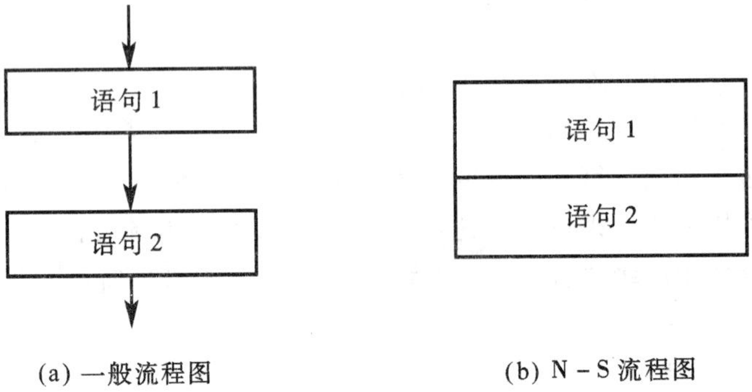

图 1.3 顺序结构流程图

(2) 选择结构。在本书第 4 章中将要介绍的 if 语句、switch 语句都可构成选择结构。当执行到这些语句时，将根据不同的条件去执行不同分支中的语句。选择结构可用图 1.4 所示的流程图表示，其中(a)是一般的流程图，(b)是 N-S 流程图。

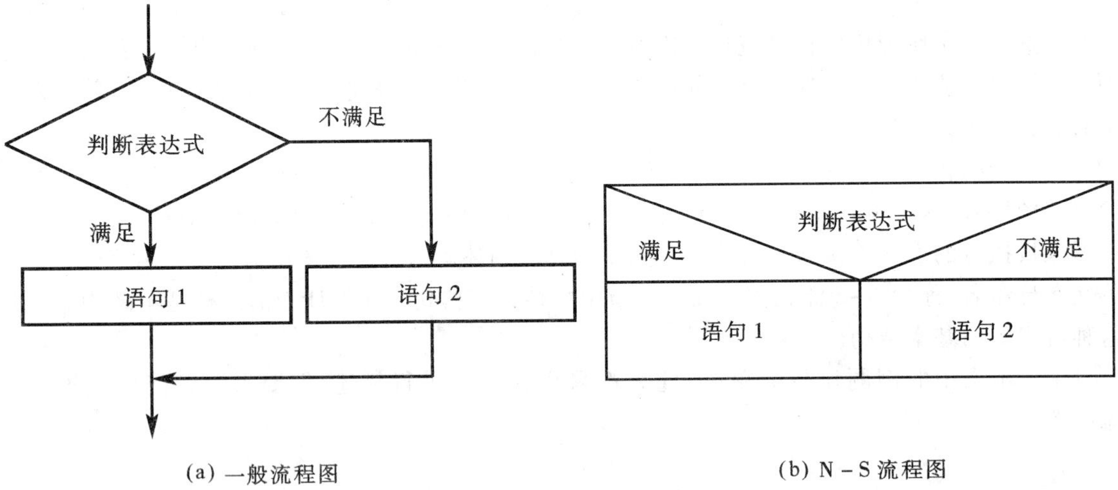

图 1.4 选择结构流程图

(3) 循环结构。在本书第 5 章中将介绍不同形式的循环结构。它们将根据各自的条件，使同一组语句重复执行多次或一次也不执行。循环结构的流程图如图 1.5 和图 1.6 所示，每个图中(a)是一般的流程图，(b)是 N-S 流程图。图 1.5 是当型循环流程图。当型循环的特点是：当指定的条件满足(成立)时，就执行循环体，否则就不执行。图 1.6 是直到型循环流程图。直到型循环的特点是:执行循环体直到指定的条件满足(成立)时就不再执行循环体。

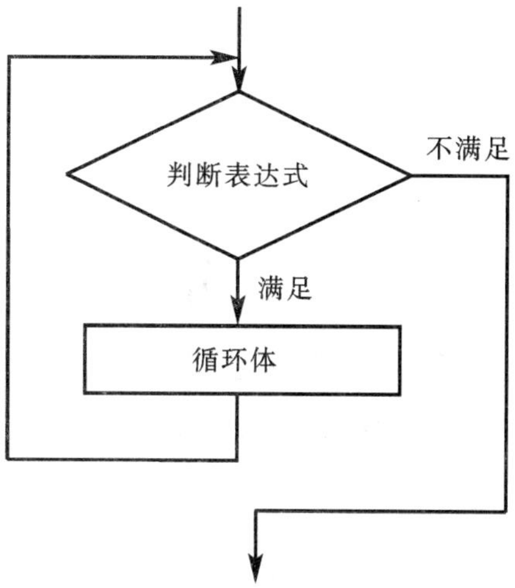

(a) 一般流程图

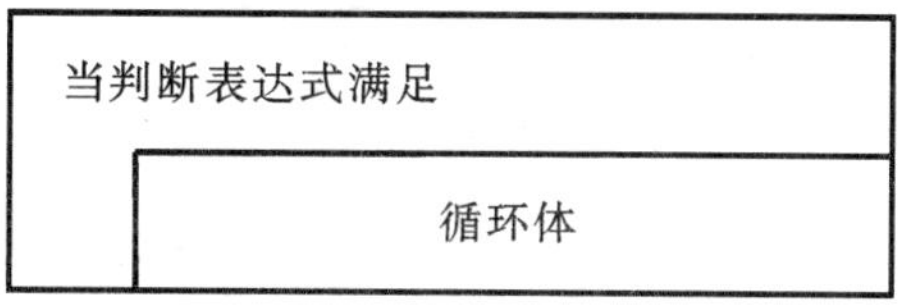

(b) N-S流程图

图 1.5 当型循环流程图

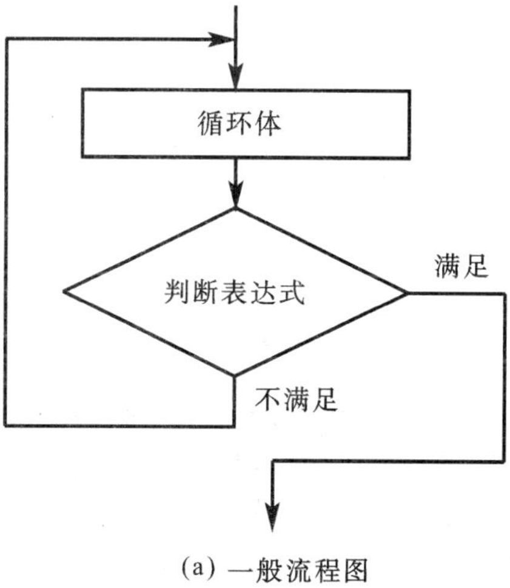

(a) 一般流程图

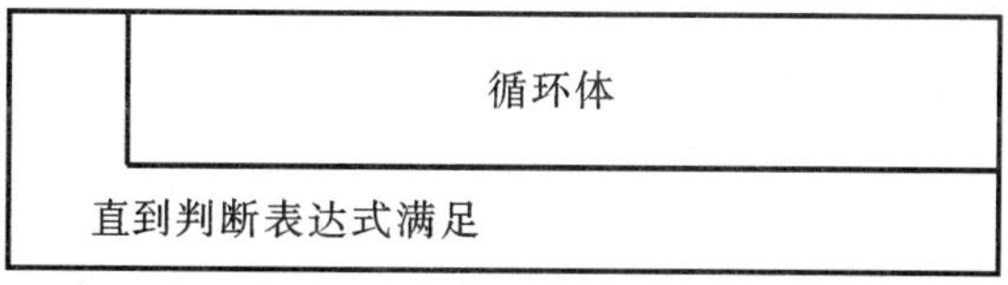

(b) N-S流程图

图 1.6 直到型循环流程图

已经证明,由三种基本结构组成的算法可以解决任何复杂的问题。由三种基本结构所构成的算法称为结构化算法;由三种基本结构所构成的程序称为结构化程序。

例 1.1 先后输入若干个整数,要求打印出其中最大的数,当输入的数小于0时结束。用N-S流程图表示算法。

解题的思路是:先输入一个数,在没有其他数参加比较之前,它显然是当前最大的数,把它放到变量 max 中。让 max 始终存放当前已比较过的数中的最大值。然后输入第二个数,并与 max

比较,如果第二个数大于 max,则用第二个数取代 max 中原来的值。如此先后输入和比较,每次比较后都将值大者放在 max 中,直到输入的数小于 0 时结束。最后 max 中的值就是所有输入数中的最大值。

根据此思路,画出 N-S 流程图(见图 1.7)。变量 x 用来控制循环次数,当 x>0 时,执行循环体;在循环体内进行两个数的比较和输入 x 值。从图 1.7 可见,在循环体的矩形框内包含一个选择结构。

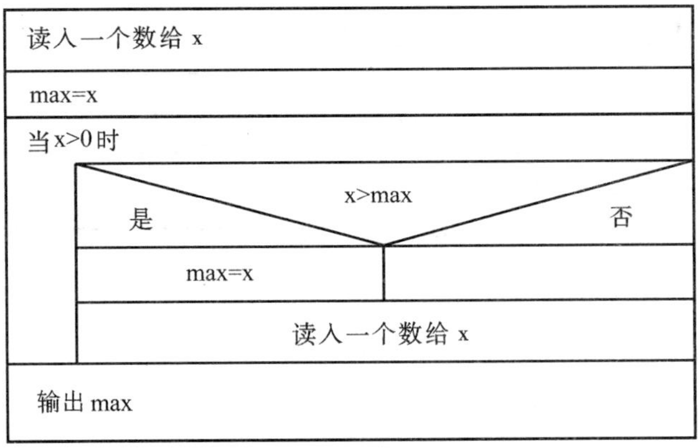

图 1.7　例 1.1 程序的 N-S 流程图

1.3.2　模块化结构

当计算机在处理较复杂的任务时,所编写的程序经常由上万条语句组成,需要由许多人来共同完成。这时常常把这个复杂的任务分解为若干个子任务,每个子任务又分成很多个小子任务,每个小子任务只完成一项简单的功能。在程序设计时,用一个个小模块来实现这些功能,每个程序设计人员分别完成一个或多个小模块。我们称这样的程序设计方法为“模块化”的方法,由一个个功能模块构成的程序结构为模块化结构。

由于把一个大程序分解成若干相对独立的子程序,每个子程序的代码一般不超过一页纸,因此对程序设计人员来说,编写程序代码变得不再困难。这时只需对程序之间的数据传递做出统一规范,同一软件可由一组人员同时进行编写,分别进行调试,这就大大提高了程序编制的效率。

软件编制人员在进行程序设计的时候,首先应当集中考虑主程序中的算法,写出主程序后再动手逐步完成子程序的调用。对于这些子程序也可用调试主程序的同样方法逐步完成其下一层子程序的调用。这就是自顶向下、逐步细化、模块化的程序设计方法。

C 语言是一种结构化程序设计语言。它提供了三种基本结构的语句;提供了定义“函数”的功能,在 C 语言中没有子程序的概念,它提供的函数可以完成子程序的所有功能;C 语言允许对函数单独进行编译,从而可以实现模块化。另外,C 语言还提供了丰富的数据类型。这些都为结构化程序设计提供了有力的工具。

习题

1.1　在 VC 环境中用 RUN 命令运行一个 C 程序时，这时所运行的程序的后缀是________。

1.2　C 语言源程序文件名的后缀是__[1]__；经过编译后，生成文件的后缀是__[2]__；经过连接后，生成文件的后缀是__[3]__。

1.3　结构化程序由__[1]__、__[2]__、__[3]__三种基本结构组成。

第2章 C程序设计的初步知识

学习目标与要求

一、C 程序的构成和格式

1. 了解简单 C 程序的构成。
2. 了解 main 函数的构成。
3. 正确书写 C 程序中的注释。

二、常量

1. 正确表示十进制、八进制、十六进制常量，掌握它们之间数据的转换。
2. 正确表示短整型、长整型、无符号整型常量。了解它们在内存中所占字节数。掌握短整型、无符号整型常量的数值范围。
3. 正确表示两种形式的实型常量。

三、标识符

1. 正确识别 C 语言的关键字和预定义标识符。
2. 了解用户标识符的定义规则，正确定义用户标识符。

四、变量

1. 正确理解“变量代表内存中的存储单元”的概念。
2. 正确定义各类整型变量和各类实型变量。
3. 了解函数中变量定义的位置，建立“变量必须先定义后使用”的概念。
4. 掌握定义变量的同时给该变量赋初值的方法。

五、算术表达式

1. 了解算术运算符的运算规则、优先级，了解常用的数学函数。正确写出 C 语言的算术表达式。
2. 正确理解算术运算符两侧运算数类型不一致时的类型转换规则，了解运算结果的类型。

六、赋值表达式

1. 了解 C 语言中赋值运算符的操作规则及其优先级。正确写出赋值表达式。
2. 正确理解赋值表达式的值。
3. 掌握赋值运算符两边类型不一致时的类型转换规则。
4. 了解复合赋值运算符的操作规则及其优先级。正确写出用复合赋值运算符构成的赋值语句，了解其运算结果。

七、自加、自减运算

1. 了解自加、自减运算符的操作规则及其优先级。正确写出自加、自减运算的表达式。
2. 掌握自加、自减运算的赋值规律。
3. 掌握自加、自减运算表达式的值。

八、强制类型转换和逗号表达式

1. 了解强制类型转换的应用、优先级,正确使用强制类型转换。
2. 了解逗号运算符的应用、优先级,正确写出逗号表达式。
3. 掌握逗号表达式运算的规律和逗号表达式的值。

C 语言语法简洁、紧凑,使用方便、灵活,具有丰富的预定义运算符和数据类型,自定义数据类型也十分灵活。C 程序的模块化主要通过函数实现。由于 C 语言既有高级语言的功能,又有低级语言的一些功能,因此既可以用它来编写系统软件,也可以用来编写应用软件。

2.1 简单C语言程序的构成和格式

为了了解 C 语言程序的构成和编写格式,下面先看一个简单的 C 程序例子。

例 2.1 求矩形的面积。

程序如下:

```
#include <stdio. h>
main( )
{ double a, b, area;
  a = 1.2;                    /* 将矩形的两条边长分别赋给 a 和 b */
  b = 3.6;
  area = a * b;               /* 计算矩形的面积并存储到变量 area 中 */
  printf ("a = %f, b = %f, area = %f \n" ,a, b, area ); /*输出矩形的两条边长和面积*/
}
```

执行以上程序后的输出结果如下:

```
a=1.200000, b=3.600000, area=4.320000
```

以上程序中,main 是主函数名,C 语言规定必须用 main 作为主函数名。其后的一对圆括号中间可以是空的,但这一对圆括号不能省略。程序中的 main( )是主函数的起始行,也是 C 程序执行的起始行。每一个可执行的 C 程序都必须有一个且只能有一个主函数。一个 C 程序中可以包含任意多个不同名的函数,但只能有一个主函数。一个 C 程序总是从主函数开始执行。

在函数的起始行后面用一对花括号"{ }"括起来的部分为函数体。函数体内通常有定义(说明)部分和执行语句部分。以上程序中的"double a, b, area;"为程序的定义部分;从"a = 1.2;"到"printf ("a = %f, b = %f, area = %f \n" ,a, b, area);"是程序的执行部分。执行部分的语句称为可执行语句,必须放在定义部分之后,语句的数量不限,程序中由这些语句向计算机系统发出操作指令。

定义语句用分号";"结束。在以上程序中只有一个定义语句,该语句对程序中所用到的变量 a、b、area 进行定义,说明它们为 double 类型的变量。

程序中“a = 1.2;”和“b = 3.6;”的作用是分别给矩形的两条边赋值,“area = a * b;”的作用是计算出矩形面积并赋给变量 area,“printf ("a = %f, b = %f, area = %f \n" ,a,b,area);”的作用是按格式把 a、b 和 area 的值输出到屏幕。C 程序中的每一条执行语句都必须用分号“;”结束,分号是 C 语句的一部分,不是语句之间的分隔符。

C 语言程序有比较自由的书写格式,但是过于“自由”的程序书写格式往往使人们很难读懂程序,初学者应该从一开始就养成良好的习惯,使编写的程序便于阅读。

在编写程序时可以在程序中加入注释,以说明变量的含义、语句的作用和程序段的功能,从而帮助人们阅读和理解程序。因此,一个好的程序应该有详细的注释。在添加注释时,注释内容必须放在符号“/ *”和“ * /”之间。“/ *”和“ * /”必须成对出现,“/”与“ * ”之间不可以有空格。注释可以用英文,也可以用中文,可以出现在程序中任意合适的地方。注释部分只是用于阅读,对程序的运行不起作用。按语法规定,在注释之间不可以再嵌套“/ *”和“ * /”,如:

```
/* /*……*/ */
```

这种形式是非法的。注意:注释从“/ *”开始到最近的一个“ * /”结束,其间的任何内容都被编译程序忽略。

程序中的“#include <stdio.h>”通常称为命令行,命令行必须用“#”号开头,行尾不能加“;”号,它不是 C 程序中的语句。一对括号“<”和“>”之间的 stdio.h 是系统提供的头文件,该文件中包含着有关输入输出函数的说明信息。在程序中调用不同的标准库函数,应当包含相应的文件,以使程序含有所调用标准库函数的说明信息。至于应该调用哪个文件,将在以后的章节中陆续介绍。

2.2 标识符、常量和变量

2.2.1 标识符

在 C 语言中,有许多符号的命名,如变量名、函数名、数组名等,都必须遵守一定的规则,按此规则命名的符号称为标识符。合法标识符的命名规则是:标识符可以由字母、数字和下划线组成,并且第一个字符必须为字母或下划线。在 C 语言程序中,凡是要求标识符的地方都必须按此规则命名。以下都是合法的标识符:

area、PI、_ini、a_array、s1234、P101p

以下都是非法的标识符:

456P、cade-y、w.w、a&b

在 C 语言的标识符中,大写字母和小写字母被认为是两个不同的字符,例如 page 和 Page 是两个不同的标识符。

对于标识符的长度(即一个标识符允许的字符个数),C 语言编译系统是有规定的,即标识符的前若干个字符有效,超过的字符将不被识别。不同的 C 语言编译系统所规定的标识符有效长度可能会不同。有些系统允许取较长的名字,读者在取名时应当了解所用系统的具体规定。

C 语言的标识符可以分为以下三类。

一、关键字

C 语言已经预先规定了一批标识符，它们在程序中都代表着固定的含义，不能另作他用，这些标识符称为关键字。例如，用来说明变量类型的标识符 int、double 以及 if 语句中的 if、else 等都已有专门的用途，它们不能再用作变量名或函数名。C 语言中的关键字请参考附录 2。

二、预定义标识符

所谓预定义标识符是指在 C 语言中预先定义并具有特定含义的标识符，如 C 语言提供的库函数的名字(如 printf)和预编译处理命令(如 define)等。C 语言允许把这类标识符重新定义另作他用，但这将使这些标识符失去预先定义的原意。鉴于目前各种计算机系统的 C 语言都一致把这类标识符作为固定的库函数名或预编译处理中的专门命令使用，因此为了避免误解，建议用户不要把这些预定义标识符另作他用。

三、用户标识符

由用户根据需要定义的标识符称为用户标识符，又称自定义标识符。用户标识符一般用来给变量、函数、数组等命名。程序中使用的用户标识符除要遵守标识符命名规则外，还应注意做到“见名知义”，即选择具有一定含义的英文单词或汉语拼音作为标识符，如 number1、red、yellow、green、work 等，以增加程序的可读性。

如果用户标识符与关键字相同，则在对程序进行编译时系统将给出出错信息；如果用户标识符与预定义标识符相同，系统并不报错，只是该预定义标识符将失去原定含义，代之以用户确认的含义，这样有可能会引发一些运行时错误。

2.2.2 常量

所谓常量是指在程序运行过程中，其值不能被改变的量。在 C 语言中，有整型常量、实型常量、字符常量和字符串常量等类型。整型常量还可以进一步分为短整型常量、长整型常量等。

整型常量和实型常量又称数值型常量，它们有正值和负值的区分。基本整型常量只用数字表示，不带小数点，例如 12、-1、0 等。实型常量必须用带小数点的数表示，例如 3.14159、-2.71828、0.0 等。'A'和'd'则是字符型常量，而"NCRE"和"Beijing"是字符串常量。由此可见，常量的类型从字面形式上是可区分的，C 编译程序就是以此来确定常量类型的。

2.2.3 符号常量

在 C 语言程序中，可以用一个符号名来代表一个常量，称为符号常量。这个符号名必须在程序中进行特别的“指定”，并符合标识符的命名规则。

例 2.2 计算圆面积。

```
#include "stdio.h"
#define PI 3.14159 /* 定义符号名 PI 为 3.14159 */
main( )
{ double r, s;
  r = 5.0;
```

```
  s = PI * r*r;
  printf("s = %f\n", s);
}
```

执行以上程序后的输出结果如下：

s = 78.539750

程序中用#define命令行(注意:不是语句)定义PI代表一串字符3.14159,在对程序进行编译时,凡本程序中出现PI的地方,编译程序均用3.14159来替换。为了使之比较醒目,这种符号名通常采用大写字母表示。用define进行定义时,必须用"#"作为一行的开头,在#define命令行的最后不得加分号。有关#define命令行的作用,将在后续篇章中介绍。

2.2.4 变量

所谓变量是指在程序运行过程中其值可以改变的量。程序中用到的所有变量都必须有一个名字作为标识,变量的名字由用户定义,它必须符合标识符的命名规则。如例2.1中的a、b和area就是由用户定义的变量名。

一个变量实质上是代表了内存中的若干个存储单元。在程序中,变量a就是指用a命名的若干个存储单元,用户对变量a进行的操作就是对该存储单元进行的操作;给变量a赋值,实质上就是把数据存入该变量所代表的存储单元中。

C语言规定,程序中所有变量都必须先定义后使用。对变量的定义通常放在函数体内的前部,但也可以放在函数的外部或复合语句的开头。

像常量一样,变量也有整型变量、实型变量、字符型变量等不同类型。在定义变量的同时要说明其类型,系统在编译时就能根据其类型为其分配相应的存储单元。

2.3 整型数据

2.3.1 整型常量

在C语言程序中,整型常量可以用十进制、八进制和十六进制等形式表示。

十进制基本常量用一串连续的数字表示,例如32767、-32768、0等。

八进制数也是用一串连续的数字表示,但其开头必须是数字"0"。例如010、011、016等都是合法的八进制数,与之对应的十进制数为8、9、14。因此,在C程序中不能在一个十进制数前随意添加数字"0"。例如,不能把十进制数11写成011。注意:八进制数必须用合法的八进制数字表示。例如,不能写成018,因为数字8不是八进制数字。

十六进制数用数字0和字母x(或大写字母X)开头。例如0x10、0Xde、0xf等都是合法的十六进制数,与之对应的十进制数分别为16、222、15。注意:十六进制数必须用合法的十六进制数字表示。十六进制数中的字母a、b、c、d、e、f既可以用小写也可以用大写。

在C程序中,只有十进制数可以是负数,而八进制和十六进制数只能是整数。

整型常量又有短整型(short int)、基本整型(int)、长整型(long int)和无符号型(unsigned)等不同类型。

2.3.2 整型变量

整型变量可以分为基本型、短整型、长整型和无符号型四种。本节只介绍基本型的整型变量。

基本型的整型变量用类型名关键字 int 进行定义，例如：

```
int k;        /* 定义 k 为整型变量 */
```

一个定义语句必须以一个“;”号结束。在一个定义语句中也可以同时定义多个变量，变量之间用逗号隔开。例如：

```
int i, j, k ; /* 定义 i、j、k 为整型变量 */
```

不同的编译系统为 int 变量开辟的内存单元大小不同。VC 为 int 变量开辟 4 个字节(32 个二进制位)的内存单元，并按整型数的存储方式存放数据，允许存放的数值范围是：-2147483648 ~ 2147483647。整型的变量只能存放整型数值。

当按上述方式定义变量 i、j 和 k 时，编译程序仅为 i、j 和 k 开辟存储单元，而没有在存储单元中存放任何初值，此时变量中的值是无意义的，称变量值“无定义”。

C 语言规定，可以在定义变量的同时给变量赋初值，也称变量初始化。例如：

```
main( )
{ int i = 1, j = 0, k=2;     /* 定义 i、j、k 为整型变量，它们的初值分别为 1、0 和 2 */
        ⋮
}
```

2.3.3 整型数据的分类

前面介绍的 int 类型通常称为基本整型。除此之外，C 语言中整型数据还有其他三种类型：短整型(short int)、长整型(int 或 long int)、无符号型(unsigned)。若不指定变量为无符号型，则变量隐含为有符号型(signed)。

不同的编译系统或计算机系统对这几类整型数所占用的字节数有不同的规定。表 2.1 列出了在 VC 中定义的整型数所占用的字节数和数值范围。表中方括号内的单词可以省略，各单词排列的先后次序无关紧要。

在 VC 中可以在整型常量的后面加一个字母 l(L 的小写)或 L，例如：123L、345l、0L、123456L 等，这些常量在内存中占四个字节。

无论是短整型数还是长整型数，都被识别为有符号整数。无符号整数在数的末尾应该加上字母后缀 u 或 U，若是长整型无符号整型常量，则可以加后缀 lu 或 LU。短整型无符号常量的取值应在 0 ~ 65535 范围内，长整型无符号常量的取值在 0 ~ 4294967295 的范围内。注意：无符号常量不能表示成小于 0 的负数，例如：-200U 是不合法的。

表 2.1　VC 中定义的整型数所占字节数和数值范围

类型名称	占用的字节数	数值范围
[signed] int	4	-2147483648 ~ 2147483647

续表

类型名称	占用的字节数	数值范围
[signed] short [int]	2	-32768 ~ 32767
[signed] long [int]	4	-2147483648 ~ 2147483647
unsigned [int]	4	0 ~ 4294967295
unsigned short [int]	2	0 ~ 65535
unsigned long [int]	4	0 ~ 4294967295

2.3.4 整数在内存中的存储形式

计算机中,内存储器的最小存储单位称为"位(bit)"。由于只能存放 0 或 1,因此称为二进制位。大多数计算机把 8 个二进制位组成一个"字节(byte)",并给每个字节分配一个地址。若干字节组成一个"字(word)",用一个"字"来存放一条机器指令或一个数据。一个字含多少个字节随机器的不同而不同。如果一台计算机以两个字节(16 个二进制位)来存放一条机器指令,则称此计算机的字长为 16 位;如果以四个字节(32 个二进制位)来存放一条机器指令,则称此计算机的字长为 32 位。

通常把一个字节中的最右边一位称为最低位,最左边一位称为最高位。对于一个有符号整数,其中最高位(最左边的一位)用来存放整数的符号,称为符号位。若是正整数,最高位放置 0;若是负整数,最高位放置 1。

一、正整数

当用两个字节存放一个 short 类型正整数时,例如正整数 5,其在内存中的二进制码为:

0000000000000101

对于正整数的这种存储形式称为用"原码"形式存放。因此用两个字节存放 short 类型的最大正整数是:

0111111111111111

它的值为 32767。为简单起见,若一个字节能够正确表示一个整数时,本书则用一个字节表示。

二、负整数

1. 负整数在内存中是以"补码"形式存放的。

取某个二进制数的补码,例如 10000101(十进制数-5)的补码,步骤如下:

(1) 求原码的反码。把原码除符号位之外的二进制码按位取反,即把 1 变成 0,0 变成 1,即得到该原码的反码。例如 10000101 的反码为 11111010。

(2) 把所得的反码加 1,即得到原码的补码。因此 11111010 加 1 得 11111011,这就是-5 在内存中的二进制码。若用两个字节表示,即为:

1111111111111011

2. 把内存中以补码形式存放的二进制码转化成十进制的负整数,步骤如下:

(1) 先对除符号位之外的各位取反。例如有补码 11111010,取反后为 10000101。

(2) 将所得二进制数转换成十进制数。例如,10000101 的十进制数为-5。

(3) 对所求得的数再减 1,即为-6。

通过以上分析可知,由两个字节存放的最小整数是 1000000000000000,它对应的十进制数为-32768,而-1 在内存中存放的二进制码为 1111111111111111。

三、无符号整数

用两个字节存放一个整数时,若说明为无符号整数,则最高位不再用来存放整数的符号,16 个二进制位全部用来存放整数,因此无符号整数不可能是负数。这时,若内存中存放的 16 个二进制位全部为 1,则它所代表的整数就不再是-1,而是 65535。

2.4 实型数据

2.4.1 实型常量

实型常量又称实数或浮点数。在 C 语言中可以用两种形式表示一个实型常量。

一、小数形式

小数形式是由数字和小数点组成的一种实数表示形式,例如 0.123、.123、123.、0.0 等都是合法的实型常量。注意:小数形式表示的实型常量必须要有小数点。

二、指数形式

这种形式类似数学中的指数形式。在数学中,一个数可以用幂的形式来表示,如 2.3026 可以表示为 0.23026×10^{1}、2.3026×10^{0}、23.026×10^{-1} 等形式。在 C 语言中,则以“e”或“E”后跟一个整数来表示以 10 为底的幂数。2.3026 可以表示为 0.23026E1、2.3026e0、23.026e-1。C 语言的语法规定,字母 e 或 E 之前必须要有数字,且 e 或 E 后面的指数必须为整数。如 e3、.5e3.6、.e3、e 等都是非法的指数形式。注意:在字母 e 或 E 的前后以及数字之间不得插入空格。

2.4.2 实型变量

C 语言中实型变量分为单精度型和双精度型两种,分别用类型名 float 和 double 进行定义。

单精度型变量定义的形式如下:

```
float a, b, c;
```

双精度型变量定义的形式如下:

```
double x, y, z;
```

在一般计算机系统中,为 float 类型的变量分配 4 个字节的存储单元,为 double 类型的变量分配 8 个字节的存储单元,并按实型数的存储方式存放数据。实型的变量只能存放实型数,不能用整型变量存放一个实数,也不能用实型变量存放一个整数。

在 VC 中单精度实数(float 类型)的数值范围是 $-10^{38} \sim 10^{38}$,并提供7位有效数字位;绝对值小于 10^{-38} 的数被处理成零值。双精度实数(double 类型)的数值范围约在 $-10^{308} \sim 10^{308}$ 之间,并提供15~16位有效数字位,具体精确到多少位与机器有关;绝对值小于 10^{-308} 的数被处理成零值。因此 double 型变量中存放的数据要比 float 型变量中存放的数据精确得多。注意,在 VC 中,所有的 float 类型数据在运算中都自动转换成 double 型数据。

前面已经介绍过,在程序中一个实数可以用小数形式表示,也可以用指数形式表示。但在内存中,实数一律是以指数形式存放的。

注意:在计算机中可以精确地存放一个整数,不会出现误差,但整型数值的数值范围比实数小。实型数的数值范围较整型大,但往往存在误差。

2.5 算术表达式

2.5.1 基本的算术运算符

在C语言中,基本的算术运算符是:+、-、*、/、%,分别为加、减、乘、除、求余运算符。这些运算符需要两个运算对象,称为双目运算符。除求余运算符%外,运算对象可以是整型,也可以是实型。如1+2、1.2*3.2。

求余运算符的运算对象只能是整型。在%运算符左侧的运算数为被除数,右侧的运算数为除数,运算结果是两数相除后所得的余数。当运算数为负数时,所得结果的符号随机器的不同而不同。

“+”和“-”也可用作单目运算符,运算符必须出现在运算数的左边。运算数可为整型,也可为实型。如:-54、+3.9。

说明:

(1) 如果双目运算符两边运算数的类型一致,则所得结果的类型与运算数的类型一致。例如:1.0/2.0,其运算结果为0.5;1/2,其运算结果为0。

(2) 如果双目运算符两边运算数的类型不一致,系统将自动进行类型转换,使运算符两边的类型达到一致后,再进行运算。在进行双目运算时,若运算符两边的运算数类型不一致,其类型转换规律见附录3。

(3) 在C语言中,所有实型数的运算均以双精度方式进行。若是单精度数,则在尾数部分添0,使之转化为双精度数。

2.5.2 运算符的优先级、结合性和算术表达式

在C语言中,常量、变量、函数调用以及按C语言语法规则用运算符把运算数连起来的式子都是合法的表达式。凡是表达式都有一个值,即运算结果。

一、算术运算符的优先级

算术运算符和圆括号的优先级高低次序如下：

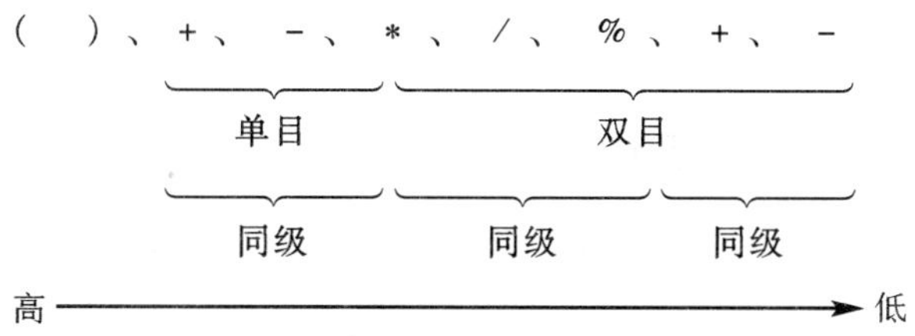

二、算术运算符和圆括号的结合性

以上所列的运算符中，只有单目运算符“+”和“-”的结合性是从右到左的，其余运算符的结合性都是从左到右。

例如：表达式(5+1)/2 的运算结果是 3，圆括号的优先级高于除号；表达式 5+1/2 的运算结果是 5，除号的优先级高于加号；表达式 5 * -2 的运算结果是 -10，单目运算符“-”的优先级高于乘号，这个表达式与 5 * (-2) 等价。

C 语言运算符的优先级和结合方向见附录 4。

三、算术表达式

用算术运算符和一对圆括号将运算数(或称操作数)连接起来的、符合 C 语言语法的表达式称为算术表达式。

算术表达式中，运算对象可以是常量、变量和函数等。例如：2+sqrt(c) * b。

在计算机语言中，算术表达式的求值规律与数学中四则运算的规律类似，其运算规则和要求如下：

(1) 在算术表达式中，可使用多层圆括号，但左右括号必须配对。运算时从内层圆括号开始，由内向外依次计算表达式的值。

(2) 在算术表达式中，若包含不同优先级的运算符，则按运算符的优先级由高到低进行；若表达式中运算符的级别相同，则按运算符的结合方向进行。例如表达式 a+b-c，因为+号和-号的优先级相同，它们的结合性为从左到右，因此先计算 a+b，然后把所得结果减去 c 的值。

2.5.3 强制类型转换表达式

强制类型转换表达式的形式如下：

(类型名)(表达式)

上述形式中，(类型名) 称为强制类型转换运算符，利用强制类型转换运算符可以将一个表达式的值转换成指定的类型，这种转换是根据人为要求进行的。例如：表达式(int) 3.234 把 3.234转换成整数 3；表达式(double)(10 % 3)把 10%3 所得结果 1 转换成双精度数。

2.6 赋值表达式

2.6.1 赋值运算符和赋值表达式

在 C 语言中,赋值号“=”是一个运算符,称为赋值运算符。由赋值运算符组成的表达式称为赋值表达式,其形式如下:

变量名=表达式

赋值号的左边必须是一个代表某一存储单元的变量名,对于初学者来说,只要记住赋值号左边必须是变量名即可。赋值号的右边必须是 C 语言中合法的表达式。赋值运算的功能是先求出右边表达式的值,然后把此值赋给赋值号左边的变量,确切地说,是把数据存入以该变量为标识的存储单元中去。例如,a 和 b 都被定义成 int 类型变量:

```
a=10;          /* 把常量 10 赋给变量 a */
b=a;           /* 把 a 中的值赋给变量 b,a 中的值不变 */
```

在程序中可以多次给一个变量赋值,每赋一次值,与它相应的存储单元中的数据就被更新一次,内存中当前的数据就是最后一次所赋的那个数据。

说明:

(1) 赋值运算符的优先级别只高于逗号运算符,比任何其他运算符的优先级都低,且具有自右向左的结合性。因此,对于如下的表达式:

```
a = 2 + 7 / 3
```

由于所有其他运算符的优先级都比赋值运算符高,所以先计算赋值运算符右边表达式的值,再把此值赋给变量 a。

(2) 赋值运算符不同于数学中的“等于号”,这里不是等同的关系,而是进行“赋予”的操作。

(3) 赋值表达式 x = y 的作用是,将变量 y 所代表的存储单元中的内容赋给变量 x 所代表的存储单元,x 中原有的数据被替换掉。赋值后,变量 y 中的内容保持不变。此表达式应当读作“把右边变量的值赋给左边变量”,而不应读作“x 等于 y”。

(4) 在赋值表达式 x = x 中,虽然赋值运算符两边的运算对象都是 x,但出现在赋值号左边和右边的 x 具有不同的含义。赋值号右边的 x 表示变量 x 所代表的存储单元中的值。赋值号左边的 x 代表以 x 为标识的存储单元。该表达式的含义是取变量 x 中的值放到变量 x 中去。当然,这一操作并无实际意义。

表达式 n=n+1 也是合法的赋值表达式,其作用是取变量 n 中的值加 1 后再放回到变量 n 中,即使变量 n 中的值增 1。

(5) 赋值运算符的左侧只能是变量,不能是常量或表达式。a+b=c 就是非法的赋值表达式。

(6) 等号右边的表达式也可以是一个赋值表达式。如 a=b=7+1,按照运算符的优先级,将首先计算出 7+1 的值 8,然后按照赋值运算符自右向左的结合性,把 8 赋给变量 b,最后再把变量

b 的值赋给变量 a。而表达式 a = 7+1 = b 则是不合法的,因为在 7+1 =b 中,在赋值号的左边不是一个变量。

(7) 在 C 语言中,“=”号被视为一个运算符,a=19 是一个表达式,而表达式应该有一个值,C 语言规定最左边变量中所得到的新值就是赋值表达式的值。

(8) C 语言的赋值表达式可以作为语句中的某个成分出现在众多的语句或表达式中,从而使变量中的数值变化过程变得难于掌握。因此要求读者在学习过程中建立正确的概念,才能准确掌握赋值表达式的运算规律。

2.6.2 复合赋值表达式

在赋值运算符之前加上其他运算符可以构成复合赋值运算符。C 语言规定可以使用 10 种复合赋值运算符,其中与算术运算有关的复合赋值运算符有:+=、-=、*=、/=、%=(注意:两个符号之间不可以有空格)。复合赋值运算符的优先级与赋值运算符的优先级相同。表达式 n+=1的运算规则等价于 n=n+1,表达式 n*=m+3 的运算规则等价于 n=n*(m+3),因为运算符“+”的优先级高于复合赋值运算符“*=”。其他以此类推。

例 2.3 已有变量 a,其值为 9,计算表达式 a+=a-=a+a 的值。

因为赋值运算符与复合赋值运算符“-=”和“+=”的优先级相同,且运算方向自右至左,所以:

(1) 先计算“a+a”,因 a 的初值为 9,所以该表达式的值为 18,注意 a 的值未变。

(2) 再计算“a-=18”,此式相当于“a=a-18”,因 a 的值仍为 9,所以表达式的值为-9,注意 a 的值已为-9。

(3) 最后计算“a+=-9”,此式相当于“a=a+(-9)”,因 a 的值此时已是-9,所以表达式的值为-18。

由此可知,表达式 a+=a-=a+a 的值是-18。

2.6.3 赋值运算中的类型转换

在赋值运算中,只有在赋值号右侧表达式的类型与左侧变量类型完全一致时,赋值操作才能进行。如果赋值运算符两侧的数据类型不一致,在赋值前,系统将自动先把右侧表达式求得的数值按赋值号左边变量的类型进行转换,也可以用强制类型转换的方式人为地进行转换后将值赋给赋值号左边的变量。这种转换仅限于数值数据之间,通常称为“赋值兼容”。对于另外一些数据,例如后面将要讨论的地址值就不能赋给一般的变量,称为“赋值不兼容”。

在这里,特别需要指出的是在进行混合运算时整型数据类型之间的转换问题。

在 C 语言的表达式(不包括赋值表达式)中,如果运算符两边的整数类型不相同,将进行类型之间的转换。转换规则如下:

(1) 若运算符两边一个是短整型,一个是长整型,则将短整型转换为长整型,然后进行运算。

(2) 若运算符两边一个是有符号整型,一个是无符号整型,则将有符号整型转换成无符号整形,然后进行运算。

在 C 语言的赋值表达式中,赋值号右边的值先转换成与赋值号左边的变量相同的类型,然后进行赋值。应当注意:

(1) 当赋值号左边的变量为短整型,右边的值为长整型时,短整型变量只能接受长整型数低位上两个字节中的数据,高位上两个字节中的数据将丢失。也就是说,右边的值不能超出短整型的数值范围,否则将得不到预期的结果。例如,若有以下定义和语句:

```
short a;
unsigned long b;
b=98304; a=b;
printf("%d\n",a);
```

则 a 中的值为-32768。因为 98304(二进制数 11000000000000000)已经超出短整型的数值范围(-32768～32767),a 截取 b 中低 16 位中的值(二进制数 1000000000000000),由于最高位为 1,因此 a 中的值为-32768。

(2) 当赋值号左边的变量为无符号整型,右边的值为有符号整型时,则把内存中的内容原样复制。右边数值的范围不应超出左边变量可以接受的数值范围。同时需要注意,这时负数将转换为正数。例如,变量 a 被说明为 unsigned 类型,在进行了 a=-1 的赋值操作后,将使 a 中的值为 65535。

(3) 当赋值号左边的变量为有符号整型,右边的值为无符号整型时,复制的机制同上。这时若符号位为 1,将按负数处理。

2.7 自加、自减运算符和逗号运算符

2.7.1 自加运算符"++"和自减运算符"--"

(1) 自加运算符"++"和自减运算符"--"的运算结果是使运算对象的值增 1 或减 1。如 i++,相当于 i = i + 1;i--,相当于 i = i - 1。因此,自加或自减运算本身也是一种赋值运算。

(2) 运算符"++"和"--"是单目运算符,运算对象可以是整型变量也可以是实型变量,但不能是常量或表达式,因为不能给常量或表达式赋值。因此,如++3、(i+j)--等都是不合法的。

(3) 用自加或自减运算符构成表达式时,既可以前缀形式出现,也可以后缀形式出现。例如:++i、--i、i++、i--等都是合法的表达式。无论是作为前缀运算符还是作为后缀运算符,对于变量本身来说自增 1 或自减 1 都具有相同的效果,但作为表达式来说却有着不同的值。例如,若变量 i 为 int 类型,且已有值为 5。若表达式为++i,则先进行 i 增 1 运算,i 的值为 6,表达式的值也为 6;若表达式为--i,则先进行 i 减 1 运算,i 的值为 4,表达式的值也为 4;若表达式为 i++,则表达式先取 i 的值为 5,然后 i 进行增 1 运算,使 i 中的值为 6;若表达式为 i--,则表达式先取 i 的值为 5,然后 i 进行减 1 运算,使 i 中的值为 4。

(4) 运算符"++"和"--"的结合方向是"自右至左"。

例如有一表达式-i++,其中 i 的原值为 3。由于负号运算符与自加运算符的优先级相同,结合方向是"自右至左",即相当于对表达式-(i++)进行运算,此时自加运算符"++"为后缀运算符,(i++)的值为 3,因此-(i++)的值为-3,然后 i 自增为 4。

(5) 不要在一个表达式中对同一个变量进行多次诸如 i++或++i 等运算,例如写成:i++ * ++i + i-- * --i,这种表达式不仅可读性差,而且不同的编译系统对这样的表达式将做不同的

解释,进行不同的处理,因而所得结果也各不相同。

2.7.2　逗号运算符和逗号表达式

“,”是 C 语言提供的一种特殊运算符,用逗号将表达式连接起来的式子称为逗号表达式。逗号表达式的一般形式为:

表达式 1,表达式 2,…,表达式 n

说明:

(1) 逗号运算符的结合性为从左到右,因此逗号表达式将从左到右进行运算。即先计算表达式 1,然后计算表达式 2,依次进行,最后计算表达式 n。最后一个表达式的值就是此逗号表达式的值。例如:(i=3, i++, ++i, i + 5)这个逗号表达式的值是 10,i 的值为 5。

(2) 在所有运算符中,逗号运算符的优先级最低。

习题

一、选择题

2.1　以下选项中正确的整型常量是

A) 12.　　B) -20　　C) 1,000　　D) 4 5 6

2.2　以下选项中正确的实型常量是

A) 0　　B) 3.1415　　C) 0.329×10^2　　D) .871

2.3　以下选项中不正确的实型常量是

A) 2.607E-1　　B) 0.8103e 2　　C) -77.77　　D) 456e-2

2.4　以下选项中不合法的用户标识符是

A) abc.c　　B) file　　C) Main　　D) PRINTF

2.5　以下选项中不合法的用户标识符是

A) _123　　B) printf　　C) A $　　D) Dim

2.6　C 语言中运算对象必须是整型的运算符是

A) %　　B) /　　C) !　　D) * *

2.7　可在 C 程序中用作用户标识符的一组标识符是

A) void	B) as_b3	C) For	D) 2c
define	_123	-abc	DO
WORD	If	case	SIG

2.8　若变量已正确定义并赋值,符合 C 语言语法的表达式是

A) a=a+7;　　B) a=7+b+c,a++

C) int(12.3%4)　　D) a=a+7=c+b

2.9　以下叙述中正确的是

A) a 是实型变量,C 允许进行赋值 a=10,但不可以这样说:实型变量中允许存放整型值

B) 在赋值表达式中,赋值号左边既可以是变量也可以是任意表达式

C) 执行表达式 a=b 后,在内存中 a 和 b 存储单元中的原有值都将被改变,a 的值已由原值改变为 b 的值,b 的值由原值变为 0

D）已有 a=3,b=5,当执行了表达式 a=b,b=a 之后,使 a 中的值为 5,b 中的值为 3

2.10 以下叙述中正确的是

A）在 C 程序中无论是整数还是实数,只要在允许的范围内都能准确无误的表示

B）C 程序由主函数组成

C）C 程序由若干函数组成

D）C 程序中只允许包含一个函数

2.11 VC 中 int 类型变量所占字节数是

A）1　　B）2　　C）3　　D）4

2.12 合法的八进制数是

A）0　　B）028　　C）-077　　D）01.0

2.13 不合法的十六进制数是

A）oxff　　B）0Xabc　　C）0x11　　D）0x19

二、填空题

2.14 若 k 为 int 型变量且赋值 11。请写出运算 k++后表达式的值__[1]__和变量 k 的值__[2]__。

2.15 若 x 为 double 型变量,请写出运算 x=3.2,++x 后表达式的值__[1]__和变量 x 的值__[2]__。

2.16 函数体由符号__[1]__开始,到符号__[2]__结束。函数体内的前面是__[3]__部分,后面是__[4]__部分。

2.17 C 语言中的标识符可分为__[1]__、__[2]__和预定义标识符三类。

2.18 在 C 语言程序中,用关键字__[1]__定义基本整型变量,用关键字__[2]__定义单精度实型变量,用关键字__[3]__定义双精度实型变量。

2.19 把 a1、a2 定义成双精度实型变量,并赋初值 1 的定义语句是________。

2.20 C 程序中定义的变量,代表内存中的一个________。

2.21 表达式 3.5 + 1/2 的计算结果是________。

2.22 对数学式$\frac{a\times b}{c}$,写出三个等价的 C 语言表达式__[1]__、__[2]__、__[3]__。

2.23 表达式 s = 10 应当读做"________"。

三、上机改错题（读者最好在 VC 环境下上机试一试,以便熟悉出错信息）

2.24 请指出以下 C 程序的错误所在：

```
#include stdio.h;
main();                     /* main function */
  float r , s;              /*/*r is radius*/,/* s is area of circular*/ */
  r = 5.0;
  s = 3.14159 * r *r ;
  printf (" %f \n " , s )
```

2.25 请指出以下 C 程序的错误所在：

```
main                    /* main function */
{ float a, b, c , v ; /* a, b, c are sides, v is volume of cube */
  a = 2.0 ; b = 3.0 ; c = 4.0
  v = a * b * c;
  printf (" %f \n ", v )
}
```

第3章 顺序结构

学习目标与要求

一、赋值语句

1. 了解赋值语句的构成和运算规律。
2. 正确运用赋值表达式语句。

二、数据输出

1. 掌握标准输出函数 printf 的调用形式。
2. 掌握 printf 函数中常用的格式说明。
3. 掌握简单的输出格式设计。

三、数据输入

1. 掌握标准输入函数 scanf 的调用形式。
2. 掌握 scanf 函数中常用的格式说明。
3. 掌握使用 scanf 函数进行数据输入的方法。

四、复合语句和空语句

1. 了解复合语句的概念和构成特点。
2. 正确构建复合语句。
3. 了解空语句的构成及其在程序中的作用。

在程序中若按语句出现的顺序逐条执行，由这样的语句构成的程序结构称为顺序结构。

3.1 赋值语句

在赋值表达式的尾部加上一个“;”号，就构成了赋值语句，也称表达式语句。例如 a=b+c 是赋值表达式，a=b+c; 则是赋值语句。“i++;”“--i;”“a=b=c;”“a=b,b=c;”等也是赋值语句。赋值语句是一种可执行语句，应当出现在函数的可执行部分。但需要注意，不要把变量定义时的赋初值和赋值语句混为一谈。

C 语言中可由形式多样的赋值表达式构成赋值语句，用法灵活，因此读者首先应当掌握好赋值表达式的运算规律才能写出正确的赋值语句。

3.2 数据输出

把数据从计算机内部送到计算机外部设备上的操作称为"输出"。例如把计算机运算结果显示在屏幕上或打印在纸上,或者送到磁盘上保存起来。从计算机外部设备将数据送入计算机内部的操作称为"输入"。

C语言本身并没有提供输入输出语句,但可以通过调用标准库函数中提供的输入和输出函数来实现输入和输出。C语言提供了丰富的用于输入和输出的库函数。在VC环境下,在调用输入和输出的库函数之前要求在源程序中出现包含头文件stdio.h的命令行(关于命令行详见13.1.2节):

```
#include <stdio.h>
```

3.2.1 printf函数的一般调用形式

printf函数是C语言提供的标准输出函数,用来在终端设备上按指定格式进行输出。

printf函数的调用形式如下:

```
printf(格式控制, 输出项1, 输出项2, …)
```

格式控制是字符串形式。

在printf函数调用之后加上";",则构成输出语句。例如:

```
printf ( "a = %d, b = %d", a, b);
```

以上输出语句中,printf是函数名,用双引号括起来的字符串部分"a = %d, b = %d"是输出格式控制,决定了输出数据的内容和格式。a, b称为输出项,是printf函数的实参。

printf函数中格式控制的作用是:

一、给输出项提供输出格式说明

输出格式说明的作用是将要输出的数据按照指定的格式输出。格式说明由"%"符号和紧跟在其后的格式描述符组成。当输出项为int类型时,用d作为格式描述字符,其形式为%d;当输出项为float或double类型时,用f或e作为格式描述字符,其形式为%f或%e(对于double类型也可用%lf或%le)。

二、提供需要原样输出的文字或字符

除了格式转换说明外,字符串中的其他字符(包括空格)将按原样输出。例如,上例中的"a=%d, b=%d",其中的"a=""，"和"b="都将原样输出,这样使得输出结果更具有可读性。若a、b的值分别为3和4,则上例的printf输出的结果是:a=3,b=4。

printf的各输出项之间要用逗号隔开(函数的各个参数之间必须用逗号隔开)。输出项可以是任意合法的常量、变量或表达式。printf可以没有输出项,函数的调用形式将为printf(格式控制),输出结果就是格式控制中的固定字符串。比如:printf("OK!"); 将输出字符串:OK!。

对于printf函数的调用形式,请见下面的程序示例:

```
#include <stdio.h>
main( )
```

```
{ int i = 2518;
  double a = 3.1415;
  printf ("i = %d,a = %f,a * 10 = %e\n", i, a, a * 10 );
}
```

运行后的输出结果为：

i=2518,a=3.141500,a*10=3.141500e+01

在以上 printf 的输出格式控制中，“i=”按原样输出，在%d 的位置上输出变量 i 的值，接着输出一个逗号和“a=”，在%f 的位置上输出变量 a 的值，又输出一个逗号和“a*10=”，在%e 的位置上输出表达式 a*10 的值，最后的\n 是 C 语言中特定的转义字符“回车换行”，使得屏幕光标或打印机针头移到下一行的开头。有关转义字符将在第 6 章中讨论，读者可在输出语句中先照此例使用。

3.2.2 printf 函数中常用的格式说明

格式控制中，每个格式说明都必须用“%”开头，以一个格式字符作为结束，在此之间可以根据需要插入“宽度说明”、左对齐符号“-”、前导零符号“0”等。

一、格式字符

%后允许使用的格式字符和它们的功能如表 3.1 所示。在某些系统中，可能不允许使用大写字母的格式字符，因此为了使程序具有通用性，在写程序时应尽量不用大写字母的格式字符。

表 3.1 格式字符及其功能

格式字符	说明
c	输出一个字符
d 或 i	输出带符号的十进制整型数。%ld 为长整型（16 位编译器上必须使用），%hd 为短整型，%I64d 为 64位长整数（VC++4.0 以上版本输出_int64 类型的整数）
o	以八进制格式输出整型数。%o 不带先导 0，例如十进制数 15 用%o 输出为 17；%#o 加先导 0，例如十进制数 15 用%#o 输出为 017
x 或 X	以十六进制格式输出整型数。%x 或%X 不带先导 0x 或 0X，例如十进制数 2622 用%x 数据格式输出为 a3e，用%X 数据格式输出为 A3E；%#x 或%#X 输出带先导 0x 或 0X 的十六进制数，例如十进制数 2622 用%#x 数据格式输出为 0xa3e，而用%#X 数据格式输出为 0XA3E
u	以无符号十进制形式输出整型数
f	以带小数点的数学形式输出浮点数（单精度和双精度数）
e 或 E	以指数形式输出浮点数（单精度和双精度数），格式是：[-]m.dddddde±xxx 或[-]m.ddddddE±xxx。小数位数（d 的个数）由输出精度决定，隐含的精度是 6。若指定的精度为 0，则包括小数点在内的小数部分都不输出。xxx 为指数，保持 3 位，不足补 0。若指数为 0，输出指数是 000
g 或 G	由系统决定采用%f 格式还是采用%e（或%E）格式输出，以使输出宽度最小
s	输出一个字符串，直到遇到"\0"。若字符串长度超过指定的精度则自动突破，不会截断字符串
p	输出变量的内存地址
%	也就是%%形式，输出一个%

二、长度修饰符

在%和格式字符之间，可以加入长度修饰符，以保证数据输出格式的正确和对齐。对于长整型数(long)应该加 l，即%ld；对于短整型数(short)可以加 h，即%hd。

三、输出数据所占的宽度说明

当使用%d、%c、%f、%e、%s、…的格式说明时，输出数据所占的宽度(域宽)由系统决定，通常按照数据本身的实际宽度输出，前后不加空格，并采用右对齐的形式。也可以用以下三种方法人为控制输出数据所占的宽度(域宽)，按照使用者的意愿进行输出。

(1) 在%和格式字符之间插入一个整数常数来指定输出的宽度 n(例如%4d，n 代表整数 4)。如果指定的宽度 n 不够，输出时将会自动突破，保证数据完整输出。如果指定的宽度 n 超过输出数据的实际宽度，输出时将会右对齐，左边补以空格，达到指定的宽度。

(2) 对于 float 和 double 类型的实数，可以用“n1.n2”的形式来指定输出宽度(n1 和 n2 分别代表一个整常数)，其中 n1 指定输出数据的宽度(包括小数点)，n2 指定小数点后小数位的位数，n2 也称为精度(例如%12.4f，n1 代表整数 12，n2 代表整数 4)。

对于 f、e 或 E，当输出数据的小数位多于 n2 位时，截去右边多余的小数，并对截去部分的第一位小数做四舍五入处理；当输出数据的小数位少于 n2 时，在小数的最右边补 0，使得输出数据的小数部分宽度为 n2。若给出的总宽度 n1 小于 n2 加上整数位数和小数点(e 或 E 格式还要加上指数的 5 位)，则自动突破 n1 的限制；反之，数字右对齐，左边补空格。

也可以用“.n2”格式(例如%.6f)，不指定总宽度，仅指定小数部分的输出位数，由系统自动突破，按照实际宽度输出。如果指定“n1.0”或“.0”格式(例如%12.0f 或%.0f)，则不输出小数点和小数部分。

对于 g 或 G，宽度用来指定输出的有效数字位数。若宽度超过数字的有效数字位数，则左边自动补 0；若宽度不足，则自动突破。不指定宽度，将自动按照 6 位有效数字输出，截去右边多余的小数，并对截去部分的第一位小数做四舍五入处理。

(3) 对于整型数，若输出格式是“0n1”或“.n2”格式(例如%05d 或%.5d)，则如果指定的宽度超过输出数据的实际宽度，输出时将会右对齐，左边补 0。

对于 float 和 double 类型的实数，若用“0n1.n2”格式输出(例如%012.4f)，如果给出的总宽度 n1 大于 n2 加上整数位数和小数点(e 或 E 格式还要加上指数的 5 位)，则数字右对齐，左边补 0。

对于字符串，格式“n1”指定字符串的输出宽度，若 n1 小于字符串的实际长度，则自动突破，输出整个字符串；若 n1 大于字符串的实际长度，则右对齐，左边补空格。若用“.n2”格式指定字符串的输出宽度，则若 n2 小于字符串的实际长度，将只输出字符串的前 n2 个字符。

注意：输出数据的实际精度并不完全取决于格式控制中的域宽和小数的域宽，而是取决于数据在计算机内的存储精度。通常系统只能保证 float 类型有 7 位有效数字，double 类型有 15 位有效数字。若你指定的域宽和小数的域宽超过相应类型数据的有效数字，输出的多余数字是没有意义的，只是系统用来填充域宽而已。

四、输出数据左对齐

由于输出数据都隐含右对齐，如果想左对齐，可以在格式控制中的“%”和宽度之间加一个

"-"号来实现。

五、使输出数据总带+号或-号

通常输出的数据如果是负数,前面有符号"-",但正数前面的"+"一般都省略了。如果要每一个数前面都带正负号,可以在"%"和格式字符间加一个"+"号来实现。

表3.2列举了各种输出宽度和不指定宽度情况下的输出结果(表中输出结果中的符号j代表一个空格),其中k为int型,值为1234;f为float型,值为123.456。

表3.2 各种输出格式下的输出结果

输出语句	输出结果
printf("%d\n", k);	1234
printf("%6d\n", k);	jj1234
printf("%2d\n", k);	1234
printf("%f\n", f);	123.456
printf("%12f\n", f);	jj123.456000
printf("%12.6f\n", f);	jj123.456000
printf("%2.6f\n", f);	123.456000
rintf("%.6f\n", f);	123.456000
printf("%12.2f\n", f);	jjjjj123.46
printf("%12.0f\n", f);	jjjjjjjj123
printf("%.0f\n", f);	123
printf("%e\n", f);	1.234560e+002
printf("%13e\n", f);	1.234560e+002
printf("%13.8e\n", f);	1.23456000e+002
printf("%3.8e\n", f);	1.23456000e+002
printf("%.8e\n", f);	1.23456000e+002
printf("%13.2e\n", f);	jjjj1.23e+002
printf("%13.0e\n", f);	jjjjjjj1e+002
printf("%.0e\n", f);	1e+002
printf("%g\n", f);	123.456
printf("%5g\n", f);	123.456
printf("%10g\n", f);	jjj123.456
printf("%g\n", 123.456789);	123.457
printf("%06d\n", k);	001234
printf("%.6d\n", k);	001234

续表

输出语句	输出结果
printf("%012.6f\n", f);	00123.456000
printf("%013.2e\n", f);	00001.23e+002
printf("%s\n", "abcdefg");	abcdefg
printf("%10s\n", "abcdefg");	jjjabcdefg
printf("%5s\n", "abcdefg");	abcdefg
printf("%.5s\n", "abcdefg");	abcde
printf("%-6d\n", k);	1234jj
printf("%-12.2f\n", f);	123.46jjjjjj
printf("%-13.2e\n", f);	1.23e+002jjjj
printf("%+-6d%+-12.2f\n", k, -f);	+1234-123.46jjjjjj
printf("%f%%\n", 12.5);	12.500000%

3.2.3 使用 printf 函数时的注意事项

（1）printf 的输出格式为自由格式，是否在两个数之间留逗号、空格或回车，完全取决于格式控制，如果不注意，很容易造成数字连在一起，使得输出结果没有意义。例如：若 k=1234，f=123.456，则 printf("%d%d%f\n", k, k, f)；语句的输出结果是：12341234123.456，无法分辨其中的数字含义。而如果改为 printf("%d %d %f\n", k, k, f)；其输出结果是：1234 1234 123.456，看起来就一目了然了。

（2）格式控制中必须含有与输出项一一对应的输出格式说明，类型必须匹配。若格式说明与输出项的类型不一一对应匹配，则不能正确输出，而且编译时不会报错。若格式说明个数少于输出项个数，则多余的输出项不予输出；若格式说明个数多于输出项个数，则将输出一些毫无意义的数字乱码。

（3）在格式控制中，除了前面要求的输出格式，还可以包含任意的合法字符（包括汉字和转义符），这些字符输出时将“原样照印”。此外，还可利用\n（回车）、\r（回行但不回车）、\t（制表）、\a（响铃）等控制输出格式。

（4）如果要输出%符号，可以在格式控制中用%%表示，将输出一个%符号。

（5）printf 函数有返回值，返回值是本次调用输出字符的个数，包括回车等控制符。

（6）尽量不要在输出语句中改变输出变量的值，因为可能会造成输出结果的不确定性。例如：int k=8; printf("%d,%d\n", k, ++k); 输出结果不是 8,9，而是 9,9。这是因为调用函数 printf 时，其参数是从右至左进行处理的，将先进行++k 运算。

（7）输出数据时的域宽可以改变。若变量 m、n、i 和 f 都已正确定义并赋值，则语句 printf("%*d", m, i); 将按照 m 指定的域宽输出 i 的值，并不输出 m 的值。而语句 printf("%*.*f", m, n, f)；将按照 m 和 n 指定的域宽输出浮点型变量 f 的值，并不输出 m、n 的值。

3.3 数据输入

scanf 函数是 C 语言提供的标准输入函数，其作用是从终端键盘上读入数据。

3.3.1 scanf 函数的一般调用形式

scanf 函数的一般调用形式如下：

scanf (格式控制，输入项 1，输入项 2，…)

在 scanf 函数调用之后加上“;”，则构成输入语句。

例如，若 k 为 int 型变量，a 为 float 型变量，y 为 double 型变量，可通过以下函数调用语句进行输入：

```
scanf ( "%d%f%lf" , &k, &a, &y );
```

其中 scanf 是函数名，双引号括起来的字符串部分为格式控制部分，其后的 &k，&a，&y 为输入项。

格式控制的主要作用是指定输入时的数据转换格式，即格式转换说明。scanf 的格式转换说明与 printf 的类似，也是由“%”开始，其后是格式字符。上例的%d、%f(或%e)、%lf(或%le)分别用于 int、float 和 double 型数据的输入。

输入项之间用逗号隔开。对于 int、float 和 double 型变量，在变量之前必须加 & 符号作为输入项(& 是 C 语言中的求地址运算符，输入项必须是地址表达式，读者在此只需正确表示，不必深究)。

3.3.2 scanf 函数中常用的格式说明

每个格式说明都必须用% 开头，以一个“格式字符”作为结束。

通常允许用于输入的格式字符及其相应的功能如表 3.3 所示。

表 3.3 用于输入的格式字符及其功能

格式字符	说　明
c	输入一个字符
d	输入带符号的十进制整型数
i	输入整型数，整型数可以是带先导 0 的八进制数，也可以是带先导 0x(或 0X)的十六进制数
o	以八进制格式输入整型数，可以带先导 0，也可以不带
x	以十六进制格式输入整型数，可以带先导 0x 或 0X，也可以不带
u	以无符号十进制形式输入整型数
f(lf)	以带小数点的数学形式或指数形式输入浮点数(单精度数用 f，双精度数用 lf)
e(le)	同上
s	输入一个字符串，直到遇到"\0"。若字符串长度超过指定的精度则自动突破，不会截断字符串

说明：

（1）在格式串中，必须含有与输入项一一对应的格式转换说明符。若格式说明与输入项的类型不一一对应匹配，则不能正确输入，而且编译时不会报错。若格式说明个数少于输入项个数，scanf 函数结束输入，则多余的输入项将无法得到正确的输入值；若格式转换说明个数多于输入项个数，scanf 函数也结束输入，多余的数据作废，不会作为下一个输入语句的数据。

（2）在 VC 环境下，输入 short 型整数，格式控制要求用%hd。要输入 double 型数据，格式控制必须用%lf（或 %le）。否则，数据不能正确输入。

（3）在 scanf 函数的格式字符前可以加入一个正整数指定输入数据所占的宽度，但不可以对实数指定小数位的宽度。

（4）由于输入是一个字符流，scanf 从这个流中按照格式控制指定的格式解析出相应数据，送到指定地址的变量中。因此当输入的数据少于输入项时，运行程序将等待输入，直到满足要求为止。当输入的数据多于输入项时，多余的数据在输入流中没有作废，而是等待下一个输入操作语句继续从此输入流读取数据。

（5）scanf 函数有返回值，其值就是本次 scanf 调用正确输入的数据项的个数。

3.3.3 通过 scanf 函数从键盘输入数据

当用 scanf 函数从键盘输入数据时，每行数据在未按下回车键（Enter 键）之前，可以任意修改。但按下回车键（Enter 键）后，scanf 函数即接受了这一行数据，不能再回去修改。

一、输入数值数据

在输入整数或实数这类数值型数据时，输入的数据之间必须用空格、回车符、制表符（Tab 键）等间隔符隔开，间隔符个数不限。即使在格式说明中人为指定了输入宽度，也可以用此方式输入。例如：若 k 为 int 型变量，a 为 float 型变量，y 为 double 型变量，有以下输入语句：

```
scanf ( "%d%f%le", &k, &a, &y );
```

若要给 k 赋值 10，a 赋值 12.3，y 赋值 1234567.89，输入格式可以是（输入的第一个数据之前可有任意空格）：

```
10 12.3 1234567.89 <CR>
```

此处<CR>表示回车键。也可以是：

```
10<CR>
12.3<CR>
1234567.89<CR>
```

只要能把 3 个数据正确输入，就可以按任何形式添加间隔符。

二、指定输入数据所占的宽度

可以在格式字符前加入一个正整数指定输入数据所占的宽度。例如上例可改为：

```
scanf( "%3d%5f%5le", &k, &a, &y);
```

若从键盘上从第 1 列开始输入：

```
123456.789.123
```

用 printf("%d %f %f\n", k, a, y)；打印的结果是：

```
123 456.700000 89.120000
```

可以看到,由于格式控制是%3d,因此把输入数字串的前三位123赋值给了k;由于对应于变量a的格式控制是%5f,因此把输入数字串中随后的5位数(包括小数点)456.7赋值给了a;由于格式控制是%5e,因此把数字串中随后的5位(包括小数点)89.12赋值给了y。

由以上示例可知,数字之间不需要间隔符,若插入了间隔符,系统也将按指定的宽度来读取数据,从而会引起输入混乱。除非数字是“粘连”在一起,否则不提倡指定输入数据所占的宽度。

三、跳过某个输入数据

可以在%和格式字符之间加入“ * ”号,作用是跳过对应的输入数据。例如:

```
int x, y, z;
scanf("%d% *d%d%d", &x, &y, &z);
printf("%d %d %d\n", x, y, z);
```

若是输入:

```
12 34 56 78
```

则输出是:

```
12 56 78
```

系统将12赋给x,跳过34,把56赋给y,把78赋给z。

四、在格式控制字符串中插入其他字符

scanf函数中的格式控制字符串是为了输入数据用的,无论其中有什么字符,也不会输出到屏幕上,因此若想在屏幕上输出提示信息,应该首先使用printf函数输出。例如:

```
int x, y, z;
scanf("Please input x,y,z :%d%d%d", &x, &y, &z);
```

屏幕上不会输出“Please input x,y,z :”,而是要求输入数据时按照一一对应的位置原样输入这些字符,必须从第一列起以下面的形式进行输入:

```
Please input x,y,z: 12 34 56
```

包括“Please input x,y,z:”中字符的大小写、字符间的间隔等必须与scanf中的完全一致。这些字符又被称为通配符。

但如果使用以下的形式:

```
int x, y, z ;
printf("Please input x,y,z: ");
scanf("%d%d%d", &x, &y, &z);
```

运行时,由于printf语句的输出,屏幕上将出现提示“Please input x,y,z:”,只需按常规输入下面的数据即可:

```
12 34 56
```

如果在上面的scanf函数中,在每个格式说明之间加一个逗号作为通配符:

```
scanf("%d,%d,%d", &x, &y, &z);
```

则输入数据时,必须在前两个数据后面紧跟一个逗号,以便与格式控制中的逗号一一匹配,否则就不能正确读入数据。例如,输入:

```
12,34,56
```

能正确读入。输入：

12，　34，　56

也能正确读入。因为空格是间隔符，将全部被忽略掉。但输入：

12　,34　,56

将不能正确读入，因为逗号没有紧跟在输入数据后面。

需要提醒的是，为了减少不必要的麻烦，尽量不要使用通配符。

3.4 复合语句和空语句

3.4.1 复合语句

在 C 语言中，一对花括号“{ }”不仅可用作函数体的开头和结尾的标志，也可用作复合语句的开头和结尾的标志。复合语句也可称为“语句块”，其语句形式如下：

{ 语句 1　语句 2 …… 语句 n }

用一对花括号把若干语句括起来构成一个语句组。一个复合语句在语法上视为一条语句，在一对花括号内的语句数量不限。例如：

```
{ a++ ; b * = a; printf (" b = %d\n", b ); }
```

在复合语句中，不仅可以有执行语句，也可以有定义部分，定义本复合语句中的局部变量（详见第 12 章）。

3.4.2 空语句

C 程序中的所有语句都必须由一个分号“;”作为结束。如果只有一个分号，如：

```
main( )
{ ;
}
```

这个分号也是一条语句，称为“空语句”，程序执行时不产生任何动作。程序设计中有时需要加一个空语句来表示存在一条语句，但随意加分号也会导致逻辑上的错误，而且这种错误十分隐蔽，编译器也不会提示逻辑错误，初学者一定要小心，需要慎用。

3.5 程序举例

例 3.1 以下程序由终端输入两个整数给变量 x 和 y；然后输出 x 和 y；在交换 x 和 y 中的值后，再输出 x 和 y。验证两个变量中的数是否正确地进行了交换。

```
#include <stdio.h>
main( )
{ int x, y, t;
```

```
  printf ( " Enter x & y : \n" );
  scanf ( "%d%d", &x, &y );
  printf ( "x = %d y = %d\n", x, y );
  t = x; x = y; y = t;
  printf ( "x = %d y = %d\n", x,y );
}
```

以下是程序运行情况：

```
Enter x & y:                 (由第 4 行的 printf 输出)
123 456<CR>                  (从键盘输入两个整数,<CR>代表按 Enter 键)
x = 123 y = 456              (由第 6 行的 printf 输出)
x = 456 y = 123              (由第 8 行的 printf 输出)
```

在程序中交换 x 和 y 两个变量中的数据时，不可以简单地用 x = y; y = x; 两条语句来实现，语句 x = y; 执行的结果将把 y 中的值复制到 x 中，使 y 和 x 变量中具有相同的值，x 中原有的值丢失，因此无法再实现两数的交换。为了不丢失 x 中原有的值，必须在执行 x = y; 之前，把 x 中的值放到一个临时变量中保存起来（在此，通过 t = x; 来实现），在执行了 x = y; 之后，再把保存在临时变量中的值赋给 y（通过 y = t; 来实现）。

例 3.2 输入一个 double 类型的数，使该数保留小数点后两位，对第三位小数进行四舍五入处理，然后输出此数，以便验证处理是否正确。

程序如下：

```
#include <stdio.h>
main( )
{ double x;
  printf ("Enter x :\n ");
  scanf ("%lf", &x );
  printf ("(1) x = %f\n", x );
  x = x * 100;
  x = x + 0.5;
  x = (int)x;
  x = x /100;
  printf ("(2) x = %f\n", x );
}
```

运行结果如下：

```
Enter x :                    (printf 输出提示信息)
123.4567<CR>                 (从键盘输入 123.4567,<CR>代表 Enter 键)
(1) x = 123.456700           (输出原始数据)
(2) x = 123.460000           (输出对第三位小数进行四舍五入后的数据)
```

注意：在 scanf 函数中给 double 类型变量输入数据时，应该使用%lf 格式转换说明符，而输出时，对应的格式转换说明符可以是%lf，也可以用%f。

习题

一、选择题

3.1 若 a、b、c、d 都是 int 型变量且初值为 0,以下选项中不正确的赋值语句是

A) a = b = c =100;　　B) d++;　　C) c+b;　　D) d=(c=22)-(b++);

3.2 下列选项中不是 C 语句的是

A) { int i; i++; printf ("%d\n",i); }　　B) ;

C) a = 5, c = 10　　D) { ; }

3.3 合法的 C 语言赋值语句是

A) a = b =58　　B) k = int(a+b);　　C) a=58,b=58　　D) --i;

3.4 有以下程序:

```
#include <stdio.h>
main()
{ int x = 10, y = 3;
  printf ("%d\n", y = x/y );
}
```

执行后的输出结果是

A) 0　　B) 1　　C) 3　　D) 不确定的值

3.5 若变量已正确定义为 int 型,要给 a、b、c 输入数据,正确的输入语句是

A) read(a,b,c);　　B) scanf("%d%d%d",a,b,c);

C) scanf("%D%D%D",&a,%b,%c);　　D) scanf("%d%d%d",&a,&b,&c);

3.6 若变量已正确定义为 float 型,要通过输入语句:scanf ("%f　%f　%f", &a, &b,&c);给 a 赋值 11.0,b 赋值 22.0,c 赋值 33.0,不正确的输入形式是

A) 11
22
33　　B) 11.0,22.0,33.0　　C) 11.0
22.0 33.0　　D) 11　22
33

3.7 若变量 a、b、t 已正确定义,要将 a 和 b 中的数进行交换,以下选项中不正确的语句组是

A) a=a+b,b=a-b,a=a-b;　　B) t=a,a=b,b=t;

C) a=t; t=b; b=a;　　D) t=b;b=a;a=t;

3.8 若有正确定义语句:

double x=5.16894;

语句 printf ("%f\n", (int)(x * 1000+0.5)/(double)1000);的输出结果是

A) 输出格式说明与输出项不匹配,输出无定值　　B) 5.170000

C) 5.168000　　D) 5.169000

3.9 若有以下程序段:

```
int c1=1, c2=2, c3;
c3 = c1/c2;
printf ( "%d\n", c3);
```

执行后的输出结果是

A) 0　　B) 1/2　　C) 0.5　　D) 1

3.10　若有以下程序段：

```
int a = 0, b = 0, c = 0;
c = ( a -= a - 5 ), (a = b, b +3);
printf ( "%d,%d,%d\n" ,a , b , c );
```

执行后的输出结果是

A) 3,0,-10　　B) 0,0,5　　C) -10,3,-10　　D) 3,0,3

二、填空题

3.11　若有以下定义，请写出以下程序段中输出语句执行后的输出结果________。

```
int i =- 200, j = 2500;
printf ("(1)%d,%d", i, j );
printf ("(2)i = %d,j = %d\n", i, j );
printf ("(3)i = %d\nj = %d\n", i, j );
```

3.12　变量 i、j、k 已定义为 int 型并均有初值 0，用以下语句进行输入时：

```
scanf ("%d",&i); scanf ("%d",&j); scanf ("%d",&k);
```

从键盘输入：

12.3<CR>　　(<CR>代表 Enter 键)

则变量 i、j、k 的值分别是__[1]__、__[2]__、__[3]__。

3.13　复合语句在语法上被认为是__[1]__。空语句的形式是__[2]__。

3.14　C 语句的最后用________结束。

3.15　以下程序段要求通过 scanf 语句给变量赋值，然后输出变量的值。写出运行时给 k 输入 100，给 a 输入 15.81，给 x 输入 1.89234 时的三种可能的输入形式__[1]__、__[2]__、__[3]__。

```
int k; float a; double x;
scanf ( "%d%f%lf", &k, &a, &x );
printf ("k=%d, a=%f, x=%f\n", k, a, x );
```

三、编程题和改错题

3.16　以下程序多处有错。若指定必须按下面的形式输入数据，并且必须按下面指定的形式输出数据，请对该程序做相应的修改。

```
main
{ double a, b, c, s, v;
  printf (input  a, b, c:\n);
  scanf ("%d %d %d", a, b, c);
  s = a * b;                     /* 计算长方形面积 */
  v = a * b * c;                 /* 计算长方体体积 */
  printf ("%d  %d  %d", a, b, c);
  printf("s = %f\n", s, "v = %d\n",v);
}
```

当程序执行时，屏幕的显示和要求输入形式如下：

```
input a, b, c: 2.0  2.0  3.0                ←此处的 2.0  2.0  3.0 是用户输入的数据
a = 2.000000, b = 2.000000, c = 3.000000    ←此处是要求的输出形式
s = 4.000000, v = 12.000000
```

3.17 编写程序，把560分钟换算成用小时和分钟表示，然后进行输出。

3.18 编写程序，输入两个整数：1500和350，求出它们的商和余数并进行输出。

3.19 编写程序，读入三个双精度数，求它们的平均值并保留此平均值小数点后一位数，对小数点后第二位数进行四舍五入，最后输出结果。

3.20 编写程序，读入三个整数给a、b、c，然后交换它们中的数，把a中原来的值给b，把b中原来的值给c，把c中原来的值给a，然后输出a、b、c。

第4章 选择结构

学习目标与要求

一、C 语言中的逻辑值

1. 正确理解“逻辑值”的含义。
2. 掌握 C 语言中逻辑值的表示方式。

二、关系运算符和关系表达式

1. 熟记 6 个关系运算符及它们的优先级和结合性。
2. 掌握关系运算的运算规则，正确计算各种形式的关系表达式的值。
3. 能够根据条件列出关系表达式。

三、逻辑运算符和逻辑表达式

1. 熟记 3 个逻辑运算符及它们的优先级和结合性。
2. 掌握逻辑运算的运算规则，正确计算各种形式的逻辑表达式的值。
3. 能够根据条件列出逻辑表达式。

四、if 语句及其构成的分支结构

1. 熟练应用两种最基本形式的 if 语句所构成的分支结构，并理解其执行过程。
2. 熟练应用嵌套形式的 if 语句所构成的分支结构，并理解其执行过程。

五、条件运算符和条件表达式

1. 了解条件运算符以及条件表达式的运算规则、优先级和结合性。
2. 熟练应用条件表达式所构成的分支结构，并理解其执行过程。

六、switch 语句和用 switch 与 break 语句构成的选择结构

1. 掌握 switch 语句的组成形式，并理解其执行过程。
2. 熟练应用由 switch 与 break 语句构成的选择结构，并理解其执行过程。

C 语言提供了可以进行逻辑判断的若干选择语句，由这些选择语句可构成程序中的选择结构，通常又称为分支结构，它将根据逻辑判断的结果决定程序的不同流程。

选择结构是结构化程序设计的三种基本结构之一。本章将详细介绍如何在 C 程序中实现选择结构。

4.1 关系运算和逻辑运算

4.1.1 C 语言的逻辑值

关系表达式和逻辑表达式的运算结果都会得到一个逻辑值。逻辑值只有两个，分别用“真”和“假”来表示。在 C 语言中，没有专门的“逻辑值”，而是用非 0 表示“真”，用 0 表示“假”。因此，对于任意一个表达式，如果值为 0，就代表一个“假”值；如果值是非零，无论是正数还是负数，都代表一个“真”值。

4.1.2 关系运算符和关系表达式

关系运算是逻辑运算中比较简单的一种。所谓关系运算实际上是“比较运算”，即进行两个数的比较，判断比较的结果是否符合指定的条件。

4.1.2.1 C 语言的关系运算符

C 语言提供了 6 种关系运算符，它们分别是：

(1) <　（小于）　(2) <=　（小于或等于）

(3) >　（大于）　(4) >=　（大于或等于）

(5) ==　（等于）　(6) !=　（不等于）

注意：由两个字符组成的运算符之间不允许有空格，如：<= 就不能写成< = 。

关系运算符是双目运算符，具有自左至右的结合性。

以上运算符中，前四种关系运算符（<、<=、>、>=）的优先级别相同，后两种（==、!=）优先级相同，且前四种的优先级高于后两种。

关系运算符、算术运算符和赋值运算符之间的优先级次序是：算术运算符的优先级别最高，关系运算符次之，赋值运算符的优先级别最低。

4.1.2.2 关系表达式及关系表达式的值

由关系运算符构成的表达式，称为关系表达式。关系运算符两边的运算对象可以是 C 语言中任意合法的表达式。例如，a>= b、(a=3)>(b=4)、a>c==c 等都是合法的关系表达式。

关系运算的值为“逻辑值”，只有两种可能：整数 0 或者整数 1。例如，若变量 a 中的值为 10，变量 b 中的值为 6 时，表达式 a>=b 为“真”，其值为 1；若 a 中的值为 10，b 中的值为 16 时，表达式 a>=b 为“假”，其值为 0。

当关系运算符两边值的类型不一致时，例如一边是整型，另一边是浮点型，则系统将自动把整型数转换为浮点数，然后进行比较，其类型转换规则与附录 2 中所列双目算术运算中的类型转换规则相同。若 x 和 y 都是浮点数，应当避免使用 x==y 这样的关系表达式，因为通常存放在内存中的浮点数是有误差的，因此不可能精确相等，这将导致关系表达式 x==y 的值总是为 0。

4.1.3 逻辑运算符和逻辑表达式

4.1.3.1 C 语言的逻辑运算符

C 语言提供了三种逻辑运算符，分别是：

(1) && 逻辑“与”　(2) ‖ 逻辑“或”　(3) ！逻辑“非”

其中，运算符 && 和 ‖ 为双目运算符，运算符 ！为单目运算符，出现在运算对象的左边。逻辑运算符具有自左至右的结合性。

以上运算符的优先级次序是：!（逻辑“非”）级别最高，&&（逻辑“与”）次之，‖（逻辑“或”）最低。

逻辑运算符与赋值运算符、算术运算符、关系运算符之间从高到低的运算优先次序是：!（逻辑“非”）、算术运算符、关系运算符、&&（逻辑“与”）、‖（逻辑“或”）、赋值运算符。

4.1.3.2 逻辑表达式和逻辑表达式的值

由逻辑运算符和运算对象组成的表达式称为逻辑表达式。逻辑运算的对象可以是 C 语言中任意合法的表达式。逻辑表达式的运算结果或者为 1（“真”），或者为 0（“假”）。例如：在关系表达式(x>y)为真的条件下，若变量 a 的值为 10，变量 b 的值为 16，表达式(a>b)&&(x>y)为“假”，表达式的值为 0；若 a 值为 10，b 值为 6，表达式(a>b)&&(x>y)为“真”，其值为 1。由逻辑运算符构成的逻辑表达式，其运算规则如表 4.1 所示。

表 4.1 逻辑运算规则

a	b	!a	!b	a&&b	a ‖ b
非 0	非 0	0	0	1	1
非 0	0	0	1	0	1
0	非 0	1	0	0	1
0	0	1	1	0	0

注：其中 a 和 b 为任意合法表达式。

值得注意的是，在数学上关系式 0<x<10 表示 x 的值应在大于 0 并且小于 10 的范围内，但在 C 语言中不能直接用 0<x<10 这样一个关系表达式来表述以上的逻辑关系。因为按照 C 语言的运算规则，表达式 0<x<10 首先进行 0<x 的运算，其值为 0 或 1，因此无论 x 是什么值，表达式 0<x<10 的值总是 1。

对于这种情况，只有采用 C 语言提供的逻辑表达式 0<x&&x<10 才能正确表述以上关系。例如，当 x 的值为 20 时，左边关系表达式 0<x 的值为 1，右边关系表达式 x<10 的值为 0，“与”运算的结果为 0；当 x 的值为-1 时，左边关系表达式的值为 0，右边关系表达式的值为 1，“与”运算的结果仍为 0；只有当 x 的值在 0 到 10 的范围内时，左右两边的关系表达式的值均为 1，“与”运算的结果才为 1。

C 语言中，由 && 或 ‖ 构成的逻辑表达式，在特定的情况下会产生“短路”现象。例如有以下逻辑表达式：

```
a++ && b++
```

若 a 的值为 0,表达式首先去求 a++的值,由于表达式 a++的值为 0,系统完全可以确定逻辑表达式的运算结果总是为 0,因此将跳过 b++不再对它进行求值。在这种情况下,a 的值将自增 1,由 0 变成 1,而 b 的值将不变。若 a 的值不为 0,则系统不能仅根据表达式 a++的值来确定逻辑表达式的运算结果,因此必然要再对运算符 && 右边的表达式 b++进行求值,这时将进行 b++的运算,使 b 的值改变。又如以下逻辑表达式:

```
a++ || b++
```

若 a 的值为 1,表达式首先去求 a++的值,由于表达式 a++的值为 1,无论表达式 b++为何值,系统完全可以确定逻辑表达式的运算结果总是为 1,因此也将跳过 b++不再对它进行求值。在这种情况下,a 的值将自增 1,b 的值将不变。若 a 的值为 0,则系统不能仅根据表达式 a++的值来确定逻辑表达式的运算结果,因此必然要再对运算符 || 右边的表达式 b++进行求值,这时将进行 b++的运算,运算结果不仅使 a 的值改变,也改变了 b 的值。

4.2 if 语句和用 if 语句构成的选择结构

4.2.1 if 语句

C 语言的 if 语句有以下两种基本形式:

(1) if(表达式) 语句　　　/* 不含 else 子句的 if 语句 */

(2) if(表达式) 语句 1　　　/* 含 else 子句的 if 语句 */

else 语句 2

4.2.1.1 不含 else 子句的 if 语句

一、语句形式

if (表达式) 语句

例如:

```
if ( a < b ) { t = a; a = b; b = t; }
```

其中,if 是 C 语言的关键字,在其后一对圆括号中的表达式可以是 C 语言中任意合法的表达式。表达式之后只能是一条语句,称为 if 子句。如果该子句中含有多个语句(两个以上),则必须使用复合语句,即用花括号把一组语句括起来,因为复合语句可以看成是“一条语句”。

二、if 语句的执行过程

执行 if 语句时,首先计算紧跟在 if 后面一对圆括号中的表达式的值。如果表达式的值为非零(“真”),则执行其后的 if 子句,然后去执行 if 语句后的下一条语句;如果表达式的值为零(“假”),则跳过 if 子句,直接执行 if 语句后的下一条语句。

例 4.1 输入两个数,分别放入 x 和 y 中,若两数不相等,则输出其中的大数;若两数相等,则输出字符串 x==y 和 x 的值。

```
#include <stdio.h>
main( )
{ int x, y;
```

```
    printf (" Enter x & y :\n" );
    scanf ("%d%d", &x,&y); printf ("x , y: %d %d\n", x, y );
    if (x > y) printf ("x = %d\n", x );
    if (y > x) printf ("y = %d\n", y );
    if (x == y)  printf ("x == y  %d : \n", x );
}
```

本题是一个应用 if 语句的简单程序,其执行过程如下:

(1) printf 语句在屏幕上显示提示信息:Enter x & y : 之后,scanf 语句等待用户给变量 x、y 输入两个整数,然后把输入的两个数显示在屏幕上。

(2) 执行第 6 行的 if 语句。计算表达式 x>y 的值。如果 x 大于 y,表达式的值为 1,则调用 printf 函数输出 x 的值;否则,如果 x 小于或等于 y,表达式的值为 0,则跳过此输出语句继续执行步骤(3)。

(3) 执行第 7 行的 if 语句。计算表达式 y>x 的值。如果 y 大于 x,则调用 printf 函数,输出 y 的值;否则跳过此输出语句继续执行步骤(4)。

(4) 执行第 8 行的 if 语句。计算表达式 x==y 的值。如果 x 等于 y,则调用 printf 函数输出字符串 x==y 和 x 的值;否则跳过此输出语句继续执行步骤(5)。

(5) 程序结束。

例 4.2 输入三个整数,分别放在变量 a、b、c 中,然后把输入的数据重新按由小到大的顺序放在变量 a、b、c 中,最后输出 a、b、c 中的值。

程序如下:

```
#include <stdio.h>
main( )
{ int a, b, c, t;
  printf ( "input a,b,c: " ); scanf ("%d %d %d", &a, &b, &c );
  printf ( " a=%d, b=%d, c=%d\n", a, b, c );
  if (a > b)                    /* 如果 a 比 b 大,则进行交换,把小的数放入 a 中 */
    { t=a; a=b; b=t; }
  if (a > c)                    /* 如果 a 比 c 大,则进行交换,,把小的数放入 a 中 */
    { t=a; a=c; c=t; }          /* 至此 a、b、c 中最小的数已放入 a 中 */
  if (b > c)                    /* 如果 b 比 c 大,则进行交换,把小的数放入 b 中 */
    { t=b; b=c; c=t; }          /* 至此 a、b、c 中的数已按由小到大顺序放好 */
  printf ("%d,%d,%d\n", a, b, c );
}
```

以上程序无论给 a、b、c 输入什么数,最后总是把最小数放在 a 中,把最大数放在 c 中。

4.2.1.2 含 else 子句的 if 语句

一、语句形式

```
if (表达式)    语句 1
else          语句 2
```

例如:

```
if ( a !=0 ) printf ( " a != 0\n" );
else         printf ( " a == 0\n" );
```

在这里,if 和 else 是 C 语言的关键字。“语句 1”称为 if 子句,“语句 2”称为 else 子句,这些子句只允许为一条语句,若需要多条语句时,则应该使用复合语句。

注意:else 不是一条独立的语句,它只是 if 语句的一部分,不允许有这样的语句:

```
else printf( " * * * " );
```

在程序中 else 必须与 if 配对,共同组成一条 if-else 语句。

二、if-else 语句的执行过程

执行 if-else 语句时,首先计算紧跟在 if 后面一对圆括号内表达式的值。如果表达式的值为非 0,执行 if 子句,然后跳过 else 子句,去执行 if 语句之后的下一条语句;如果表达式的值为 0,跳过 if 子句,去执行 else 子句,执行完之后接着去执行 if 语句之后的下一条语句。

例 4.3 输入两个数,分别赋给 x 和 y,输出其中的大数。

```
#include <stdio.h>
main( )
{ int x, y;
  printf ("Enter x & y: ");
  scanf ("%d%d", &x, &y); printf ("x, y : %d  %d\n", x, y );
  if (x > y)
    printf ("max = x = %d\n", x);
  else
    printf ("max = y = %d\n", y);
  printf (" * * end * * \n");
}
```

当执行以上程序时,若把 5 输入给变量 x,把 3 输入给变量 y,则 if 之后的表达式 x > y 的值为 1,因此将执行 if 子句,输出 x 的值,然后去调用最后的 printf 函数,输出字符串:** end ** 。

如果输入 3 给 x,输入 5 给 y,这时 if 语句中表达式 x > y 的值为 0,因此将跳过 if 子句,直接执行 else 分支中的 else 子句,输出 y 的值,然后执行下一行的语句,输出字符串:** end ** 。

例 4.4 输入一个数,判别它是否能被 3 整除。若能被 3 整除,打印 YES;不能被 3 整除,打印 NO。

程序如下:

```
#include <stdio.h>
main( )
{ int n;
  printf ( "input n: " ); scanf ("%d", &n );
  if ( n % 3 == 0 ) /* 判断 n 能否被 3 整除 */
      printf ( "n = %d YES\n", n );
  else
      printf( "n =%d NO\n", n );
}
```

4.2.1.3 关于 if 语句的说明

(1) if 后面圆括号中的表达式,可以是任意合法的 C 语言表达式(如:逻辑表达式、关系表达式、算术表达式、赋值表达式等),也可以是任意类型的数据(如:整型、实型、字符型、指针型等)。

(2) 无论是否有 else 子句,if 子句中如果只有一条语句,则此语句后的分号不能省略。如:

```
if( x! =0 ) printf ("%f",x); ← 此处的分号不能省略
else        printf ("%f",y);
```

4.2.2 嵌套的 if 语句

if 子句和 else 子句中可以是任意合法的 C 语句,因此当然也可以是 if 语句,通常称此为嵌套的 if 语句。内嵌的 if 语句既可以嵌套在 if 子句中,也可以嵌套在 else 子句中。

4.2.2.1 在 if 子句中嵌套具有 else 子句的 if 语句

语句形式

```
if ( 表达式 1 )
    if ( 表达式 2 ) 语句 1
    else            语句 2
else
    语句 3
```

当表达式 1 的值为非 0 时,执行内嵌的 if-else 语句;当表达式 1 的值为 0 时,执行语句 3。

4.2.2.2 在 if 子句中嵌套不含 else 子句的 if 语句

语句形式

```
if ( 表达式 1 )
  { if ( 表达式 2 ) 语句 1 }
else
  语句 2
```

注意:在 if 子句中的一对花括号不可缺少。因为 C 语言的语法规定:else 子句总是与前面最近的不带 else 的 if 相结合,与书写格式无关。因此,以上语句如果写成:

```
if ( 表达式 1 )
  if ( 表达式 2 ) 语句 1
else
  语句 2
```

则实质上等价于:

```
if ( 表达式 1 )
  if ( 表达式 2 ) 语句 1
  else 语句 2
```

当用花括号把内层 if 语句括起来后,使得此内层 if 语句在语法上成为一条独立的语句,从而在语法上使得 else 与外层的 if 配对。

4.2.2.3 在 else 子句中嵌套 if 语句

语句形式

(1) 内嵌的 if 语句带有 else:

(2) 内嵌的 if 语句不带 else:

```
if ( 表达式 1 ) 语句 1
else
    if ( 表达式 2 )  语句 2
    else        语句 3
```

或写成：

```
if ( 表达式 1 ) 语句 1
else if ( 表达式 2 ) 语句 2
    else     语句 3
```

```
if ( 表达式 1 ) 语句 1
else
    if ( 表达式 2 ) 语句 2
```

或写成：

```
if ( 表达式 1 ) 语句 1
else if ( 表达式 2 ) 语句 2
```

由以上两种语句形式可以看到，内嵌在 else 子句中的 if 语句无论是否有 else 子句，在语法上都不会引起误会，因此建议读者在设计嵌套的 if 语句时，尽量把内嵌的 if 语句嵌在 else 子句中。

C 语言程序有比较自由的书写格式，但是过于“自由”的程序书写格式往往使人们很难读懂，因此要求读者参考本书例题程序中按层缩进的书写格式来写自己的程序。

不断在 else 子句中嵌套 if 语句可形成多层嵌套。如：

```
if ( 表达式 1 )
  语句 1
else
  if ( 表达式 2 )
    语句 2
  else
    if ( 表达式 3 )
      语句 3
    else
      if ( 表达式 4 )
        语句 4
        ⋮
        else
            语句 n
```

这时形成了阶梯形的嵌套 if 语句，此语句可用以下语句形式表示，使得读起来既层次分明，又不占太多的篇幅。

```
if( 表达式 1 )              语句 1
else if ( 表达式 2 )        语句 2
else if ( 表达式 3 )        语句 3
else if (表达式 4 )         语句 4
       ⋮
else                        语句 n
```

以上形式的嵌套 if 语句执行过程可以这样理解：从上向下逐一对 if 后的表达式进行检测。当某一个表达式的值为非 0 时，就执行与此有关子句中的语句，阶梯形中的其余部分不执行，直接越过去。如果所有表达式的值都为 0，则执行最后的 else 子句，此时如果程序中最内层的 if 语句没有 else 子句，即没有最后的那个 else 子句，那么将不进行任何操作。

例 4.5 编写程序，根据输入的学生成绩给出相应的等级，大于或等于 90 分以上的等级为 A，60 分以下的等级为 E，其余每 10 分为一个等级。

程序如下：

```
#include <stdio. h>
main( )
{ int g;
  printf ("Enter g: "); scanf ("%d",&g);
  printf ( "g = %d : " , g );
  if ( g >= 90 ) printf ( " A\n" );
  else if ( g >= 80 ) printf( " B\n" );
  else if ( g >= 70 ) printf ( " C\n" );
  else if ( g >= 60 ) printf ( " D\n" );
  else printf ( " E\n" );
}
```

当执行以上程序时，首先输入学生的成绩，然后进入 if 语句。if 语句中的表达式将依次对学生成绩进行判断，若能使某 if 后的表达式值为 1，则执行与其相应的子句，之后便退出整个 if 结构。

例如，若输入的成绩为 72 分，首先输出：g = 72 ：，当从上向下逐一检测时，使 g >= 70 这一表达式的值为 1，因此在以上输出之后再输出 C，然后便退出整个 if 结构。

如果输入 55 分，则首先输出：g = 55 ：，因为所有 if 子句中的表达式的值都为 0，因此执行最后 else 子句中的语句，接着输出 E，然后退出 if 结构。

4.3 条件表达式构成的选择结构

前面介绍的是使用 C 语言中的 if 语句来构成程序中的选择结构。C 语言另外还提供了一个特殊的运算符——条件运算符，由此构成的表达式也可以形成简单的选择结构，这种选择结构能以表达式的形式内嵌在允许出现表达式的地方，使得可以根据不同的条件使用不同的数据参与运算。

一、条件运算符

条件运算符由两个运算符组成，它们是：？：。这是 C 语言提供的唯一的三目运算符，即要求有三个运算对象。

二、由条件运算符构成的条件表达式

条件表达式的形式如下：

表达式 1 ？表达式 2 ：表达式 3

三、条件表达式的运算功能

当“表达式 1”的值为非零时，求出“表达式 2”的值，此时“表达式 2”的值就是整个条件表达式的值；当“表达式 1”的值为零时，则求“表达式 3”的值，这时便把“表达式 3”的值作为整个条件表达式的值。

四、条件运算符的优先级

条件运算符优先于赋值运算符,但低于关系运算符和算术运算符。例如:

```
y = x > 10 ? 100 : 200
```

由于等号运算符的优先级低于条件运算符,因此首先求出条件表达式的值,然后赋给 y。在条件表达式中,先求出 x > 10 的值。若 x 大于 10,取 100 作为表达式的值并赋给变量 y;若 x 小于或等于 10,则取 200 作为表达式的值并赋给变量 y。又如:

```
printf ("abs(x) = %d\n", x < 0 ? (-1) * x : x );
```

此处输出 x 的绝对值。

4.4 switch 语句以及用 switch 语句和 break 语句构成的选择结构

4.4.1 switch 语句

switch 语句形式如下:

```
switch (表达式)
{   case  常量表达式 1 : 语句 1
    case  常量表达式 2 : 语句 2
          ⋮
    case  常量表达式 n : 语句 n
    default          : 语句 n+1
}
```

说明:

(1) switch 是 C 语言的关键字,switch 后面用花括号括起来的部分称为 switch 语句体。

(2) 紧跟在 switch 后一对圆括号中的表达式可以是整型表达式及后面将要学习的字符型表达式等。表达式两边的一对括号不能省略。

(3) case 也是关键字,与其后面的常量表达式合称 case 语句标号。常量表达式的类型必须与 swicth 后圆括号中的表达式类型相同,各 case 语句标号的值应该互不相同。

(4) default 也是关键字,起标号的作用,代表所有 case 标号之外的那些标号。default 标号可以出现在语句体中任何标号位置上。在 switch 语句体中也可以没有 default 标号。

(5) case 语句标号后的语句 1,语句 2 等,可以是一条语句,也可以是若干语句。

(6) 必要时,case 语句标号后的语句可以省略不写。

(7) 在关键字 case 和常量表达式之间一定要有空格,例如“case 10:”不能写成“case10:”。

4.4.2 switch 语句的执行过程

当执行 swicth 语句时,首先计算紧跟其后一对括号中的表达式的值,然后在 switch 语句体内寻找与该值吻合的 case 标号。如果有与该值相等的标号,则执行该标号后开始的各语句,包括在其后的所有 case 和 default 中的语句,直到 switch 语句体结束;如果没有与该值相等的标号,并且存在 default 标号,则从 default 标号后的语句开始执行,直到 switch 语句体结束;如果没有与该值相等的标号,同时又没有 default 标号,则跳过 switch 语句体,去执行 switch 语句之后的语句。

例 4.6 用 switch 语句改写例 4.5。

程序如下:

```
#include <stdio.h>
main( )
{ int g;
  printf ( " Enter a mark : " ); scanf( "%d", &g ); /* g 中存放学生的成绩 */
  printf ( "g = %d : ", g ) ;
  switch ( g /10 )
  { case 10 :
      case 9 : printf ( "A\n" );
      case 8 : printf ( "B\n" );
      case 7 : printf ( "C\n" );
      case 6 : printf ( "D\n" );
      default : printf ( "E\n" );
  }
}
```

当执行以上程序,输入了一个 85 分的学生成绩后,接着执行 switch 语句,首先计算 switch 之后一对括号中的表达式:85/10,它的值为 8,然后寻找与 8 吻合的 case 8 分支,开始执行其后的各语句。执行该程序的输入输出结果如下:

```
Enter a mark: 85<回车>
g = 85 : B
C
D
E
```

在输出了与 85 分相关的 B 之后,又同时输出了与 85 分毫不相关的等级 C、D、E,这显然不符合原意。为了改变这种多余输出的情况,switch 语句常常需要与 break 语句配合使用。

4.4.3 在 switch 语句体中使用 break 语句

break 为 C 语言关键字,break 语句又称间断语句。可以将 break 语句放在 case 标号之后的任何位置,通常是在 case 之后的语句最后加上 break 语句。每当执行到 break 语句时,立即跳出 switch 语句体。switch 语句通常总是和 break 语句联合使用,使得 switch 语句真正起到分支的作用。

现用 break 语句修改例 4.6 的程序。

```
#include <stdio.h>
main( )
{ int g;
  printf ( " Enter a mark : " ); scanf( "%d", &g ); /* g 中存放学生的成绩 */
  printf ( "g = %d : ", g ) ;
```

```
    switch ( g /10 )
    { case 10 :
      case 9 : printf ("A\n"); break;
      case 8 : printf ("B\n"); break;
      case 7 : printf ("C\n"); break;
      case 6 : printf ("D\n"); break;
      default : printf ("E\n");
    }
}
```

程序执行过程如下：

（1）当给 g 输入 100 时，switch 后一对括号中的表达式：g/10 的值为 10。因此选择 case 10 分支，因为没有遇到 break 语句，所以继续执行 case 9 分支，在输出：g=100 ：A 之后，遇 break 语句，执行 break 语句，退出 switch 语句体。由此可见，成绩 90 到 100 分，执行的是同一分支。

（2）当输入成绩为 45 时，switch 后一对括号中表达式的值为 4，将选择 default 分支，在输出：g = 45 ：E 之后，退出 switch 语句体。

（3）当输入成绩为 85 时，switch 后一对括号中表达式的值为 8，因此选择 case 8 分支，在输出：g = 85 ：B 之后，执行 break 语句，退出 switch 语句体。

4.5 语句标号和 goto 语句

4.5.1 语句标号

在 C 语言中，语句标号不必特意加以定义，标号可以是任意合法的标识符，当在标识符后面加一个冒号，如：flag1：、stop0：，该标识符就成了一个语句标号。注意：在 C 语言中，语句标号必须是标识符，因此不能简单地使用 10：、15：等形式。标号可以和变量同名。

通常，标号用作 goto 语句的转向目标。如：

```
goto stop;
```

在 C 语言中，可以在任何语句前加上语句标号。例如：

```
stop: printf ( "END\n" );
```

4.5.2 goto 语句

goto 语句称为无条件转向语句，goto 语句的一般形式如下：

```
goto    语句标号;
```

goto 语句的作用是把程序的执行转向语句标号所在的位置，这个语句标号必须与此 goto 语句同在一个函数内。滥用 goto 语句将使程序的流程毫无规律，可读性差，对于初学者来说应尽量不用。

习题

一、选择题

4.1　下列运算符中优先级最高的算符是

A）!　　B）%　　C）-=　　D）&&

4.2　下列运算符中优先级最低的算符是

A）||　　B）!=　　C）<=　　D）+

4.3　为表示关系：x≥y≥z，应使用的 C 语言表达式是

A）(x>=y)&&(y>=z)　　B）(x>=y)AND(y>=x)

C）(x>=y>=z)　　D）(x>=y)&(y>=z)

4.4　设 a、b 和 c 都是 int 型变量，且 a=3，b=4，c=5，则以下的表达式中值为 0 的表达式是

A）a &&b　　B）a <=b　　C）a || b+c&&b-c　　D）!((a<b)&&! c || 1)

4.5　有以下程序：

```
#include <stdio.h>
main()
{ int a=2, b= -1, c =2;
  if ( a < b )
    if ( b < 0 ) c= 0;
  else   c+=1;
  printf ("%d\n", c );
}
```

程序的输出结果是

A）0　　B）1　　C）2　　D）3

4.6　有以下程序：

```
#include <stdio.h>
main()
{ int w=4, x=3, y=2, z=1;
  printf ("%d\n", (w < x ? w:z < y ? z : x ) );
}
```

程序的输出结果是

A）1　　B）2　　C）3　　D）4

4.7　有以下程序：

```
#include <stdio.h>
main()
{ int a, b, s;
  scanf ("%d %d", &a, &b );
  s =a;
  if ( a < b ) s = b;
  s * =s;
```

```
  printf ("%d\n", s );
}
```

若执行以上程序时从键盘上输入3和4,则输出结果是

A) 14　　B) 16　　C) 18　　D) 20

4.8　有以下程序片段:

```
y = -1;
if ( x != 0 )
    if ( x >0 ) y = 1;
else y = 0;
```

其能正确表示的数学函数关系是

A) $y=\begin{cases}-1 & (x<0)\\ 0 & (x=0)\\ 1 & (x>0)\end{cases}$　　B) $y=\begin{cases}1 & (x<0)\\ -1 & (x=0)\\ 0 & (x>0)\end{cases}$

C) $y=\begin{cases}0 & (x<0)\\ -1 & (x=0)\\ 1 & (x>0)\end{cases}$　　D) $y=\begin{cases}-1 & (x<0)\\ 1 & (x=0)\\ 0 & (x>0)\end{cases}$

4.9　有以下程序:

```
#include <stdio.h>
main()
{ int k= -3;
  if ( k <=0 ) printf("****\n")
  else printf ("&&&&\n" );
}
```

程序的输出结果是

A) 输出####　　B) 输出 &&&&

C) 输出####&&&&　　D) 有语法错不能通过编译

4.10　若 a 和 b 均是正整型变量,正确的 switch 语句是

A) switch (pow (a ,2) + pow (b, 2))　(注:调用求幂的数学函数)

```
    { case 1 : case 3 : y = a + b; break;
      case 0 : case 5 : y = a - b;
    }
```

B) switch (a*a + b*b);

```
    { case 3 :
      case 1 : y = a + b; break;
      case 0 : y = b - a; break;
    }
```

C) switch a

```
    { default : x = a + b;
      case 10 : y = a - b; break;
      case 11 : x = a * d; break;
    }
```

D) switch (a + b)

```
  { case10 : x = a + b; break;
    case11 : y = a - b; break;
  }
```

二、填空题

4.11　C 语言中用__[1]__表示逻辑值“真”,用__[2]__表示逻辑值“假”。

4.12　C 语言中的关系运算符“!=”的优先级比“<=”________。

4.13　C 语言中的逻辑运算符“&&”比“‖”的优先级________。

4.14　C 语言中的关系运算符“==”比逻辑运算符“&&”的优先级________。

4.15　C 语言中逻辑运算符________的优先级高于算术运算符。

4.16　将下列数学式改写成 C 语言的关系表达式或逻辑表达式:A) ________B) ________。

A) $a = b$ 或 $a<c$　　　　B) $|x|>4$

4.17　请写出以下程序的输出结果________。

```
#include <stdio.h>
main( )
{ int a = 100;
  if ( a > 100 ) printf ( "%d\n", a > 100 );
  else    printf ( "%d\n", a <= 100 );
```

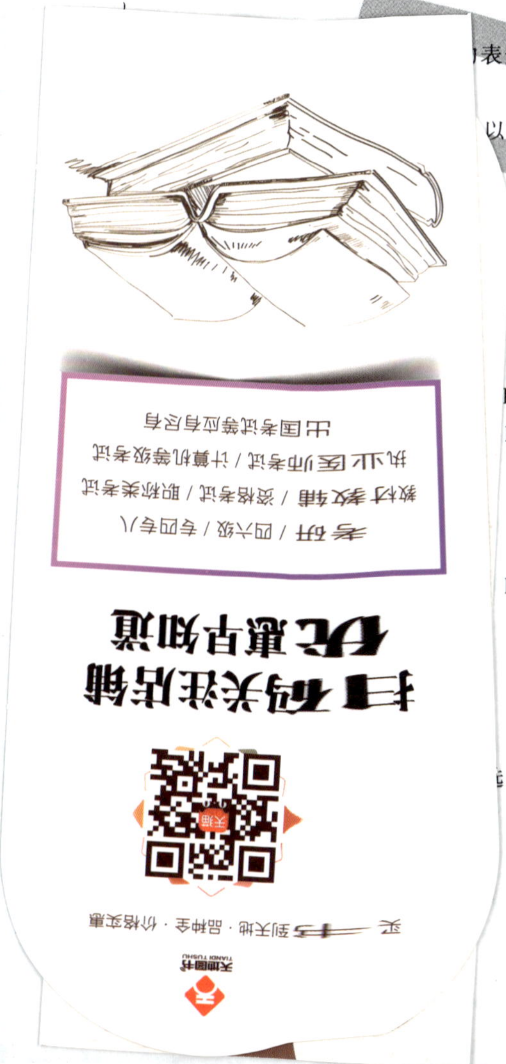

…表达式:A) ________B) ________。

…以下 if 语句执行后,a、b、c 中的值分别为__[1]__、__[2]__、__[3]__。

…的输出结果是________。

… break;

… break;

… break;

…择结构改写成由 switch 语句构成的选择结构。

```
else if( a<50 ) m = 3;
else if( a<60 ) m = 4;
else m = 5;
```

4.22 编写程序,输入一位学生的生日(年:y0、月:m0、日:d0),并输入当前的日期(年:y1、月:m1、日:d1),输出该生的实际年龄。

4.23 编写程序,输入一个整数,打印出它是奇数还是偶数。

4.24 编写程序,输入 a、b、c 三个数,打印出最大者。

4.25 对于以下函数:

$$y=\begin{cases} x & (-5<x<0) \\ x-1 & (x=0) \\ x+1 & (0<x<10) \end{cases}$$

编写程序,要求输入 x 的值,输出 y 的值。分别用:

(1) 不嵌套的 if 语句　　(2) 嵌套的 if 语句

(3) if-else 语句　　(4) switch 语句

第5章 循环结构

学习目标与要求

一、while 循环

1. 掌握 while 循环结构,了解 while 循环的执行过程。
2. 熟练使用 while 构造循环结构。

二、do-while 循环

1. 掌握 do-while 循环结构,了解 do-while 循环的执行过程。
2. 熟练使用 do-while 构造循环结构。

三、for 循环

1. 掌握 for 循环结构,了解 for 循环的执行过程。
2. 熟练使用 for 构造循环结构。

四、循环嵌套

1. 熟练使用各种循环结构构造嵌套的循环。
2. 了解嵌套循环的执行过程。

五、break 和 continue 语句

1. 了解 break 和 continue 语句在循环结构中的作用。
2. 掌握 break 和 continue 语句的使用。

循环结构是结构化程序设计的三种基本结构之一,在程序设计中对于那些需要重复执行的操作应该采用循环结构来完成,利用循环结构处理各类重复操作既简单又方便。在 C 语言中有三种可以构成循环结构的循环语句:while、do-while 和 for,本章将一一进行介绍。

5.1 while 语句和用 while 语句构成的循环结构

5.1.1 while 循环的一般形式

由 while 语句构成的循环也称“当”循环,while 循环的一般形式如下:

while(表达式) 循环体

例如：

```
k=0;
while (k < 10 ) { printf ( " * " ) ; k++ ; }
```

程序段将重复执行输出语句 printf,输出 10 个 * 号。

说明：

(1) while 是 C 语言的关键字。

(2) while 后一对圆括号中的表达式可以是 C 语言中任意合法的表达式,但不能为空,由它来控制循环体是否执行。

(3) 在语法上,循环体只能是一条可执行语句,若循环体内有多个语句,应该使用复合语句。

5.1.2 while 循环的执行过程

while 循环的执行过程如下：

(1) 计算 while 后圆括号中表达式的值。当值为非 0 时,执行步骤(2);当值为 0 时,执行步骤(4)。

(2) 执行循环体一次。

(3) 转去执行步骤(1)。

(4) 退出 while 循环。

由以上执行过程可知,while 后圆括号中表达式的值决定了循环体是否将被执行。因此,进入 while 循环后,一定要有能使此表达式的值变为 0 的操作,否则循环将会无限制地进行下去,成为无限循环(死循环)。若此表达式的值不变,则循环体内应有在某种条件下强行终止循环的语句(如 break 等)。

注意：

(1) while 语句的循环体可能一次都不执行,因为 while 后圆括号中的条件表达式可能一开始就为 0。

(2) 不要把由 if 语句构成的分支结构与由 while 语句构成的循环结构混同起来。若 if 后条件表达式的值为非 0,其后的 if 子句只可能执行一次;而 while 后条件表达式的值为非 0 时,其后的循环体语句可能重复执行。在设计循环时,通常应在循环体内改变条件表达式中有关变量的值,使条件表达式的值最终变成 0,以便能结束循环。

(3) 当循环体需要无条件循环,条件表达式可以设为 1(恒真),但在循环体内要有带条件的非正常出口(break 等)。

例 5.1 编写程序,求 $1^2+2^2+3^2+\cdots+n^2$,直到累加和大于或等于 10000 为止。

这是一个求 n 个数平方和的累加问题。所加数从 1 变化到 n,可以看到加数是有规律变化的,第一个加数为 1,后一个加数比前一个加数增 1。因此,编写程序时可以在循环中使用一个整型变量 i,每循环一次使 i 增 1,同时使用一个整型变量 sum 存放累加和,每循环一次使 sum 增加 i 的平方,一直循环到 sum 的值超过 10000 为止。事先我们并不知道这个循环要执行多少次。但是要特别注意的是,变量 i 和累加和变量 sum 需要有一个正确的初值,在这里它们的初值都设定为 0。

以下就是完成所要求操作的程序,这是求累加的典型算法。

```
#include <stdio.h>
main()
{ int i, sum;
  i = 0; sum = 0;              /* i和sum的初值为0 */
  while ( sum < 10000 )        /* 当sum小于10000时执行循环体 */
  { sum+= i*i ;                /* sum累加i的平方 */
    i++ ;                      /* 在循环体中每累加一次后,i增1 */
  }
  printf ("n=%d sum = %d \n", i-1, sum);
}
```

以下是程序运行后的输出结果,其中 n 代表最后一项的值:

```
n=31 sum = 10416
```

注意:

(1) 如果在第一次进入循环时,while 后圆括号内表达式的值为 0,循环体一次也不执行。在本程序中,如果 sum 的初值大于或等于 10000,将使表达式 sum<10000 的值为 0,循环体一次也不执行。

(2) 在循环体中一定要有使循环趋向结束的操作,以上循环体内的语句 i++;使 i 不断增 1,同时 sum 也不断累加 i 的平方。当 sum>=10000 时,循环结束。如果没有 i++; 这一语句,则 i 的值始终不变,保持为 0,sum 的值也不变,循环将无限进行下去,成为死循环。

(3) 在循环体中,语句的先后位置必须符合逻辑,否则将会影响运算结果。例如,将上例中的 while 循环体改写成:

```
i=1;
while ( sum < 10000 )
{      i++ ;            /* 先计算i++,后计算sum的值 */
sum+= i*i ;
}
```

程序执行后输出以下结果:

```
    n=30 sum = 10415
```

这是因为在运行的过程中,少加了第一项的值 1,而且 n 的值也不正确。

例 5.2 用 $\frac{\pi}{4}=1-\frac{1}{3}+\frac{1}{5}-\frac{1}{7}+\frac{1}{9}-\cdots$ 公式求 π 的近似值,直到最后一项的绝对值小于 10^{-6} 为止。

本题的基本算法也是求累加和,但比例 5.1 稍复杂。

(1) 用分母的值来控制循环的次数。若用 n 存放分母的值,则每累加一次 n 应当增 2。每次累加的数不是整数,而是一个实数,因此 n 应当定义成 float 类型。

(2) 可以看成隔一项的加数是负数。若用 t 来表示相加的每一项,则每加一项之后,t 的符号 s 应当改变,这可用交替乘 1 和-1 来实现。

(3) 从以上求 π 的公式来看,不能决定 n 的最终值应该是多少,但可以用最后一项的绝对值小于 10^{-6} 来作为循环的结束条件。

程序如下:

```
#include <stdio.h>
#include <math.h>                       /* 调用 fabs 函数时要求包含 math.h 文件 */
main( )
{ int s;
  float n, t, pi;
  t = 1.0;                              /* t 中存放每项的值，初值为 1 */
  pi = 0;                               /* pi 中存放所求 π 的值，初值为 0 */
  n = 1.0;                              /* n 中存放每项分母 */
  s = 1;                                /* s 为符号位，其值在 1 和-1 之间变化 */
  while ( fabs (t) >= 1e-6 )
  { pi = pi + t;
    n += 2.0;
    s = -s;                             /* 改变符号 */
    t = s/n;
  }
  pi = pi * 4;
  printf ("pi = %f\n",pi);
}
```

程序执行后输出以下结果：

pi = 3.141594

例 5.3 用迭代法求方程 $x=\cos x$ 的根，要求误差小于 10^{-6}。

此方程没有解析根，只能通过迭代法等方法求数值根。步骤如下：

(1) 使 $x_1=0$，$x_2=\cos x_1$。

(2) 判 $|x_2-x_1|<10^{-6}$。若 x_2-x_1 的绝对值小于 10^{-6}，则执行 $x_1=x_2$，重复执行步骤(1)；否则执行步骤(3)。

(3) 计算结束，输出结果。

程序如下：

```
#include <stdio.h>
#include <math.h>
main( )
{ double x1, x2;
  x1 = 0.0;
  x2 = cos(x1);
  while (fabs(x2-x1) > 1e-6)
  { x1 =x2;
    x2 = cos(x1);
  }
  printf("x=%f\n", x2);
}
```

程序执行后输出以下结果：

x=0.739086

while 语句一般用于事先并不知道循环次数的循环,例如通过控制精度等进行的计算可用 while 循环来实现。

5.2 do-while 语句和用 do-while 语句构成的循环结构

5.2.1 do-while 语句构成的循环结构

do-while 循环结构的形式如下:

```
do
  循环体
while ( 表达式 ) ;
```

例如:

```
do
{ i++ ; s+= i ;
}
while ( i < 10 );
```

说明:

(1) do 是 C 语言的关键字,必须和 while 联合使用。

(2) do-while 循环由 do 开始,至 while 结束。必须注意的是:在 while(表达式)后的";"不可丢,它表示 do-while 语句的结束。

(3) while 后一对圆括号中的表达式,可以是 C 语言中任意合法的表达式,由它控制循环是否执行。

(4) 按语法,在 do 和 while 之间的循环体只能是一条可执行语句。若循环体内需要多个语句,应该使用复合语句。

5.2.2 do-while 循环的执行过程

do-while 循环的执行过程如下:

(1) 执行 do 后面循环体中的语句。

(2) 计算 while 后一对圆括号中表达式的值。当值为非 0 时,转去执行步骤(1);当值为 0 时,执行步骤(3)。

(3) 退出 do-while 循环。

由 do-while 构成的循环与 while 循环十分相似,它们之间的重要区别是:while 循环的控制出现在循环体之前,只有当 while 后面条件表达式的值为非 0 时,才可能执行循环体,因此循环体可能一次都不执行;在 do-while 构成的循环中,总是先执行一次循环体,然后再求条件表达式的值,因此,无论条件表达式的值是 0 还是非 0,循环体至少要被执行一次。

和 while 循环一样,在 do-while 循环体中,一定要有能使 while 后表达式的值变为 0 的操作,否则,循环将会无限制地进行下去,除非循环体中有带条件的非正常出口(break 等)。

例 5.4 计算 Fibonacci 数列,直到某项大于 1000 为止,并输出该项的值。

Fibonacci 数列:$f_0=0$,$f_1=1$,$f_2=1$,$f_3=2$,$f_4=3$,…,$f_n=f_{n-2}+f_{n-1}$。程序中定义三个变量 f1、f2、f,给 f1 赋初值 0,f2 赋初值 1,然后进行以下步骤:

(1) f=f1+f2; f1=f2; f2=f;

(2) 判断 f2 是否大于 1000,若不大于,重复步骤(1)继续循环;否则执行步骤(3)。

(3) 循环结束,输出 f2 的值。

程序如下:

```
#include <stdio.h>
main()
{ int f1, f2, f;
  f1=0; f2=1;
  do
  { f =f1+f2; f1=f2; f2 =f;
  } while (f2 <= 1000);
  printf("F = %d\n", f2);
}
```

程序执行后输出以下结果:

```
F = 1597
```

5.3 for 语句和用 for 语句构成的循环结构

5.3.1 for 语句构成的循环结构

for 语句构成的循环结构通常称为 for 循环。for 循环的一般形式如下:

```
for (表达式1; 表达式2; 表达式3)   循环体
```

例如:

```
for ( k = 0; k < 10; k++ ) printf ( "*");
```

以上 for 循环在一行上输出 10 个星号。

for 是 C 语言的关键字,其后的一对圆括号中通常含有三个表达式,各表达式之间用“;”隔开。这三个表达式可以是任意形式的表达式,通常主要用于 for 循环的控制。紧跟在 for(…)之后的循环体语句在语法上要求是一条语句,若在循环体内需要多条语句,应该使用复合语句。

for 循环的一般形式等价于下面的程序段:

```
表达式1;
while(表达式2)
{
    循环体;
```

```
    表达式 3;
}
```

5.3.2 for 循环的执行过程

for 循环的执行过程如下：

(1) 计算表达式 1。

(2) 计算表达式 2。若其值为非 0,转步骤(3);若其值为 0,转步骤(5)。

(3) 执行一次 for 循环体。

(4) 计算表达式 3,转向步骤(2)。

(5) 结束循环。

5.3.3 有关 for 语句的说明

(1) for 语句中的表达式可以部分或全部省略,但两个“;”不可省略。例如:

```
for ( ; ; ) printf(" * ");
```

三个表达式均省略,但因缺少条件判断,循环将会无限制地执行,而形成无限循环(通常称死循环)。

(2) for 后一对圆括号中的表达式可以是任意有效的 C 语言表达式。例如:

```
for ( sum = 0, i = 1; i <= 100 ; sum = sum + i, i++ ) {…}
```

表达式 1 和表达式 3 都是一个逗号表达式。

C 语言中的 for 语句书写灵活,功能较强。在 for 后的一对圆括号中,允许出现各种形式的与循环控制无关的表达式,虽然这在语法上是合法的,但这样会降低程序的可读性。建议初学者在编写程序时,在 for 后面的一对圆括号内,仅含有能对循环进行控制的表达式,其他的操作尽量放在循环体内去完成。

例 5.5 编写程序,求 $1+2+3+\cdots+100$ 。

这是一个求 100 个数的累加和问题。加数从 1 变化到 100,可以看到是有规律变化的,后一个加数比前一个加数增 1,第一个加数为 1,最后一个加数为 100。因此可以在循环中使用一个整型变量 i,每循环一次使 i 增 1,一直循环到 i 的值超过 100,用这个办法就解决了所需的加数问题。但要特别注意的是,变量 i 需要有一个正确的初值,在这里它的初值应当设定为 1。

下一个要解决的是求累加和。定义一个变量 sum 来存放这 100 个数的和值,就像人们手工求和数时的规律相似,可以先求 0+1 的和数并放在 sum 中,再把 sum 中的数加上 2 存放在 sum 中,以此类推,这和人们心算的过程没什么区别。

以下就是完成所要求操作的程序。这是求累加的典型算法。

```
#include <stdio.h>
main( )
{ int i, sum;
  sum = 0;                      /* sum 的初值为 0 */
  for (i=1; i<=100; i++)        /* 当 i 小于或等于 100 时执行循环体 */
    sum+= i ;                   /* 在循环体中累加 i 一次 */
```

```
  printf ("sum = %d\n",sum);
}
```

以下是程序运行后的输出结果：

```
sum = 5050
```

注意：

(1) 如果在第一次进入循环时，for后面圆括号内第二个表达式的值为0，则循环体一次也不执行。在本程序中，如果i的初值大于100，将使表达式i <= 100的值为0，循环体语句sum+= i;一次也不执行。

(2) 在循环中一定要有使循环趋向结束的操作，以上循环体内for语句中第三个表达式i++使i不断增1，当i > 100时，循环结束。如果没有i++这一表达式，则i的值始终不变，循环将无限进行下去。

(3) 在for语句中，第二个表达式i<=100不能写成i<100，这样所求的是1到99的和值，不包括100。但可以写成i<101，这和i<=100是等价的条件表达式。

例5.6 编写程序，计算半径为0.5 mm、1.0 mm、1.5 mm、2.0 mm、2.5 mm时的圆面积。

本例要求计算5个不同半径的圆的面积，且半径值的变化是有规律的，从0.5 mm按增0.5 mm的规律递增，可直接用半径r作为for循环控制变量，每循环一次使r增0.5，直到r大于2.5为止。

程序如下：

```
#include <stdio.h>
main( )
{ double r, s, Pi = 3.1416;
  for ( r = 0.5 ; r <=2.5 ; r+=0.5 )
  { s = Pi * r*r ;                /* 计算圆面积s的值 */
    printf ("r = %3.1f s = %f \n", r, s );
  }
}
```

以下是程序运行后的输出结果：

```
r = 0.5   s = 0.785400
r = 1.0   s = 3.141600
r = 1.5   s = 7.068600
r = 2.0   s = 12.566400
r = 2.5   s = 19.635000
```

程序中变量r既用作循环控制变量，又是半径的值，它的值由0.5变化到2.5，循环体共执行5次，当r增到3.0时，条件表达式“r <= 2.5”的值为0，从而退出循环。

5.4 循环结构的嵌套

在一个循环体内又完整地包含了另一个循环，称为循环嵌套。前面介绍的三种类型的循环都可以互相嵌套,循环的嵌套可以多层,但每一层循环在逻辑上必须是完整的。

在编写程序时,循环嵌套的书写要采用缩进形式,像以下例题程序中所示,内循环中的语句应该比外循环中的语句有规律地向右缩进 2 ~4 列,这样的程序层次分明,易于阅读。

例 5.7 使用双层 for 循环打印如下由星号组成的倒三角图形:

```
*******
 *****
  ***
   *
```

程序如下:

```
#include <stdio. h>
main( )
{ int k, i, j;
  for ( i = 0; i < 4; i++ )
  { for ( k = 1; k <= i; k++ ) printf ( "   " );
    for ( j = 0; j <7-i * 2; j++) printf (" * ");
    printf ( " \n" );
  }
}
```

以上程序中,由 i 控制的 for 循环中内嵌了两个平行的 for 循环。由 k 控制的 for 循环体只有一个语句,用来输出一个空格。由 j 控制的 for 循环体也只有一个语句,用来输出一个星号。

当 i 等于 0 时,由 k 控制的 for 循环,因为 k 的值为 1,表达式 k <= i 的值为 0,循环体一次也不执行,接着执行由 j 控制的 for 循环体,这时 7-i * 2 的值为 7,因此连续输出 7 个星号;当 i 等于 1 时,由 k 控制的 for 循环体执行一次,输出一个空格,7-i * 2 的值为 5,连续输出 5 个星号;其他以此类推。

请注意,以上内嵌的两个 for 循环的循环结束条件都和外循环的控制变量 i 有关。

表 5.1 中列出了以上双重循环中 i、k 和 j 值的变化规律。

表 5.1 双重循环中 i、k 和 j 值的变化规律

	k 的 变 化	j 的 变 化
i = 0	1	0,1,2,3,4,5,6,7
i = 1	1,2	0,1,2,3,4,5
i = 2	1,2,3	0,1,2,3
i = 3	1,2,3,4	0,1
i = 4	(当 i 等于 4 时退出循环)	

例 5.8 编写程序,找出 2 ~100 以内的所有质数(素数)。

按照质数的定义,如果一个数只能被 1 和它本身整除,则这个数是质数。反过来说,如果一个数 i 能被 2 到 i-1 之间的某个数整除,则这个数 i 就不是质数。程序中需要用双重循环来处理。外层循环 i 从 2 到 100,内层循环判断每个 i 是否是质数。为此设置一个变量 tag 作为标识,在进入内循环判断 i 的每个值之前,置初值为 0,在内循环中若 i% k 的值为 0 时,就是 i 能被 2 到 i-1 之间的某个数整除,则 tag 赋 1,内循环结束后,判断 tag 是否为 0,若为 0,则 i 为质数,打印出 i。

程序如下:

```
#include <stdio.h>
main( )
{ int k, i, tag;
  for ( i = 2; i <= 100; i++ )
  { tag = 0;
    for ( k = 2; k < i; k++ )
      if (i% k == 0) tag=1;
    if (tag == 0) printf("%d, ", i);
  }
}
```

运行结果如下:

2, 3, 5, 7, 11, 13, 17, 19, 23, 29, 31, 37, 41, 43, 47, 53, 59, 61, 67, 71, 73, 79, 83, 89, 97,

此程序中双重循环外层循环次数是 99,内层循环次数是 0、1、2、…、98,因此可以知道循环体语句 if (i% k == 0) tag=1;中的表达式:i% k == 0 共执行了 99 * 98/2 = 4851 次! 此程序的执行效率是否可以改进呢? 首先外层循环 for (i = 2; i <= 100; i++)中,除了 2,其余偶数肯定不是素数,只需要判断奇数 3、5、7、…、99 是否是素数即可,因此外循环可以改为:for (i = 3; i <= 100; i += 2)。再看内循环 for (k = 2; k < i; k++),其实只要判断到 i 不能被$\sqrt{i}$整除,就不需继续判断下去。其次,若 if (i% k == 0)成立,tag 为 1,说明 i 不是素数,就没有必要继续循环判断下去。因此内循环改为 for (k = 2; tag==0 && k < sqrt(i);k++)。由此得到改进后的程序如下。

```
#include <stdio.h>
#include <math.h>
main( )
{ int k, i, tag;
  printf("2, ");
  for ( i = 3; i <= 100; i+= 2 )
  { tag = 0;
    for ( k = 2; tag==0 && k < sqrt(i); k++ )
      if (i% k == 0) tag=1;
    if (tag == 0) printf("%d, ", i);
  }
}
```

运行结果与改进前的程序相同,但循环次数已减少到只有 184 次!

5.5 break 和 continue 语句在循环体中的作用

5.5.1 break 语句

用 break 语句可以使流程跳出 switch 语句体,也可用 break 语句在循环结构中终止本层循环体,从而提前结束本层循环。

例 5.9 计算 s=1+2+3+…+i,直到累加到 s 大于 5000 为止,并给出 s 和 i 的值。

```
#include <stdio.h>
main( )
{ int i, s;
  s = 0;
  for ( i = 1; ; i++ )
  { s = s + i;
    if (s > 5000) break;
  }
  printf ("s = %d, i=%d\n", s, i);
}
```

程序的输出结果如下:

```
s = 5050, i=100
```

这是在循环体中使用 break 语句的示例。上例中,如果没有 break 语句,程序将无限循环下去,成为死循环。但当 i = 100 时,s 的值为 100 * 101/2 = 5050,if 语句中的条件表达式:s>5000 为“真”(值为 1),于是执行 break 语句,跳出 for 循环,从而终止循环。

break 语句的使用说明:

(1) 只能在循环体内和 switch 语句体内使用 break 语句。

(2) 当 break 出现在循环体中的 switch 语句体内时,其作用只是跳出该 switch 语句体,并不能中止循环体的执行。若想强行中止循环体的执行,可以在循环体中,但并不在 switch 语句中设置 break 语句,满足某种条件则跳出本层循环体。

5.5.2 continue 语句

continue 语句的作用是跳过本次循环体中余下尚未执行的语句,立刻进行下一次的循环条件判定,可以理解为仅结束本次循环。注意:执行 continue 语句并没有使整个循环终止。

在 while 和 do-while 循环中,continue 语句使得流程直接跳到循环控制条件的测试部分,然后决定循环是否继续进行。在 for 循环中,遇到 continue 后,跳过循环体中余下的语句,而去对 for 语句中的“表达式 3”求值,然后进行“表达式 2”的条件测试,最后根据“表达式 2”的值来决定 for 循环是否执行。在循环体内,不论 continue 是作为何种语句中的语句成分,都将按上述功能执行,这点与 break 有所不同。

例 5.10 在循环体中 continue 语句执行示例。

```
#include <stdio.h>
main( )
{ int k = 0,s = 0,i;
  for ( i = 1; i <= 5; i++ )
  { s = s + i;
    if ( s > 5 )
    { printf (" * * * * i = %d,s = %d,k = %d\n", i, s, k);   /* 1# 输出语句 */
      continue;
    }
    k = k + s;
    printf ("i = %d,s = %d,k = %d\n",i,s,k);                   /* 2# 输出语句 */
  }
}
```

运行结果如下：

```
i = 1,s = 1,k = 1
i = 2,s = 3,k = 4
****i = 3,s = 6,k = 4
****i = 4,s = 10,k = 4
****i = 5,s = 15,k = 4
```

程序运行时，当 i 为 1 和 2 时，由于条件表达式 s > 5 为假，不执行 if 子句，仅执行 k=k+s；和 2#输出语句；执行第三次循环时，s 的值已是 6，这时表达式 s > 5 的值为真，因此执行 if 分支中的 1#输出语句和 continue 语句，并跳过其后的 k=k+s；语句和 2#输出语句；接着执行 for 后面括号中的 i++，继续执行下一次循环。由输出结果可见，后面三次循环中 k 的值没有改变。

5.6 程序举例

例 5.11　从输入的若干个正整数中选出最大值，用-1 结束输入。

在程序的第一个 do-while 循环中，要求输入一个大于零的数或输入一个-1 放入 x 中，不满足此条件时，循环继续不断要求输入一个数，直到满足条件为止。退出 do-while 循环后，若 x 中的数为-1，不进入下面的 while 循环，程序运行结束。若 x 中的数不是-1，进入下面的 while 循环。用变量 max 存放最大值。在 while 循环中每给变量 x 读入一个值，就去判断它是否大于 0 并且大于 max，若是，则用新的 x 值替换 max 原来的值；否则什么也不做。如此循环，直到读入结束标志-1 为止。最后输出所求得的最大数。

程序如下：

```
#include <stdio.h>
main( )
{ int x, max;
  printf ( "Enter -1 to end: \n" );
  do
```

```
    { printf ( "Enter x : " ); scanf ("%d",&x);
    } while ( x < 0 && x != -1);
    max = x;
    while ( x != -1 )
    { printf ( "Enter x : " ); scanf ("%d",&x);
      if ( x > 0&& x > max ) max = x;        /* max 始终存放大于零的最大值 */
    }
    if ( max != -1 ) printf ("max = %d\n",max);
}
```

当输入以下数据时：

24　-6　18　12　-9　45　12　42　-1

输出结果如下：

max = 45

例 5.12　用迭代法求某数 a 的平方根。已知求平方根的迭代公式为：

$$x_1=\frac{1}{2}\left(x_0+\frac{a}{x_0}\right)$$

利用以上迭代公式求 a 的平方根的算法步骤如下：

(1) 可自定一个值给 x0 作为初值，在此，取 a/2 作为 x0 的初值，利用迭代公式：x1 = (x0 + a/x0) /2求出一个 x1。

(2) 把新求得的 x1 的值赋给 x0，准备用此新的 x0 再去求出一个新的 x1。

(3) 利用迭代公式再求出一个新的 x1 值，也就是用新的 x0 又求出了一个新的平方根值 x1，此值将更趋近真正的平方根值。

(4) 比较前后两次所求的平方根值 x0 和 x1，若它们之间的误差小于或等于指定的 10^{-6}，则认为 x1 就是 a 的平方根值，去执行步骤(5)；若它们之间的误差大于 10^{-6}，则再转去执行步骤(2)，即继续循环进行迭代。

(5) 输出 a 的平方根值。

程序如下：

```
#include <stdio.h>
#include <math.h>
main( )
{ float a, x0, x1;
  printf ("\nInput a : "); scanf ("%f",&a);
  if ( a < 0 )
    printf ("error ! \n");       /* 不能求负数的平方根 */
  else
  { x0 = a / 2;
    x1 = ( x0 + a / x0 ) /2;
    do
    { x0 = x1;
      x1 = ( x0 + a / x0 ) / 2;
```

```
    }
    while ( fabs(x0-x1) > 1e-6 );
    printf ("sqrt(%f) = %f 标准 sqrt(%f) = %f\n", a, x1, a, sqrt(a));
  }
}
```

执行以上程序,给 a 输入 3 时,将输出以下结果:

```
Input a : 3
sqrt(3.000000) = 1.732051 标准 sqrt(3.000000) = 1.732051
```

可以看到,此程序的结果和标准平方根函数 sqrt 的结果基本没有差异。

习题

一、选择题

5.1 有以下程序段:

```
int k, j, s;
for ( k =2; k<6; k++,k++ )
{ s = 1;
  for ( j =k; j<6; j++ ) s+=j;
}
printf ( "%d\n" , s );
```

程序段的输出结果是

A) 9　　B) 1　　C) 11　　D) 10

5.2 有以下程序段:

```
int i, j, m = 0;
for ( i =1; i<=15; i+=4 )
  for ( j =3; j <=19; j+=4 ) m++;
printf ( "%d\n", m );
```

程序段的输出结果是

A) 12　　B) 15　　C) 20　　D) 25

5.3 有以下程序段:

```
int n = 10;
while ( n > 7 )
{ n--;
  printf ("%d\n", n );
}
```

程序段的输出结果是

A)	B)	C)	D)
10	9	10	9
9	8	9	8
8	7	8	7
		7	6

5.4　有以下程序段：

```
int x = 3;
do
{ printf ("%3d", x-=2 );
}
while (! (--x) );
```

程序段的输出结果是

A）1　　B）3 0　　C）1 -2　　D）死循环

5.5　有以下程序：

```
#include <stdio.h>
main( )
{ int i, sum;
  for ( i = 1; i<6; i++ ) sum+=sum;
  printf ("%d\n", sum );
}
```

程序的输出结果是

A）15　　B）14　　C）不确定　　D）0

5.6　有以下程序：

```
#include <stdio.h>
main( )
{ int y=10;
  for ( ; y> 0; y-- )
    if ( y%3 ==0 )
    { printf ("%d", --y ); continue;
    }
}
```

程序的输出结果是

A）741　　B）852　　C）963　　D）875421

5.7　有以下程序段：

```
int x;
for( x=3; x<6; x++ )
  printf ( (x%2)? ("**%d") : ("##%d\n"), x );
```

程序段的输出结果是

```
A） **3        B） ##3        C） ##3          D） **3##4
    ##4            **4            **4##5           **5
    **5            ##5
```

5.8　有以下程序：

```
#include <stdio.h>
main( )
{ int i;
  for( i = 1; i<=5; i++ )
```

```
  { if ( i%2 ) printf ( " * " );
    else continue;
    printf( "#" );
  }
  printf (" $ \n" );
}
```

程序的输出结果是

A) *#*#*#$ B) #*#*#*$ C) *#*#$ D) #*#*$

5.9 以下叙述中正确的是

A) do-while 语句构成的循环不能用其他语句构成的循环来代替

B) do-while 语句构成的循环只能用 break 语句退出

C) 用 do-while 语句构成循环时,只有在 while 后的表达式为非零时结束循环

D) 用 do-while 语句构成循环时,只有在 while 后的表达式为零时结束循环

5.10 有以下程序:

```
#include <stdio.h>
main( )
{ int x, i;
  for ( i=1; i<=100; i++ )
  { x = i;
    if ( ++x%2 == 0 )
      if ( ++x%3 ==0 )
        if ( ++x%7==0 )
          printf ("%d ", x );
  }
  printf ("\n");
}
```

程序的输出结果是

A) 28 70 B) 42 84 C) 26 68 D) 39 81

二、填空题

5.11 当执行以下程序段后,i 的值是__[1]__、j 的值是__[2]__、k 的值是__[3]__。

```
int a, b, c, d, i, j, k;
a=10; b=c=d=5; i=j=k=0;
for ( ; a>b; ++b ) i++;
while ( a>++c ) j++;
do k++; while ( a>d++);
```

5.12 以下程序段的输出结果是________。

```
int k, n, m;
n = 10; m = 1; k = 1;
while ( k++ <= n ) m *=2;
printf ( "%d\n", m );
```

5.13 以下程序的输出结果是________。

```
#include <stdio.h>
main()
{ int x =2;
  while ( x-- );
  printf ( "%d\n", x );
}
```

5.14　以下程序段的输出结果是________。

```
int i = 0, sum= 1;
do { sum+=i++; } while ( i< 5 );
printf ("%d\n", sum );
```

5.15　有以下程序段：

```
s = 1.0;
for ( k = 1; k<=n; k++ ) s = s+1.0/(k*( k + 1 ));
printf ("%f\n", s );
```

请填空，使下面的程序段的功能完全与之等同。

```
s = 0.0;
  [1]  ;
k = 0;
do
{ s = s+d;
    [2]  ;
  d = 1.0/(k* ( k + 1 ));
} while ( [3] );
printf ("%f\n", s );
```

5.16　以下程序的功能是：从键盘上输入若干学生的成绩，统计并输出最高成绩和最低成绩，当输入负数时结束输入。请填空。

```
#include <stdio.h>
main()
{ float x, amax, amin;
  scanf ("%f", &x );
  amax = x; amin = x;
  while (   [1]   )
  { if ( x > amax ) amax = x;
    if (   [2]   ) amin = x;
    scanf ("%f", &x );
  }
  printf ("\namax = %f\namin = %f\n", amax, amin );
}
```

三、编程题

5.17　编写程序，求 1-3+5-7+…-99+101 的值。

5.18　编写程序，求 e 的值，$e \approx 1+\frac{1}{1!}+\frac{1}{2!}+\frac{1}{3!}+\frac{1}{4!}+\cdots$。

（1）用 for 循环，计算前 50 项。

（2）用 while 循环，要求直至最后一项的值小于 10^{-6}。

5.19 编写程序，输出从公元 2000 年至公元 3000 年所有闰年的年号，每输出 10 个年号换一行。判断公元年是否为闰年的条件是：

（1）公元年数如能被 4 整除，而不能被 100 整除，则是闰年。

（2）公元年数能被 400 整除也是闰年。

5.20 编写程序，打印以下图形：

```
   *
  ***
 *****
*******
 *****
  ***
   *
```

第6章 字符型数据

学习目标与要求

一、字符常量和变量

1. 了解C语言中字符常量代表ASCII字符集中的一个字符。记住空格字符、字母A、字母a、换行、数字0的ASCII码值。
2. 正确表示C语言的字符常量。
3. 正确表示C语言中特殊的字符常量——转义字符。
4. 正确定义字符变量。

二、字符数据的基本运算

1. 字母大、小写之间的转换。
2. 通过对一个字母加或减一个整数转换成另一个字母。
3. 把十以内的整数转换成对应的数字字符。
4. 把数字字符转换成对应的整数。
5. 判断一个字符变量的值是否为某个指定的字符。
6. 判断一个字符变量的值是否为数字字符。
7. 判断一个字符变量的值是否为大写字母或小写字母。

三、字符数据的输入和输出

1. 通过printf函数输出字符数据以及对应的ASCII码值。
2. 通过scanf函数输入字符数据。能在交叉输入数值数据和字符数据时得到正确的输入结果。
3. 通过putchar函数输出字符数据。
4. 通过getchar函数输入字符数据。

四、用于字符数据的基本函数

了解用于字符数据的基本函数,如isalpha、isdigit、isspace、islower、isupper。

五、字符处理的有关算法

1. 通过循环不断输入字符,以回车或以指定字符结束输入。
2. 统计输入字符或某个字符的个数。
3. 把输入的若干数字字符转换为一个整数。
4. 把输入的整数按高位到低位或相反的顺序逐位转换为对应的数字字符。
5. 按一定规律输出简单的字符图形。

6. 按指定规律对输入的字符进行转换或译码。

6.1 字符型常量

6.1.1 字符常量

C语言中,一个字符常量代表ASCII字符集中的一个字符,在程序中用单引号把一个字符括起来作为字符常量。例如,作为字符常量的小写字母a,在程序中写成'a',以便和标识符a区别开。因此,'A'、'C'、't'、'!'、'?'都是合法的字符常量。

说明:

(1) 单引号中的大写字母和小写字母代表不同的字符常量,例如,'B'和'b'是不同的字符常量。

(2) 单引号中的空格符'␣'(此处用␣来代表一个空格)也是一个字符常量,但不能写成''(两个连续的单引号)。

(3) 字符常量只能包含一个字符,因此'abc'是非法的。

(4) 字符常量只能用单引号括起来,不能用双引号括起来。例如,"a" 不是字符常量,而是一个字符串。

字符常量在内存中占一个字节,存放的是字符的ASCII代码值(请参阅附录5)。C语言规定,所有字符常量都作为整型量来处理,在计算机内部,其对应的整数值就是ASCII字符集中该字符的序号(即ASCII代码值)。因此字符常量'A'的值为65(八进制数101),字母字符'a'的值为97(八进制数141),数字字符'0'的值为48(八进制数60),空格字符'␣'的值为32(八进制数40)。

6.1.2 转义字符常量

转义字符又称反斜线字符,这些字符常量总是以一个反斜线开头后跟一个特定的字符,用来代表某一个特定的ASCII字符,这些字符常量也必须括在一对单引号内。例如:'\n'代表回车换行符(读者在前面几章的输出语句中已经用过)、'\''代表一个单引号。表6.1列出了C语言中的转义字符。

表6.1 C语言中的转义字符

字符形式	功　　能	字符形式	功　　能
\n	回车换行	\\\\	反斜杠字符"\\"
\t	横向跳若干格(代表"Tab"键)	\\'	单引号(撇号)字符
\v	竖向跳格	\\"	双引号字符
\r	回车符	\ddd	三位八进制数代表的一个ASCII字符
\f	换页符	\xhh	二位十六进制数代表的一个ASCII字符
\b	退格符(代表"Backspace"键)	\0	空值,其ASCII码值为0

注意：

（1）转义字符常量，如'\n'、'\101'、'\141'只代表一个字符。

（2）反斜线后的八进制数可以不用0开头。如：'\101'代表的就是字符常量'A'，'\141'代表字符常量'a'。也就是说，在一对单引号内，可以用反斜线后跟一个八进制数来表示一个ASCII字符。

（3）反斜线后的十六进制数只可由小写字母x开头，不允许用大写字母X，也不能用0x开头。如：'\x41'代表字符常量'A'，'\x6d'（也可写成'\x6D'）代表字符常量'm'。在一对单引号内，也可以用反斜线后跟一个十六进制数来表示一个ASCII字符。

6.1.3 字符串常量

字符串常量是由双引号括起来的一串字符。如"STRING"就是字符串常量，在printf和scanf中的"%d%d"也是字符串常量。在C语言中，系统在每个字符串的最后自动加入一个字符'\0'作为字符串的结束标志。请注意字符常量和字符串常量的区别，例如：'\101'、'Z'是字符常量，在内存中占一个字节；而 "ABC\n"、"Z" 是字符串常量，前者占五个字节、后者占两个字节的存储空间，其中一个字节用来存放最后的'\0'。两个连续的双引号"" 也是一个字符串常量，称为“空串”，但要占一个字节的存储空间来存放'\0'。

有关字符串的内容将在第10章详细讨论。

6.1.4 可对字符量进行的运算

在C程序中，字符量可参与任何整数运算。例如：

'B'-'A'≡66-65≡1　　　　'a'+1≡97+1≡98≡'b'

此处符号≡表示等价的意思。在以上表达式中的66、65、97、98都是十进制数，它们分别是字母B、A、a、b的ASCII代码值。因此很容易利用算术运算把大写字母转换成小写字母或把小写字母转换成大写字母，例如：

'A'+32≡65+32≡97≡'a'　　　　'b'-32≡98-32≡66≡'B'

也可以通过算术运算把数字字符转换为整数值或把一位整数转换成数字字符，例如：

'9'-'0'≡57-48≡9　　　　'3'-'0'≡51-48≡3

9+'0'≡9+48≡57≡'9'　　　　4+'0'≡4+48≡52≡'4'

在上述表达式中，57、48、51、52分别是用十进制数表示的字符9、0、3、4的ASCII代码值。在这里，读者一定要分清诸如整数9和字符9的区别。整数9在程序中直接写成9；字符9在程序中用'9'表示，它的值是57。

在C语言中，字符量也可以进行关系运算。如：'a'>'b'，由于在ASCII代码表中，'a'的值97小于'b'的值98，所以关系运算的结果为“假”，此关系运算表达式的值为0。但是如果进行逻辑运算的话，如：'a'&&'b'，由于'a'和'b'的ASCII代码值都为非零，“与”运算表达式的值为1。

6.2 字符变量

C语言中，字符变量用关键字char进行定义，在定义的同时可以赋初值。例如：

```
char  ch1 ='*',  ch2 ='A',  ch3;
```

字符变量在内存中占一个字节,可以存放 ASCII 字符集中的任何字符。当把字符放入字符变量中时,字符变量中的值就是该字符的 ASCII 代码值,所以字符变量可以作为整型变量来处理,可以参与对整型变量所允许的任何运算。例如:

```
char  c1, c2, c3;  int  k=5;
c1='1';          c1++;
c2='A';          c3=(c2+32+k)%25;
```

C 语言中与字符处理有关的库函数请参阅附录6。

6.3 字符的输入和输出

6.3.1 调用 printf 和 scanf 函数输出和输入字符

在调用函数进行输入和输出时,必须在程序的开头出现包含头文件 stdio.h 的命令行:

```
#include    <stdio.h>
```

用 printf 函数输出字符时只需使用格式说明 %c。例如以下程序段:

```
char     a;
a ='S';
printf ("a= %c\n", a );
```

将从第一列开始得到以下输出结果:

```
a= S
```

用 printf 函数输出字符时,可以在格式字符前加一个整数,用来指定输出字符时所占的宽度,如:若有 a='A',则执行 printf ("a= %3c\n", a); 后的输出形式为:a=␣␣A。

用 scanf 函数输入字符时也要使用格式说明 %c。例如以下程序段:

```
char     a, b, c;
scanf ( "%c%c%c",&a, &b, &c );
```

注意:当使用的格式说明中%c一个紧接一个时,在输入字符时,字符之间不应有间隔符,这时空格、回车符和横向跳格符(Tab 键)都将作为字符读入。例如执行以上 scanf 语句时,若从第一列开始输入:

```
TH<CR>
E<CR>
```

此处<CR>代表 Enter 键,则在变量 a 中将存放字符 T,在变量 b 中将存放字符 H,而在变量 c 中将存放回车符,字符 E 并没有读入。注意,只有在用户敲入 Enter 键时,读入才开始执行。

可以在格式说明串中加入空格,如:

```
scanf ( "%c    %c    %c", &a, &b, &c );
```

输入的形式可以和不加空格的 scanf ("%c%c%c",&a,&b,&c)相同,这时空格、回车符和横向跳格符(Tab 键)都将认作间隔符而不被读入。若要给 a、b、c 分别输入字母 A、B、C,可以用以下两种形式之一：

```
ABC<CR>
```

或

```
A␣␣B␣C< CR >            (此处␣代表空格,<CR>代表 Enter 键)
```

可以在格式字符前加一个整数，用来指定输入数据所占宽度。这时在输入字符数据时，应严格按指定的宽度输入数据，且取指定宽度中的第一个字符作为输入数据。例如，若有以下定义和输入语句，且要求给 c1 输入字母 A，给 c2 输入字母 B：

```
char  c1, c2;
scanf ( "%4c%4c",&c1 ,&c2 );
```

则从第一列开始应该按以下格式输入：

```
A␣␣␣B␣␣␣<CR>            (此处␣代表空格,<CR>代表 Enter 键)
```

当从键盘输入字符，并且在格式说明串中并未人为指定宽度时，输入的字符(空格符、回车符和横向跳格符)将按顺序赋予各输入项。

当交叉输入数值数据和字符数据时，即在输入项列表中交替出现字符变量和数值变量，由于它们从终端读取数据的方式不同，如果用户不加注意，就很容易产生错误的输入结果。例如，假设有以下定义语句和输入语句：

```
int    a1 ,a2;     char     c1, c2;
scanf ( "%d %c%d%c" ,&a1 ,&c1 ,&a2 ,&c2 );
```

必须用以下形式输入数据：

```
10A␣␣20B<CR>            (此处␣代表空格,<CR>代表 Enter 键)
```

如果用以下形式输入数据，也就是说在 10 和 A 之间加入空格，在 20 和 B 之间加入空格：

```
10␣A␣20␣B<CR>            (此处␣代表空格,<CR>代表 Enter 键)
```

则将把 10 赋予 a1，把空格赋予 c1，接着 a2 将遇到字母 A，因为类型不匹配，scanf 函数将结束执行，程序照常运行并不报错，但使得 a2 和 c2 不能从终端接收数据。注意字母 A 未被读入，而是留给下一个输入操作去读。

6.3.2 调用 putchar 和 getchar 函数输出和输入字符

putchar 函数用于输出字符，其调用形式如下：

```
putchar( ch )
```

其中 ch 可以是字符变量或是字符常量，在以上函数调用的后面跟一个分号“;”，就形成一条独立的输出语句。如：putchar('Y')；将在终端输出字符 Y。

getchar 函数用于输入字符，其调用形式如下：

```
ch = getchar( )
```

getchar 后的一对圆括号内没有参数，但这一对圆括号不可少，getchar( )函数从终端读入一个字符作为函数值。以上调用形式把读入的一个字符赋给变量 ch。在输入时，空格、回车符都将作为字符读入，而且只有在用户敲入 Enter 键时，读入才开始执行。

6.4 程序举例

例 6.1 以下程序输出 26 个大写字母和它们的 ASCII 代码,每行输出两组数据。

```
#include  <stdio.h>
main( )
{  char  ch;    int  i;
   for( i=0; i<26; i++)
   {  ch = i+65;
      if ( i%2 == 0 )  printf ("\n");
      printf("  c=%c  ASCII=%d" ,ch, ch );
   }
   putchar('\n');
}
```

以上程序的 printf 语句中,第一个 ch 用格式说明%c 输出,因此将输出一个字符,第二个 ch 用格式说明%d 输出,因此输出字符的 ASCII 代码值。最后的 putchar 输出一个回车换行符。注意,在括号中的是'\n'(一个字符),而不是"\n"(这是字符串常量)。

例 6.2 以下程序段等待从终端输入一个字符,当按 Enter 键时,程序才往下继续进行。

```
#include  <stdio.h>
main( )
{    ⋮
   printf ("Press Enter to continue\n");
   while( getchar ( ) !='\n') ;
      ⋮
}
```

例 6.3 以下程序把从终端输入的一行字符中所有的小写字母转换成大写字母,其他字符不变。

```
#include  <stdio.h>
main( )
{  char  c;
   while ( ( c = getchar ( ) ) !='\n')
   {  if ( c >='a'&& c <='z') c = c-'a'+'A';
      putchar( c );
   }
   putchar('\n');
}
```

当输入以下一行字符,其中<CR>代表回车键:

```
**The Programming**<CR>
```

将输出:

```
**THE PROGRAMMING**
```

在 while 后的表达式中,赋值表达式 c = getchar ( )将从终端读入一个字符赋给 c,这个赋值表达式外的一对圆括号不可少。如果忽略,因为赋值号的优先级低于!=号,将先求表达式 getchar( ) !='\n'的值,若 getchar( )读入的字符不是'\n',该表达式的值为 1,然后把整数 1 赋予变量 c,c 中的值或者为 1,或者为 0,而不可能得到输入的字符,程序也就不能正确运行。

例 6.4 编写程序统计输入的字符中空格符、换行符和横向跳格(制表)符的个数,用! 号结束输入。

```
#include   <stdio.h>
#include   <ctype.h>
main( )
{  long   n = 0;   char   ch;
   while ( ( ch = getchar ( ) ) !='! ')          /* 未遇到结束标志时循环继续 */
      if ( isspace ( ch ) ) n++;
    printf ( "n = %ld\n", n );
}
```

程序中用长整型变量 n 统计输入字符中空格符、换行符和横向跳格符的个数。

循环体内只有一条 if 语句,if 后的表达式调用了函数 isspace 用来判断 ch 中的字符是否是空格符、换行符或横向跳格符,最后在 printf 函数中采用了%ld 作为 n 的输出格式。

例 6.5 把一串密文译成明文,密文以字符@表示结束。译码规则如下:

(1) 如果是字母,转换成字母序列的下一个字母。如 A 译成 B、B 译成 C。

(2) 如果是字母 Z,译成 A。

(3) 无论是大小写字母都译成小写字母。

(4) 其他字符一律照原样译出。

说明:函数 isalpha(c)判断 c 中的字符是否为字母,若是,函数值为 1;函数 tolower(c)把 c 中的大写字母转换成小写字母,其他字符不变(请参考附录 6)。

```
#include   <stdio.h>
#include   <ctype.h>
main( )
{  char   c;
    c = getchar( );
    while( c !='@')                         /* 未遇到结束标志时循环继续 */
    {  if ( isalpha(c) )                    /* 调用函数判断 c 中是否为字母 */
       {  c = tolower( c );                 /* 调用函数把大写字母转换成小写字母 */
          c = ( c-'a'+1 )% 26+'a';
       }
       putchar( c );     c = getchar ( );
    }
    printf ("\n");
}
```

在 while 循环中,表达式(c-'a'+1)% 26+'a'中:c-'a'求出变量 c 中的字母在字母序列中的序号(字母 a 的序号为 0、字母 z 的序号为 25),c-'a'+1 按转换规则得到字母在字母序列中下一个字母的序号。表达式(c-'a'+1)% 26,使序号26转换成0,这样,字母z的序号就转换成了0,再加上'a',就由序号转换成了字母a。当c中为其他字母时,如字母b,c-'a'+1的值为2,即得到字母c的序号,这时表达式 (c-'a'+1)% 26的值仍然是2,再加上'a',转换成了字母c。

习题

一、选择题

6.1 C语言中的简单数据类型有

A) 整型、实型、逻辑型　　B) 整型、实型、字符型

C) 整型、字符型、逻辑型　　D) 整型、实型、逻辑型、字符型

6.2 C语言中,字符(char)型数据在微机内存中的存储形式是

A) 反码　　B) 补码　　C) EBCDIC码　　D) ASCII码

6.3 设有定义语句:char a ='\72';,则变量a

A) 包含1个字符　　B) 包含2个字符　　C) 包含3个字符　　D) 定义不合法

6.4 C语言中,下列不合法的字符常量是

A) '\xff'　　B) '\65'　　C) '&'　　D) '\028'

6.5 C语言中,下列不合法的字符串常量是

A) "\121"　　B) 'y='　　C) "\n\n"　　D) "ABCD\x6d"

6.6 判断char型变量c是否为大写字母的最简单且正确的表达式是

A) 'A'<=c<='Z'　　B) (c>='A') || (c<='Z')

C) ('A'<=c)AND('Z'>=c)　　D) (c>='A')&& (c<='Z')

6.7 有以下程序:

```
#include  <stdio.h>
main()
{  char  c1 ='A', c2 ='Y';
   printf ("%d,%d\n", c1, c2 );
}
```

程序的输出结果是

A) 因输出格式不合法,无正确输出　　B) 65,90

C) A,Y　　D) 65,89

6.8 有以下程序:

```
#include  <stdio.h>
main()
{  char  x ='A';
   x = ( x>='A'&& x<='Z') ? (x+32) : x;
   printf ("%c\n", x );
}
```

程序的输出结果是

A) A　　B) a　　C) Z　　D) z

6.9 有以下程序:

```
#include  <stdio.h>
main( )
{  char  ch;
   ch ='A'+'5'-'3';
   printf ("%d,%c\n", ch ,ch );
}
```

程序的输出结果是

A) 67,C　　B) B,C　　C) C,D　　D) 不确定的值

6.10　有以下程序:

```
#include  <stdio.h>
main( )
{  int  c;
   while ( ( c = getchar ( ) ) !='\n')
   {  switch ( c-'2')
      {  case  0  :
         case  1  : putchar ( c+4 );
         case  2  : putchar ( c+4 ); break;
         case  3  : putchar ( c+3 );
         default  : putchar ( c+2 ); break;
      }
   }  printf("\n");
}
```

从第一列开始输入数据:2473<CR>,<CR>代表 Enter 键,程序的输出结果是

A) 668977　　B) 668966　　C) 66778777　　D) 6688766

6.11　若变量已正确定义,要求用语句:scanf("%f%c%f%c",&a,&c1,&b,&c2);给 c1 赋予字符%,给 c2 赋予字符#,给 a 赋予 2.0,给 b 赋予 4.0,则正确的输入形式是(␣代表空格,<CR>代表 Enter 键)

A) 2.0␣%␣4.0␣#<CR>　　B) 2.0%4.0␣#<CR>

C) 2%␣␣4#<CR>　　D) 2␣%␣4␣#<CR>

二、填空题

6.12　C 语言中,字符在内存中占________个字节。

6.13　调用 C 语言提供的对字符进行处理的库函数时,在#include 命令行中应包含的头文件是________。

6.14　若变量已正确定义,在执行以下 while 语句时,输入字符 A 后,ch 的值是________。

```
while ( ch = getchar ( ) =='A') ;
```

6.15　若变量已正确定义,要通过以下语句给 a、b、c、d 分别输入字符 A、B、C、D,给 w、x、y、z 分别输入整数 10、20、30、40,正确的输入形式是________,请用<CR>代表 Enter 键。

```
scanf ("%d%c%d%c%d%c%d%c",&w,&a,&x,&b,&y,&c,&z,&d );
```

6.16　若有以下定义和输入语句,要求给 c1、c2 分别输入字符 A 和 B,给 a1、a2 分别输入 7.29 和 101.298,从键盘正确输入数据的形式是________。

```
char  c1, c2;   float  a1, a2;
scanf("%f%f" , &a1,&a2); scanf("%c%c" , &c1,&c2);
```

6.17　若有以下定义和输入语句,要求给 c1、c2 分别输入字符 A 和 B,给 a1、a2 分别输入 7.29 和 101.298,

从键盘正确输入数据的形式是________。

```
char    c1, c2;    float    a1, a2;
scanf("%c%f%c%f", &c1,&a1, &c2,&a2);
```

6.18 若有以下定义和输入语句，要求给 c1、c2、c3 分别输入字符 A、B 和 C，请写出从键盘正确输入数据的形式。

```
char    c1, c2, c3;
scanf("%4c", &c1);  scanf("%4c", &c2);  scanf("%4c", &c3);
```

三、编程题

6.19 请编写程序，输入一行字符（用回车结束），输出每个字符以及与之对应的 ASCII 代码值，每行输出三对。

6.20 请编写程序，输入一行数字字符（用回车结束），每个数字字符的前后都有空格。请编程，把这一行中的数字转换成一个整数。例如，若输入（<CR>代表 Enter 键）：

2　　4　　8　　3　　<CR>

则输出整数：2483。

6.21 请编写程序统计输入的行数，用！号结束输入，！号所在行不计入行数。

6.22 请编写程序统计输入的一行中小写字母的个数。

6.23 请编写输出以下图案的程序，图案的行数由输入的整数值确定（每行中字符之间没有空格）。

```
    A
   BBB
  CCCCC
 DDDDDDD
EEEEEEEEE
```

第7章 函数

学习目标与要求

一、常用库函数

1. 掌握常用库函数的调用方法，如数学函数中的 abs、fabs、pow、sqrt、sin、cos 等函数的调用。

2. 掌握在其他章节中介绍的有关库函数。

二、用户自定义函数

1. 掌握正确定义和说明函数的方法

（1）正确定义函数值类型。

（2）了解函数名的取名规则。

（3）根据函数的功能，正确确定形参的个数和类型，并正确定义形参。

（4）根据函数的功能正确定义函数体。

（5）正确使用 return 语句返回函数值。

（6）掌握对函数进行说明的方法。

2. 掌握函数的正确调用

（1）在调用函数时，函数名必须与所定义函数相同。

（2）在表达式中调用函数。

（3）以语句方式调用函数。

（4）函数必须说明或定义在前，调用在后。

3. 掌握调用函数和被调用函数之间实参和形参的关系和数据传递规则。

4. 了解函数的执行过程。

在前面各章的例子以及读者自己编写的 C 语言程序中都用到了以“main”开头的主函数，并且在程序中频繁地调用了 C 提供的用于输入和输出的库函数——scanf、printf 函数。读者可能注意到：main 是由用户自己编写的，而 scanf、printf 则是由 C 提供的，用户只要学会如何正确调用就行。

一个实用的 C 语言源程序总是由许多函数组成，这些函数都是根据实际任务，由用户自己来编写。在这些函数中可以调用 C 提供的库函数，也可以调用由用户自己或他人编写的函数。但是，一个 C 语言源程序无论包含了多少函数，在正常情况下总是从 main 函数开始执行，main 函数结束。本章将讨论如何调用 C 提供的库函数，如何自己来定义函数并调用这些函数。

C语言源程序可以分放在不同的文件中，所以同一个源程序中的函数也可分放在不同的文件中。为了简单起见，本书将只讨论在同一个文件中函数的定义和调用。

7.1 库函数

C语言提供了丰富的库函数，这些函数包括了常用的数学函数，如求正弦值的sin函数，求平方根值的sqrt函数；包括了对字符和字符串进行处理的函数；包括了进行输入输出处理的各种函数等。读者应该学会正确调用这些已有的库函数，而不必自己编写。本书的附录6列出了常用的库函数，供读者查阅。

一、调用C语言标准库函数时要求的include命令行

对每一类库函数，附录6中都列出了在调用该类库函数时，用户在源程序include命令行中应该包含的头文件名。例如，调用数学库函数时，要求程序在调用数学库函数前包含以下的include命令行：

```
#include "math.h"
```

include命令行必须以#号开头，系统提供的头文件以.h作为文件的后缀，文件名用一对双引号" "或一对尖括号< >括起来。注意：include命令行不是C语句，因此不能在最后加分号。有关include命令行的功能将在第13章详细介绍，在此之前，读者只需依样使用就行。

二、标准库函数的调用

对库函数的一般调用形式为：

函数名(参数表)

在C语言中，库函数的调用可以两种形式出现。

(1) 出现在表达式中。例如求 $y = x^{2.5}+1.3$，可以通过以下语句调用pow函数来求得：

```
y = pow ( x , 2.5 )+1.3;
```

在这里，函数的调用出现在赋值号右边的表达式中。又如：

```
for ( printf (":" ); scanf ( "%d", &x ), t = x; printf (":" ) );
```

在此，函数printf和scanf都作为表达式而出现在for语句后的一对圆括号中。

(2) 作为独立的语句完成某种操作。例如以下调用：

```
printf ( " *****\n" );
```

在printf函数调用之后加了一个分号，这就构成了一条独立的语句，完成在一行上输出五个星号的操作。

各个函数的功能、参数的个数和类型、函数值的类型在附录6中均给出了说明。例如，附录6说明了数学函数中的pow函数具有两个双精度类型的形式参数，因此调用时必须给予两个同类型的参数；同时说明了该函数的功能是计算 x^y（求 x 的 y 次方），并把所计算的结果作为函数值返回。又如，求平方根函数sqrt需要一个双精度参数，参数x必须大于或等于零，因此用户在调用时应该保证x的值不为负数。

读者只需根据需要，选用合适的库函数，正确地进行调用，就可以方便地得到计算结果或进行指定的操作。

7.2 函数的定义和返回值

C 语言虽然提供了丰富的库函数,但这些函数是面向所有用户的,不可能满足每个用户的各种特殊需要,因此大量的函数必须由用户自己来编写。本节将向读者初步介绍如何定义自己的函数,如何向函数传递简单类型的数据。随着课程的进展,将在后续各章中介绍各种复杂类型数据的传递。

7.2.1 函数定义的语法

(1) C 语言函数定义的一般形式如下:

```
函数返回值的类型名　函数名(类型名 形式参数 1,类型名 形式参数 2,……)
                                                            /* 函数的首部 */
{
    说明部分                                                /* 函数体 */
    语句部分
}
```

(2) 函数名和形式参数都是由用户命名的标识符。在同一程序中,函数名必须唯一,形式参数名只要在同一函数中唯一即可,可以与其他函数中的变量同名。

(3) C 语言规定,不能在函数的内部定义函数。

(4) 若在函数的首部省略了函数返回值的类型名,把函数首部写成:

```
函数名(类型名　形式参数 1,类型名　形式参数 2,……)
```

则默认函数返回值的类型为 int 类型。

(5) 除了返回值类型为 int 类型的函数外,函数必须先定义(或说明)后调用。

(6) 若函数只是用于完成某些操作,没有函数值返回,则必须把函数定义成 void 类型。

例 7.1　编写求两个双精度数之和的函数。

```
double add ( double a, double b )
{  double   s;
   s = a+b;
   return   s;
}
```

在此程序中,double add (double a, double b)称为函数的首部,其中 add 是函数名,这是由用户命名的标识符。在它前面的 double 是类型名,用来说明函数返回值的类型(通常称为函数值的类型),函数值的类型可以是整型、实型、字符型、指针和结构类型。以上 add 函数值的类型是双精度型。

函数名后一对圆括号中是形式参数(简称形参)和类型说明表,在本例中只有两个形式参数 a 和 b,在每个形参之前都要有类型名。各形参的定义之间用逗号隔开。

以上 add 函数首部之后的一对花括号之间的是函数体。在函数体中的语句用来完成函数的功能,在本例中是完成求 a 和 b 的和值。

函数体可以是空的,例如:

```
void dummy( ) { }
```

定义的函数可以没有形参，函数体内也可以没有任何操作，但函数名后的一对圆括号不能省略。上面函数的类型 void 说明了 dummy 函数无返回值，这是一个什么也不做的函数。像这种什么也不做的函数，在程序开发的时候作为一个虚设的部分常常也是很有用的。

函数体中，除形参外，用到的其他变量必须在说明部分进行定义，这些变量（包括形参），只在函数被调用时才临时开辟存储单元，当退出函数时，这些临时开辟的存储单元全被释放掉，因此，这种变量只在函数体内部起作用，与其他函数体中的变量互不相关，它们可以和其他函数中的变量同名。函数体中的说明部分，就像在 main 函数中那样，总是放在函数体中所有可执行语句之前。前面的 add 函数中定义了一个 double 类型的变量 s，当退出 add 函数后，这些变量，包括形参 a 和 b 所占的存储单元都不再存在。

7.2.2 函数的返回值

函数的值通过 return 语句返回，return 语句的形式如下：

return 表达式； 或 return（表达式）；

也就是说，return 语句中的表达式的值就是所求的函数值，此表达式值的类型必须与函数首部所说明的类型一致。若类型不一致，则以函数值的类型为准，由系统自动进行转换。

当程序执行到 return 语句时，程序的流程就返回到调用该函数的地方（通常称为退出调用函数），并带回函数值。在同一个函数内，可以根据需要，在多处出现 return 语句，在函数体的不同部位退出函数。但无论函数体中有多少个 return 语句，return 语句只可能执行一次。

return 语句中也可以不含表达式，这时必须定义函数为 void 类型，它的作用只是使流程返回到调用函数，并没有确定的函数值。

函数体内可以没有 return 语句，这时也必须定义函数为 void 类型，程序的流程就一直执行到函数末尾的“}”，然后返回调用函数，也没有确定的函数值带回。

7.3 函数的调用

7.3.1 函数的两种调用方式

函数的一般调用形式为：

函数名（实际参数表）

实际参数（简称实参）的个数多于一个时，各实际参数之间用逗号隔开。实参的个数必须与所调函数中的形参相同，类型一一对应匹配。若函数无形参，调用形式为：

函数名( )

函数名后的一对圆括号不可少。

一般情况下，可用两种方式调用函数：

（1）当所调用的函数用于求出某个值时，函数的调用可作为表达式出现在允许表达式出现的任何地方。例如对于前面的 add 函数，可用以下语句调用该函数求出 3.0 与 4.0 的和值，然后赋给 y：

```
y = add( 3.0 , 4.0 );
```

也可以通过以下的语句段调用 add 函数求出 1+2+3+4+5：

```
for(  y=0, i=1;  i<=5;  i++ ) y = add(y,i);
```

add 函数也可以出现在 if 语句中作为进行判断的表达式：

```
if (add( x, y ) > 0 ) …
```

（2）C 语言中的函数可以仅进行某些操作而不返回函数值，这时函数的调用可作为一条独立的语句。如：

函数名(实际参数表)；

例如：dummy( )；。

注意：最后有一个分号。

7.3.2 函数调用时的语法要求

函数调用时有下列语法要求：

（1）调用函数时，函数名必须与所调用的函数名字完全一致。

（2）实际参数的个数必须与形式参数的个数一致。实参可以是表达式，在类型上应按位置与形参一一对应匹配。如果类型不匹配，C 编译程序按赋值兼容的规则进行转换。若实参和形参的类型不能赋值兼容，通常并不给出出错信息，且程序仍然执行，只是不会得到正确的结果。因此应该特别注意实参和形参的类型匹配。

（3）C 语言规定：函数必须先定义，后调用（函数的返回值类型为 int 或 char 时除外）。例如，如果想在 main 函数中调用例 7.1 中的 add 函数，在源程序中它们的位置应该如下：

```
double add( double a, double b )
{  …  }
main( )
{  double y, p, q;
          ⋮
     y = add( p, q );
          ⋮
}
```

如果被调用函数的返回值为 int 或 char 类型，则被调用函数的定义也可以放在调用的位置之后。

（4）C 程序中，函数可以直接或间接的自己调用自己，称为递归调用。有关函数递归调用的内容将在第 11 章中介绍。

7.4 函数的说明

7.4.1 函数说明的形式

在 C 语言中，除了主函数外，对于用户定义的函数遵循“先定义，后使用”的规则。凡是未在调用前定义的函数,C 编译程序都默认函数的返回值为 int 类型。对于返回值为其他类型的函数,若把函数的定义放在调用之后,应该在调用之前对函数进行说明(或称为函数原型说明),函数说明的一般形式如下:

类型名 函数名(参数类型 1,参数类型 2,……)

如 double add(double, double)。也可采用下面的形式:

类型名 函数名(参数类型 1 参数名 1,参数类型 2 参数名 2,……)

如 double add(double p, double q)。此处的参数名完全是虚设的,它们可以是任意的用户标识符,既不必与函数首部中的形参名一致,又可以与程序中的任意用户标识符同名,实际上,参数名可以省略。函数说明语句中的类型名必须与函数返回值的类型一致。

函数说明可以是一条独立的说明语句,如:

```
double add ( double, double );
```

也可以与普通变量一起出现在同一个类型定义语句中,如:

```
double x, y, add( double, double );
```

对函数进行说明能使 C 语言的编译程序在编译时进行有效的类型检查。当调用函数时,若实参的类型与形参的类型不能赋值兼容而进行非法转换时,C 编译程序将会发现错误并报错;当实参的个数与形参的个数不同时,编译程序也将报错。使用函数说明能及时通知程序员出错的位置,从而保证了程序能正确运行。

7.4.2 函数说明的位置

当在所有函数的外部、被调用之前说明函数时,在对函数进行说明的语句后面所有位置上都可以对该函数进行调用。

函数说明也可以放在调用函数内的说明部分,如在 main 函数内部进行说明,则只能在 main 函数内部才能识别该函数。

7.5 调用函数和被调用函数之间的数据传递

C 语言中,调用函数和被调用函数之间的数据可以通过三种方式进行传递:

(1) 实际参数和形式参数之间进行数据传递。

(2) 通过 return 语句把函数值返回调用函数。

(3) 通过全局变量。但这不是一种好的方式,通常不提倡使用。

在 C 语言中,数据只能从实参单向传递给形参,称为"按值"传递。也即是说,当简单变量作为实参时,用户不可能在函数中改变对应实参的值。

例 7.2 以下程序例示了函数参数之间的单向传递,请观察程序的执行结果。

```
#include  <stdio.h>
void mytry( int, int, int);      /* 说明函数 mytry 为无值型,含有 3 个 int 类型的形参 */
main( )
{  int  x=2, y=3, z=0;
```

```
    printf ( "(1) x=%d y=%d z=%d\n", x, y, z );
    mytry ( x, y, z );
    printf ( "(4) x=%d y=%d z=%d\n", x, y, z );
}
void mytry ( int x, int y, int z )
{   printf ( "(2) x=%d y=%d z=%d\n", x, y, z );
    z = x+y;
    x = x * x;
    y = y * y;
    printf ( "(3) x=%d y=%d z=%d\n", x, y, z );
}
```

程序的运行结果如下：

```
(1) x=2  y=3  z=0
(2) x=2  y=3  z=0
(3) x=4  y=9  z=5
(4) x=2  y=3  z=0
```

当程序从 main 函数开始运行时，按定义在内存中开辟了三个 int 类型的存储单元 x、y、z，且分别赋初值 2、3 和 0，调用 mytry 函数之前的 printf 语句输出结果验证了这些值。当调用 mytry 函数之后，程序的流程转向 mytry 函数，这时系统为 mytry 函数的三个形参 x、y、z 分配了另外三个临时的存储单元，同时如图 7.1(a)所示，实参 x、y、z 把值传送给对应的形参 x、y、z，实参和形参虽然同名，但它们却占用不同的存储单元。

当进入 mytry 函数后，首先执行一条 printf 语句，输出 mytry 函数中的 x、y、z 的值。因为未对它们进行任何操作，故仍输出 2、3 和 0。当执行了赋值语句 z = x+y; x = x * x; 和 y = y * y; 之后，这时形参 x、y、z 存储单元中的值分别为 4、9、5（见图 7.1(b)），这可由随后 printf 语句的输出结果证实。当退出 mytry 函数时，mytry 函数中 x、y、z 变量所占存储单元将消失（释放），流程返回到 main 函数。然后执行 main 函数中最后一条 printf 语句，输出了 x、y、z 的值。由输出结果可见，main 函数中的 x、y、z 的值在调用 mytry 函数后没有任何变化。

以上程序运行的结果证实了在调用函数时，实参的值将传送给对应的形参，但形参值的变化不会影响对应的实参。

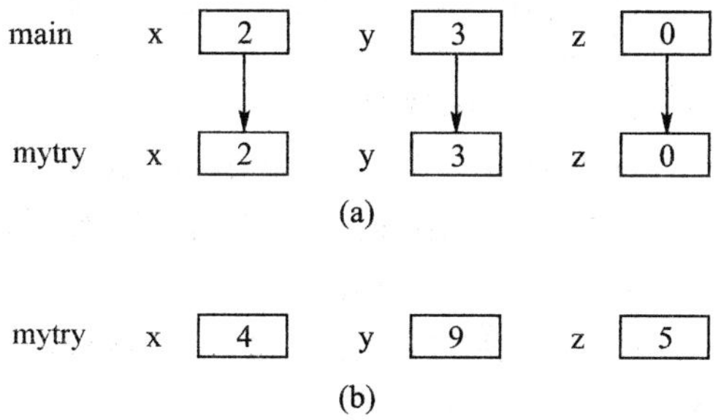

图 7.1 实参变量和形参变量之间的数据传递

例 7.3 以下程序试图通过调用 swap 函数,把主函数中变量 x 和 y 中的数据进行交换。请观察程序的输出结果。

```
#include  <stdio.h>
void swap(int, int);      /* 函数说明语句 */
main( )
{  int  x = 10, y = 20;
   printf( "(1) x = %d     y = %d\n", x, y );
   swap( x, y );
   printf( "(4) x = %d     y = %d\n", x, y );
}
void swap( int a, int   b )
{  int t;
   printf( "(2) a = %d     b = %d\n", a, b );
   t = a; a = b; b =t;
   printf( "(3) a = %d     b = %d\n", a, b );
}
```

程序运行结果如下:

```
(1) x = 10   y = 20
(2) a = 10   b = 20
(3) a = 20   b = 10
(4) x = 10   y = 20
```

由程序运行结果可以看到:x 和 y 的值已传送给函数 swap 中的对应形参 a 和 b,在函数 swap 中,a 和 b 也确实进行了交换,但由于 C 语言中,数据只能从实参单向传递给形参,形参数据的变化并不影响对应实参,因此在本程序中,不能通过调用 swap 函数使主函数中 x 和 y 的值进行交换。如何通过调用 swap 函数来交换两个数据将在第 8 章中介绍。

7.6 程序举例

例 7.4 编写函数 isprime(int a),用来判断自变量 a 是否为素数。若是素数,函数返回整数 1,否则返回 0。

```
#include  <stdio.h>
int  isprime(int);                      /* isprime 函数的说明语句 */
main( )
{  int  x;
   printf ( "Enter a integer number:    " );
   scanf ( "%d", &x );                  /* 从键盘输入一个整数 */
   if ( isprime ( x ) )
       printf ("%d is prime\n", x );    /* 当函数返回 1 时,输出"是素数" */
   else
```

```
        printf ("%d is not prime\n", x);         /* 当函数返回 0 时,输出“不是素数” */
}
int  isprime( int a )                            /* 定义 isprime 函数 */
{  int  i;
   for ( i=2; i <= a/2 ; i++ )
     if ( a % i == 0 ) return 0;                 /* a 一旦能被某个数整除,即不是素数,返回 0 */
   return  1;                                    /* a 不能被 2 到 a/2 之间任何一个数整除,返回 1 */
}
```

例 7.5 编写函数,验证任意偶数为两个素数之和,并输出这两个素数。

若将验证的数放在变量 x 中,可依次从 x 中减去 i,i 从 2 变化到 x/2。步骤如下:

(1) i 初值为 2。

(2) 判断 i 是否是素数,若是,执行步骤(3);若不是,执行步骤(5)。

(3) 判断 x-i 是否是素数,若是,执行步骤(4);若不是,执行步骤(5)。

(4) 输出结果,返回调用函数。

(5) 使 i 增 1。

(6) 重复执行步骤(2),直到 i>x/2。

在例 7.4 中已经有了 isprime (int a)函数可以用来验证某数是否是素数,因此在步骤(2)和步骤(3)中,只要调用该函数就可分别判断 i 和 x-i 是否是素数了。

按以上步骤写出程序如下:

```
#include  <stdio.h>
int  isprime(int);                    /* isprime 函数的说明语句 */
void even(int);                       /* even 函数的说明语句 */
main()
{  int  a;
   printf ( "Enter a even number : "); scanf ( "%d", &a );
   if ( a % 2 == 0 ) even ( a );
   else printf ("The %d isn't even number\n", a);
}
void even ( int x )                   /* 定义 even 函数 */
{  int  i;
   for ( i = 2; i <= x/2; i++)
      if ( isprime ( i ) )
         if ( isprime ( x-i ) )
            { printf ("%d = %d+%d\n", x, i, x-i ); return; }
}
int isprime ( int a ) /* isprime 函数定义与例 7.4 同,在此省略 */
{  ……  }
```

例 7.6 编写函数 sum(int n) 用以求 $\sum_{x=0}^{n} f(x)$,和数作为函数值返回。这里

$$f(x)=x^2+1。$$

```
#include  <stdio.h>
int sum ( int );              /* sum 函数的说明语句 */
int f ( int );                /* f 函数的说明语句 */
main( )
{  int  a, b;
   printf ("Enter a integer number: ");/* 输入一个整数 */
   scanf ( "%d", &a );
   b = sum( a );              /* 调用 sum 函数求 f(x)的累加和 */
   printf ( "a = %d   sum = %d\n" , a, b );
}
int sum( int n )              /* 定义 sum 函数 */
{  int x, s=0;
   for ( x = 0; x <= n; x++ ) s+= f ( x );
   return s;                  /* 返回累加和 */
}
int f( int x )                /* 定义 f(x)函数 */
{  return x * x+1; }
```

运行时,若输入 3,输出结果为:a=3　sum=18。

例 7.7　已知用梯形法求函数 $f(x)$ 定积分的近似公式如下:

$$s = h \times \left((f(a) + f(b))/2 + \sum_{i=1}^{n-1} f(a + i \times h) \right)$$

此处,a 是积分下限,b 是积分上限,n 是积分区间分割数,$h = \left|\dfrac{a-b}{n}\right|$。$n$ 越大,所求积分精度越高。

请用梯形法求函数 sin x 在区间[0, 1.5]上的定积分,n 值选 100,即求

$$s = \int_a^b \sin x \mathrm{d}x \qquad (a = 0, b = 1.5)$$

由以上给出的公式可见,求定积分的问题已转化为求函数 sin $(a+i * h)$ 值的累加问题,此处 i 的值由 1 变化到 $n-1$。

以下程序中 sin (a+i * h)函数值的累加由 for 循环体中的{ x = a+i*h; s = s+sin (x); }来完成,其中,i 作为循环控制变量从 1 变化到 n-1,每循环一次,i 值增 1。根据以上求积分公式,s 的初值设置为:(sin (a)+sin (b))/2。

程序如下:

```
#include  <stdio.h>
#include  <math.h>
double integ ( double a, double b )
{  double  s, x, h;
   int  n = 100, i;
   h = fabs (b-a)/n;           /* fabs( )为求绝对值函数 */
   s = ( sin(a)+sin(b) ) /2.0;
   for ( i = 1; i <= n-1; i++)
```

```
    { x = a+i*h; s = s+sin(x); }
    s = s*h;
    return s;
}
main()
{ double s;
    s = integ ( 0.0, 1.5 );
    printf ("s = %f\n",s);
}
```

程序运行结果为:s =0.929245

例 7.8 编写函数 myupper(ch),把 ch 中的小写字母转换成大写字母作为函数值返回,其他字符不变。主函数中不断输入字符,用字符@结束输入,同时不断输出结果。

按要求 myupper 函数的返回值类型应当是 char 类型。程序如下:

```
#include <stdio.h>
#include <ctype.h>
char myupper ( char ch )
{ if ( ch >='a'&& ch <='z') ch = ch-32;
    return ch ;
}
main( )
{ char c;
     while ( ( c = getchar ( ) ) !='@')
     { c = myupper ( c );
          putchar ( c );
     }
}
```

例 7.9 编写函数统计输入字符的个数,用@字符结束输入。在主函数中调用此函数,输出统计结果。

```
#include <stdio.h>
long countch ( );                 /* countch 函数说明语句 */
main()
{ long n;
    n = countch( );
    printf ( "n = %ld\n", n );
}
long countch( )
{ long cn;
    for ( cn = 0; getchar( ) !='@'; cn++) ;
    return cn;
}
```

程序中用长整型变量 cn 统计输入字符的个数。在 printf 中采用了 %ld 作为输出格式,用以输出 long 类型数据。

以上程序运行时输入：

ABCDE<CR>

FGHI<CR>

JKLMNOP<CR>

QRSTUVWXYZ@ <CR> （此处<CR>代表 Enter 键）

输出结果如下：

cn = 29 （26 个字母加 3 个换行符）

例 7.10 编写函数统计输入文本中单词的个数，单词之间用空格符、换行符、跳格符隔开，用@ 作为输入结束标志。

```
#include  <stdio.h>
#define  IN    1                         /* 标志在一个单词的内部 */
#define  OUT    0                        /* 标志在一个单词的外部 */
int countword ( );                       /* 函数说明语句 */
main( )
{  int  n;
   n = countword ( );
   printf ("n = %d\n", n );
}
int countword ( )
{  int  c, nw, state;
   state = OUT;                          /* 在单词的外部 */
   nw = 0;
   while ( ( c = getchar ( ) ) !='@')
   {  if ( c ==''|| c =='\n'|| c=='\t')
            state = OUT;                 /* 读入的字符是分隔符，在一个单词的外部 */
      else if ( state == OUT )           /* 如果遇到单词的第一个字符 */
      {  state = IN;                     /* 状态变量置成 IN：在单词的内部 */
         nw++;                           /* 单词个数增 1 */
      }
   }
   return nw;
}
```

以上函数中，变量 state 的值用来标识当前读到的字符是在单词的内部还是在外部，如果读入的字符是分隔符，给 state 置 OUT，表示已在一个单词的外部。如果读入的字符不是分隔符且 state 为 OUT，则表示遇到了单词的第一个字符，置状态变量标志 state 为 IN，同时使统计的单词个数增 1。接着再从键盘去读入一个字符给 c，若 state 为 IN，同时又没有读到分隔符，说明 c 中的字符仍是单词的一部分，则跳过 if 语句，不做任何操作。

习题

一、选择题

7.1　以下叙述中正确的是

A）C 语言程序总是从第一个定义的函数开始执行

B）在 C 语言程序中,要调用的函数必须在 main( )函数中定义

C）C 语言程序总是从 main( )函数开始执行

D）C 语言程序中的 main( )函数必须放在程序的开始部分

7.2　已定义了以下函数

```
fff ( float x )
{ printf ("%d\n", x * x ); }
```

该函数的类型是

A）与参数 x 的类型相同　　B）void 类型　　C）int 类型　　D）无法确定

7.3　有函数调用语句:func((exp1,exp2),(exp3,exp4,exp5));,此函数调用语句含有的实参个数是

A）1　　B）2　　C）4　　D）5

7.4　有以下程序:

```
#include  <stdio.h>
int func( int a, int b )
{   int c;
    c = a+b; return c;
}
main( )
{   int x = 6, y = 7, z = 8, r;
    r = func((x--, y++, x+y), z--);      printf ("%d\n", r )
}
```

程序的输出结果是

A）11　　B）20　　C）21　　D）31

7.5　有以下程序:

```
#include <stdio.h>
int f ( int , int);
main( )
{   int  i = 2, p;
    p = f ( i, i+1 );     printf ("%d\n", p );
}
int f ( int a, int b )
{   int c;
    c = a;
    if ( a > b ) c = 1;
    else if ( a==b ) c = 0;
```

```
    else                    c =-1;
    return ( c );
}
```

程序的输出结果是

A) -1　　B) 0　　C) 1　　D) 2

7.6　有以下程序:

```
#include  <stdio.h>
int  fun (int a, int b, int c )
{    c = a * b;     }
main( )
{  int c;
   fun ( 2, 3 , c );     printf ( "%d\n", c );
}
```

程序的输出结果是

A) 0　　B) 1　　C) 6　　D) 无定值

7.7　有以下程序:

```
#include  <stdio.h>
double f ( int n )
{  int  i;     double  s;
   s = 1.0;
   for ( i = 1; i <=n; i++) s+=1.0 / i;
   return s;
}
main( )
{  int  i, m=3;     double a=0.0;
   for ( i =0; i <m; i++) a+= f(i );
   printf ( "%f\n", a );
}
```

程序的输出结果是

A) 5.500000　　B) 3.000000　　C) 4.000000　　D) 8.25

二、填空题

7.8　以下程序的输出结果是________。

```
#include  <stdio.h>
unsigned  fun6( unsigned num )
{  unsigned k = 1;
   do
   {  k *=num%10;     num /=10; }
   while ( num );
   return k;
}
main( )
```

```
{   unsigned n = 26;
    printf ("%d\n", fun6 ( n ) );
}
```

7.9　以下程序的输出结果是________。

```
#include  <stdio.h>
double sub ( double x, double y, double z )
{   y-= 1.0;   z = z+x;   return z; }
main( )
{   double  a = 2.5, b = 9.0;
    printf ("%f\n", sub( b-a, a, a ) );
}
```

7.10　以下程序的输出结果是________。

```
#include  <stdio.h>
int fun2 ( int a, int b )
{   int  c;
    c =( a * b) % 3;     return c;
}
int fun1 ( int a, int b )
{   int  c;
    a+= a;     b+=b;     c = fun2 ( a, b );
    return c * c;
}
main( )
{   int  x = 11, y = 19;
    printf ("%d\n", fun1 ( x, y ) );
}
```

7.11　下面 pi 函数的功能是,根据以下公式返回满足精度 ε 要求的 π 的值。请填空。

$$\frac{\pi}{2}=1+\frac{1}{3}+\frac{1}{3}\cdot\frac{2}{5}+\frac{1}{3}\cdot\frac{2}{5}\cdot\frac{3}{7}+\frac{1}{3}\cdot\frac{2}{5}\cdot\frac{3}{7}\cdot\frac{4}{9}+\cdots$$

```
double pi ( double eps )
{   double  s = 0.0, t = 1.0;    int  n;
     for ( __[1]__ ; t > eps; n++)
     {  s+=t;     t = n * t/ (2 * n+1 );  }
     return ( 2.0 *  __[2]__ );
}
```

7.12　以下函数用以求 x 的 y 次方。请填空。

```
double fun ( double x, int y )
{   int  i ;     double z=1.0;
    for ( i = 1; i __[1]__ ; i++) z = __[2]__ ;
    return z;
}
```

7.13 以下程序的功能是计算 $s = \sum_{k=0}^{n} k!$ 。请填空。

```
#include  <stdio.h>
long f ( int n )
{  int  i ;    long  s;
   s = ____[1]____;
   for ( i = 1; i <= n ; i++) s = ____[2]____;
   return s;
}
main()
{  long  s;    int  k, n;
   scanf ( "%d", &n );
   s = ____[3]____;
   for ( k = 0; k <=n; k++)   s = s+____[4]____;
   printf ( "%ld\n", s );
}
```

三、程序调试和编程题

7.14 下面的 fun 函数用以判断 n 是否是素数,fun 函数中有逻辑错,请调试改正。

```
int  fun ( int n )
{  int  k, yes;
   for ( k = 2 ; k <= n / 2; k++)
        if ( n % k == 0 ) yes = 0;
        else yes = 1;
    return yes;
}
```

7.15 编写函数 int mymod(int a, int b)用以求 a 被 b 除之后的余数。

7.16 编写函数,根据整型形参 n 的值,计算如下公式的值:

$$1-\frac{1}{2}+\frac{1}{3}-\frac{1}{4}+\frac{1}{5}-\frac{1}{6}+\frac{1}{7}-\cdots+(-1)^{n+1}\frac{1}{n}$$

7.17 编写函数,根据整型形参 m 的值,计算如下公式的值:

$$t=1-\frac{1}{2\times2}-\frac{1}{3\times3}-\cdots-\frac{1}{m\times m}$$

例如,若 $m = 5$,则应输出 0.536389

7.18 编写函数用以求表达式 x^2-5x+4 的值,x 作为参数传送给函数。调用此函数求:

$$y1=2^2-5\cdot2+4$$

$$y2=(x+15)^2-5\cdot(x+15)+4$$

$$y3=\sin^2x-5\cdot\sin x+4$$

y1 的值为-2.0;x 为 0.5 时,y2 的值为 166.75,y3 的值为 1.832721。

第 8 章 地址和指针

学习目标与要求

一、变量和变量的地址

理解程序中"变量"的概念,把变量与地址联系起来。

二、指针变量

1. 掌握指针变量的定义,了解指针变量基类型的含义。

(1) 正确定义指针变量。

(2) 建立指针基类型的概念,包括:在指针变量定义语句中的类型名确定所定义指针变量的基类型;指针变量基类型决定其可以指向的变量的类型;指针变量基类型决定指针运算的结果。

2. 正确给指针变量赋值。

3. 掌握对指针变量的操作。

(1) 正确使用间址运算符(*)。若指针变量 p 已正确定义并赋地址值,了解 *p 出现在赋值号左边和右边时的不同含义。

(2) 建立"移动"的概念,正确对指针进行"移动"操作。

(3) 掌握两个指针变量之间的相减运算。

(4) 掌握指针变量之间的比较(关系)运算。

三、函数之间地址的传递

1. 掌握通过形参指针在函数之间的数据传递

(1) 正确运用间址运算符(*)引用调用函数中的变量的值。

(2) 正确运用间址运算符(*)改变调用函数中变量的值。

(3) 建立正确的"按值"传递的概念——当把地址值作为实参时,实参和形参之间仍遵循"按值"传递的规则。

2. 正确定义返回值为地址值的函数。

8.1 变量的地址和指针

在程序中,一个变量实质上是代表了"内存中的若干个存储单元"。那么 C 程序是怎样存取这些存储单元的内容的呢?

应该知道,计算机的内存是以字节为单位的一片连续的存储空间,每一个字节都有一个编号,这个编号就称为内存地址。就像旅馆的每个房间都有一个房间号一样,如果没有房间号,旅馆的工作人员就无法进行管理。同样的道理,没有内存字节的编号,系统就无法对内存进行管理。因为内存的存储空间是连续的,内存中的地址号也是连续的,并且用二进制数来表示,为了直观起见,在这里我们将用十进制数进行描述。

若在程序中定义了一个变量,C 编译系统就会根据定义中变量的类型,为其分配一定字节数的内存空间(在 VC 中 short int 型数据占 2 字节、int 型数据和 float 型数据占 4 字节、double 型数据占 8 字节、char 型数据占 1 字节、指针变量占 4 字节),此后,这个变量的内存地址也就确定了。例如,若有定义:short int a, b; float x; 这时,将如图 8.1 所示:系统为 a 和 b 各分配 2 个字节的存储单元,为 x 分配 4 个字节的存储单元,图中的数字只是示意的字节地址。每个变量的地址是指该变量所占存储单元的第一个字节的地址。在这里,我们称 a 的地址为 1012,b 的地址为 1015,x 的地址为 1201。

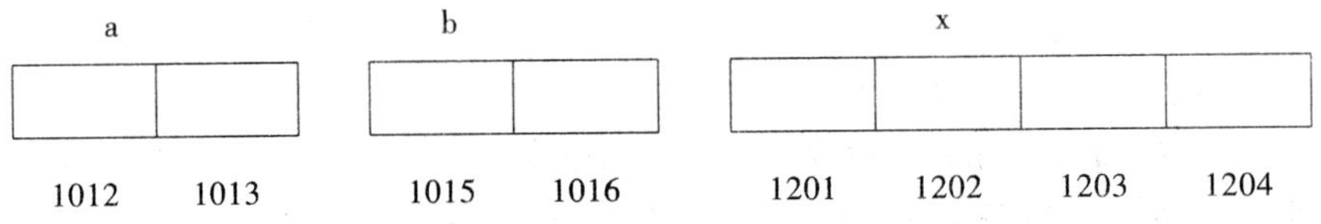

图 8.1 变量在内存中所占字节的地址示意图

一般情况下,我们在程序中只需指出变量名,无须知道每个变量在内存中的具体地址,每个变量与具体地址的联系由 C 编译系统来完成。程序中我们对变量进行存取操作,实际上也就是对某个地址的存储单元进行操作。这种直接按变量的地址存取变量值的方式称为“直接存取”方式。

在 C 语言中,还可以定义一种特殊的变量,这种变量只是用来存放内存地址的。如图 8.2(a)所示,假设我们定义了一个这样的变量 p,它也有自己的地址(2002)。若将变量 a 的内存地址(1012)存放到变量 p 中,这时要访问变量 a 所代表的存储单元,可以先找到变量 p 的地址(2002),从中取出 a 的地址(1012),然后再去访问以 1012 为首地址的存储单元。这种通过变量 p 间接得到变量 a 的地址,然后再存取变量 a 的值的方式称为“间接存取”方式。这种用来存放地址的变量称为“指针变量”,上述变量 p 就是指针变量。

在上述情况下,通常称指针变量 p 指向了变量 a,变量 a 是指针变量 p 所指的对象,它们之间的关系可用图 8.2(b)表示。这种“指向”关系是通过地址建立的。图中的“→”只是一种示意,形似“指针”。“指针变量 p 指向了变量 a”的含义就是指针变量 p 中存放了变量 a 的地址。

在 C 语言中,指针被广泛使用,它和数组、字符串、函数间数据的传递等有着密不可分的联系。在某些场合,指针是使运算得以进行的唯一途径,同时指针的运用可以使得程序代码更简洁、效率更高。但是,若对指针的概念不清,以致滥用,将大大降低程序的可读性。如果对指针使用不当,将使指针指向意料不到的地方,致使程序失控,严重的将导致系统崩溃。因此,正确掌握指针的概念、正确使用指针是十分重要的。

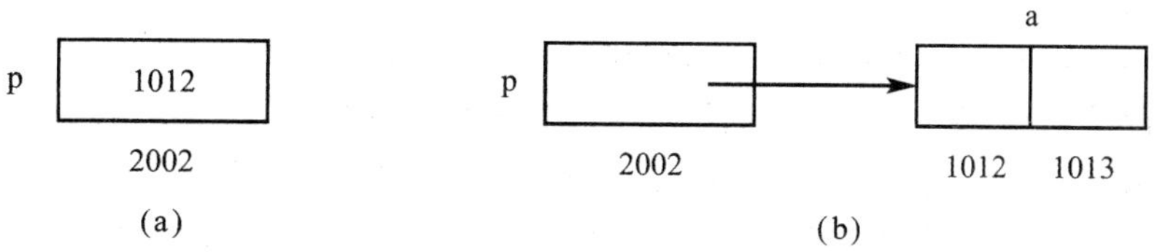

图 8.2 存放地址的指针变量示意图

8.2 指针变量的定义和指针变量的基类型

定义指针变量的一般形式如下：

类型名 *指针变量名1，*指针变量名2，……；

例如：

```
int  *pi,  *pj ;
```

以上定义语句中，pi 和 pj 都是用户标识符，在每个变量前的星号 * 是一个说明符，用来说明该变量是指针变量。注意：变量前的星号不可省略，若省略了星号说明符，就变成了把 pi 和 pj 定义为整型变量。int 是类型名，在这里，说明了 pi 和 pj 是两个指向整型(int 类型)变量的指针，也就是说变量 pi 和 pj 中只能存放 int 类型变量的地址，这时我们称 int 是指针变量 pi 和 pj 的基类型。又如：

```
double    *pd;
char    *s1, *s2;
```

在这里定义了三个指针变量 pd、s1、s2，其中 pd 的基类型为 double 类型，在指针变量 pd 中，只能存放 double 类型变量的地址；s1 和 s2 的基类型为 char 类型，在 s1 和 s2 中只能存放 char 类型变量的地址。

以下定义的 p 为一个指向指针的指针变量：

```
int  **p, *s, k =20;
s = &k;    p = &s;
```

在这里，指针变量 p 的基类型是基类型为 int 类型的指针类型。以上赋值语句中“&”是求地址运算符，s = &k 用来求出整型变量 k 的地址赋给指针变量 s，而使 s 指向 k；p = &s 用来求出指针变量 s 的地址赋给指针变量 p，它使 p 指向 s。

为什么指针变量要有“基类型”呢？如 8.1 节中所述，一个指针变量中存放的是一个存储单元的地址值。这里“一个存储单元”中的“一”所代表的字节数是不同的：对 short int 类型整数而言，它代表 2 个字节；对 int 类型或 float 类型而言，它就代表 4 个字节，这就是基类型的不同含义。在 8.4.2 节中涉及指针的移动，也就是要对地址进行增减运算，这时指针移动的最小单位是一个存储单元，而不是 1 个字节。因此，对于基类型不同的指针变量，其内容(地址值)增 1、减 1 所“跨越”的字节数是不同的，故指针变量必须区分基类型，基类型不同的指针变量不能混合使用。

8.3 给指针变量赋值

8.3.1 给指针变量赋地址值

一个指针变量可以通过不同的方式获得一个确定的地址值,从而指向一个具体的对象。

一、通过求地址运算符(&)获得地址值

单目运算符 & 用来求出运算对象的地址。所以,若有以下定义:

```
int  k =1, *q, *p ;
```

则赋值语句:

```
q = &k;
```

把变量 k 的地址赋予了 q,可以用图 8.3 来形象地表示变量 q 和 k 的关系:

图 8.3 指针变量 q 与变量 k 的关系示意图

这时可以说:q 指向了变量 k。求地址运算符 & 只能应用于变量和以后将要介绍的数组元素,不可以用于表达式、常量或者被说明为 register 的变量(关于 register 说明,将在第 12 章介绍)。因此,表达式 q=&(k+1)是错误的。另外,& 必须放在运算对象的左边,而且运算对象的类型必须与指针变量的基类型相同。

在调用 scanf 函数时,输入的各变量之前都必须加符号 &,这就是求地址运算。scanf 函数把从终端读入的数据依次放入这些地址所代表的存储单元中,也就是说,scanf 函数要求输入项是地址值。因此当有语句:q=&k; 时,scanf ("%d", &k)和 scanf ("%d", q)是等价的。

二、通过指针变量获得地址值

可以通过赋值运算,把一个指针变量中的地址值赋给另一个指针变量,从而使这两个指针指向同一地址。例如,若有以上定义,则语句:

```
p = q;
```

使指针变量 p 中也存放了变量 k 的地址,也就是说指针变量 p 和 q 都指向了变量 k。可以用图 8.4来形象地表示变量 q、p 和 k 的关系:

注意:当进行赋值运算时,赋值号两边指针变量的基类型必须相同。

三、通过标准函数获得地址值

可以通过调用库函数 malloc 和 calloc 在内存中开辟动态存储单元,并把所开辟的动态存储单元的地址赋给指针变量。有关这方面的内容将在第 13 章介绍。

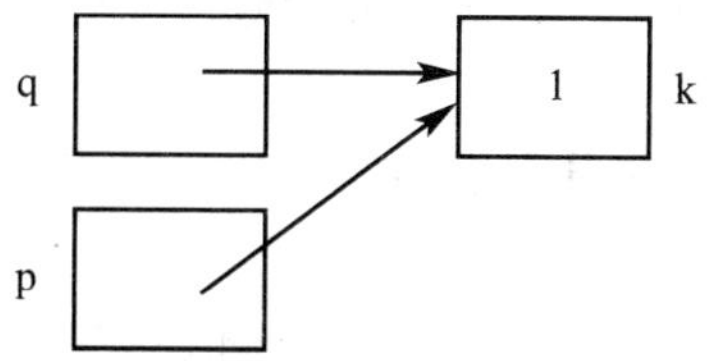

图 8.4　指针变量 q、p 和 k 的关系

8.3.2　给指针变量赋“空”值

除了给指针变量赋地址值外，还可以给指针变量赋 NULL 值。例如：

```
p = NULL;
```

NULL 是在 stdio. h 头文件中定义的预定义符，因此在使用 NULL 时，应该在程序的前面出现预定义行：#include <stdio. h>。NULL 的代码值为 0，当执行了以上的赋值语句后，称 p 为空指针。因为 NULL 的代码值为 0，所以，以上语句等价于：

```
p ='\0';        或        p = 0;
```

这时，指针 p 并不是指向地址为 0 的存储单元，而是具有一个确定的值——“空”。企图通过一个空指针去访问一个存储单元时，将会得到一个出错信息。

8.4　对指针变量的操作

8.4.1　通过指针来引用一个存储单元

C 语言提供了一个称作“间接访问运算符”（也称间址运算符）的单目运算符：“ * ”。当指针变量中存放了一个确切的地址值时，就可以用“间接访问运算符”通过指针来引用该地址的存储单元。

假定有以下定义和语句：

```
int   *p, i = 10, j ;
p = &i;
```

则以下赋值语句：

```
j = *p;
```

是把 p 所指存储单元（i）的内容（整数 10）赋予变量 j，这里 * p 代表 p 所指的变量 i（注意：此处的 * 号既不是乘号，也不是说明语句中用来说明指针的说明符）。以上语句等价于：

```
j = i;
```

间接访问运算符是一个单目运算符，必须出现在运算对象的左边，其运算对象或者是存放地址的指针变量，或者是地址。如：

```
j= *(&i);
```

表达式 &i 求出变量 i 的地址，以上赋值语句表示取地址 &i 中的内容赋予 j。由于运算符 * 和 &

的优先级相同，且自右向左结合，因此表达式中的括号可以省略，即可写成：

```
j = *&i;
```

以下语句取指针变量 p 所指存储单元中的内容加 1 后赋予变量 j：

```
j = *p+1;
```

由第 2 章中已知，赋值语句：x=x; 中，x 出现在赋值号左边和右边代表着不同的含义。当利用指针来引用一个存储单元时，也有同样的情况。假定有以下定义语句：

```
int  *p, k = 0 ;
p = &k;
```

则以下语句将把整数 100 存放在变量 k 中：

```
*p = 100;          /* 等价于 k = 100; */
```

此后若有语句：

```
*p = *p+1;
```

则取指针变量 p 所指存储单元中的值，加 1 后再放入 p 所指的存储单元中，即使得变量 k 中的值增 1 而为 101。显然，当 *p 出现在赋值号左边时，代表的是指针所指的存储单元；当 *p 出现在赋值号右边时，代表的是指针所指的存储单元的内容。

以上语句可写成：

```
*p+= 1;    或    ++*p;    或    (*p)++;
```

注意：在表达式++*p 中，++和*两个运算符的优先级别相同，但按自右至左的方向结合，因此，++*p 相当于++(*p)。而在表达式(*p)++中，一对括号不可少，(*p)++表示先取 p 所指存储单元中的值，然后增 1 作为表达式的值。不可以写成*p++，否则将先计算*p 作为表达式的值（在此为 100），然后使指针变量 p 本身增 1，所以*p++并不使 p 所指存储单元中的值增 1 而是移动了指针。

若有以下定义和语句：

```
int  **p, *s, k =20;
s = &k;    p = &s;
```

可以用图 8.5 来形象地表示变量 p、s 和 k 的关系：

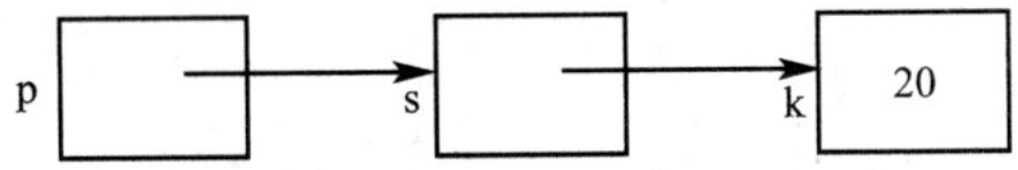

图 8.5 变量 p、s 和 k 的关系

则 *s 代表存储单元 k，*p 代表存储单元 s，因此 **p 也代表存储单元 k。

例 8.1 用指针指向两个变量，通过指针运算选出值小的那个数。

```
#include  <stdio.h>
main( )
{  int a, b, min, *pa, *pb, *pmin;
   pa = &a; pb = &b; pmin = &min;
```

```
    scanf ("%d%d", pa, pb );                  /* 输入的值依次放入 pa、pb 所指存储单元中 */
    printf("a = %d b = %d\n", a, b );          /* 通过输出,验证 a、b 中的值 */
    *pmin = *pa;                              /* 假定 a 中的值最小,将其赋给 min */
    if ( *pa > *pb ) *pmin = *pb;             /* 若 b 中的值比 a 小,将其赋给 min */
    printf(" min = %d\n", min );              /* 输出小值 */
}
```

当运行程序时输入:41 32<CR>(此处<CR>代表 Enter 键),程序输出如下:

```
a = 41   b = 32
min = 32
```

以上程序运行的结果说明当指针指向变量时,完全可以通过指针来对所指存储单元进行存取。

8.4.2 移动指针

所谓移动指针就是对指针变量加上或减去一个整数,或通过赋值运算,使指针变量指向相邻的存储单元。因此,只有当指针指向一串连续的存储单元时,指针的移动才有意义。

当指针指向一串连续的存储单元时,可以对指针变量进行加上或减去一个整数的运算,也可以对指向同一串连续存储单元的两个指针进行相减的运算。除此之外,不可以对指针进行任何其他的算术运算。

假定在内存中开辟了如图 8.6 所示的五个连续的、存放 int 类型整数的存储单元,并分别给它们取代号为:a[0]、a[1]、a[2]、a[3]、a[4](在这里,这些符号只是作为表示连续存储单元的一种记号,a[0]在低地址,a[4]在高地址,读者先不必去理解它们的其他含义),在这些代号所代表的存储单元中,分别有值为:11、22、33、44、55,同时还假定已定义了 p、q 是指向整型变量的指针,且 p 已如图 8.6(a)所示,指向存储单元 a[0]。现在我们来解释以下各条语句连续执行后的结果:

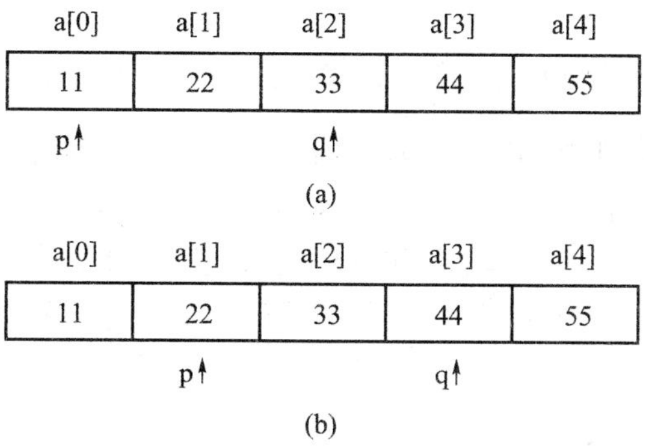

图 8.6 指针变量指向连续的存储单元

```
q = p+2 ;           /* 如图 8.6 (a)所示,使指针 q 指向存储单元 a[2] */
q++;                /* 向高地址移动指针 q,使指针 q 指向存储单元 a[3] */
q++;                /* 向高地址移动指针 q,使指针 q 指向存储单元 a[4] */
q--;                /* 使指针 q 向低地址移动,指针 q 指向存储单元 a[3] */
```

```
p++;                /* 当前指针 p 和 q 的指向如图 8.6 (b)所示 */
```

现在若有语句 i = *p; j = *q; 则 i 中的值为 22,j 中的值为 44;若有语句 k = q-p; 则 k 中的值为 2。

在对指针进行加、减运算时,数字“1”不再代表十进制整数“1”,而是指 1 个存储单元长度。至于 1 个长度占多少字节的存储空间,则视指针的基类型而定。如果 p 和 q 的基类型是 int,位移 1 个存储单元长度就是位移 4 个字节;如果 p 和 q 的基类型是字符型,则位移 1 个存储单元长度就是位移 1 个字节;若 p 和 q 的基类型是双精度型,则位移 1 个存储单元长度就是位移 8 个字节;其他以此类推。增 1 表示指针向地址值大(高地址)的方向移动一个存储单元,减 1 表示向地址值小(低地址)的方向移动一个存储单元。因此当我们在程序中移动指针时,无论指针的基类型是什么,只需简单的加、减一个整数而不必去管它移动的具体长度,系统将会根据指针的基类型自动地来确定位移的字节数。

当移动指针时,基类型为 int 的指针只能用来指向 int 变量,不能用以指向其他类型的变量。如果用基类型为 int 的指针来指向一串 double 类型的变量,当移动指针时,对于整数 1,系统将按照基类型来确定移动 4 个字节而不是移动 8 个字节。

8.4.3 指针比较

在关系表达式中可以对两个指针进行比较。例如,p 和 q 是两个指针变量,以下语句是完全正确的:

```
if ( p < q ) printf ( "p points to lower memory than q . \n" ) ;
if ( p =='\0') printf ( "p points to Null . \n" ) ;
```

通常两个或多个指针指向同一目标(如一串连续的存储单元)时比较才有意义。

8.5 函数之间地址值的传递

8.5.1 形参为指针变量时实参和形参之间的数据传递

若函数的形参为指针类型,调用该函数时,对应的实参必须是基类型相同的地址值或者是已指向某个存储单元的指针变量。

例 8.2 编写函数 myadd (int *a, int *b),函数中把指针 a 和 b 所指的存储单元中的两个值相加,然后将和值作为函数值返回。在主函数中输入两个数给变量,把变量地址作为实参,传送给对应形参。

```
#include  <stdio.h>
int myadd ( int *a, int *b )
{   int sum;
    sum = *a+*b;
    return sum;
}
main( )
```

```
{  int x, y, z ;
   printf( "Enter x, y : " );     scanf ( "%d%d",&x, &y );
   z = myadd ( &x, &y );
   printf( "%d+%d = %d\n", x, y, z );
}
```

在此程序中,主函数调用 myadd 函数时,系统为 myadd 函数的形参 a 和 b 开辟两个基类型为 int 类型的临时指针变量,并通过实参 &x、&y 把 x 和 y 的地址传送给它们,参数之间的关系如图 8.7 所示,这时,指针 a 指向变量 x,指针 b 指向变量 y。然后程序的流程转去执行 myadd 函数。

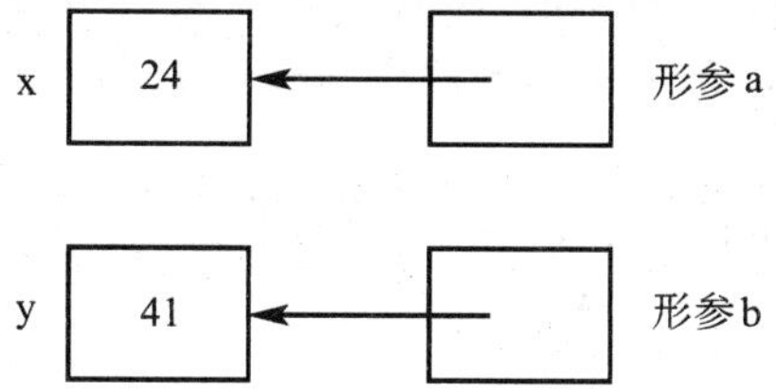

图 8.7 实参把地址传送给形参指针时的示意图

在 myadd 函数中,语句 sum = *a+ *b;的含义是:分别取指针 a 和 b 所指存储单元中的内容,相加后存入变量 sum 中,实际上就是把主函数中 x 变量和 y 变量中的值相加存入变量 sum 中了。所以,myadd 函数返回的是主函数中 x 变量和 y 变量中值的和。

由此程序可见,通过传送地址值,可以在被调用函数中对调用函数中的变量进行引用。

8.5.2 通过传送地址值在被调用函数中直接改变调用函数中的变量的值

到目前为止,我们已经知道形参值的改变并不能改变对应实参的值,把数据从被调用函数返回到调用函数的唯一途径是通过 return 语句返回函数值,这就限定了只能返回一个数据。但是在例 8.2 中通过传送地址值,可以在被调用函数中对调用函数中的变量进行引用,这也就使得通过形参改变对应实参的值有了可能,利用此形式就可以把两个或两个以上的数据从被调用函数返回到调用函数。下面以传送地址的方式重写第 7 章中例 7.3 的 swap 函数。

例 8.3 调用 swap 函数,交换主函数中变量 x 和 y 中的数据。

```
#include  <stdio.h>
void swap( int * , int * );
main( )
{  int  x = 30, y = 20;
   printf ( "(1) x = %d   y = %d\n", x, y );
   swap ( &x, &y );
   printf ( "(4) x = %d   y = %d\n", x, y );
}
void swap ( int *a, int  *b )
{  int  t;
   printf ( "(2) a = %d   b = %d\n", *a, *b );
```

```
    t = *a;     *a = *b;     *b = t;
    printf ( "(3) a = %d  b = %d\n", *a, *b );
}
```

程序运行结果如下：

```
(1) x = 30  y = 20
(2) a = 30  b = 20
(3) a = 20  b = 30
(4) x = 20  y = 30
```

由于没有通过 return 语句返回函数值，所以定义 swap 函数为 void 类型。由此例子可见，C 程序中可以通过传送地址的方式在被调用函数中直接改变调用函数中的变量的值，从而达到函数之间数据的传递。

例 8.4 编写函数 order (int *a, int *b)，使调用函数中的第一个实参总是存放两个数中的较小的数，第二个参数存放两个数中较大的数。

```
#include <stdio.h>
void swap ( int *x1, int *x2 )
{   int t;
    t = *x1;     *x1 = *x2;     *x2 = t;
}
void order ( int *a, int *b )
{   if ( *a > *b ) swap ( a, b ); }
main( )
{   int x, y ;
    printf( "Enter x, y : " ); scanf ( "%d%d" ,&x, &y );
    printf( "x = %d y = %d\n" ,x, y );
    order ( &x, &y );
    printf( "x = %d y = %d\n", x, y );
}
```

请读者自己动手画出各函数中变量之间的关系。

在 order 函数中只有一条语句，此语句的功能是，如果 a 所指存储单元中的数大于 b 所指存储单元中的数，则交换这两个存储单元中的数，否则什么也不做。这里实际上是比较 main 函数中变量 x 和 y 中的值，若 x 中的值大于 y 中的值，则交换 x 和 y 中的数。

8.5.3 函数返回地址值

函数值的类型不仅可以是简单的数据类型，而且可以是指针类型。

例 8.5 以下函数把主函数中变量 i 和 j 中存放较大数的那个地址作为函数值传回。

```
#include <stdio.h>
int * fun ( int*, int* );          /* 函数说明语句 */
main( )
{   int * p, i , j;
    printf ( "Enter two number: " ); scanf ( "%d%d", &i, &j );
```

```
    p = fun ( &i, &j );              /* p 将得到 i 或 j 的地址 */
    printf ( "i = %d,j = %d, *p = %d\n", i, j , *p );
}
int *fun ( int *a, int *b )
{   if ( *a > *b ) return a;
    return b;
}
```

程序运行时若给 i 输入 99,给 j 输入 101,结果函数将返回主函数中变量 j 的地址,使 p 指向变量 j,从而输出:i = 99,j = 101, * p = 101。

习题

一、选择题

8.1　若有定义:int　x, *pb; 则正确的赋值表达式是

A) pb = &x　　　B) pb = x　　　C) *pb = &x　　　D) *pb = *x

8.2　若有以下程序:

```
#include  <stdio.h>
main( )
{   printf ( "%d\n", NULL );   }
```

程序的输出结果是

A) 因变量无定义输出不定值　　　B) 0　　　C) -1　　　D) 1

8.3　若有以下程序:

```
#include  <stdio.h>
void sub ( int x, int y, int *z )
{   *z = y-x ;   }
main( )
{   int  a, b, c;
    sub ( 10,5,&a );   sub ( 7, a, &b );   sub ( a, b, &c );
    printf ( "%d,%d,%d\n", a, b, c );
}
```

程序的输出结果是

A) 5,2,3　　　B) -5,-12,-7　　　C) -5,-12,-17　　　D) 5,-2,-7

8.4　若有以下程序:

```
#include  <stdio.h>
main( )
{   int k = 2, m = 4, n = 6, *pk = &k, *pm = &m , *p;
     *( p = &n ) = *pk * ( *pm );    printf ( "%d\n", n );
}
```

程序的输出结果是

A) 4　　　B) 6　　　C) 8　　　D) 10

8.5 若指针 p 已正确定义并指向如图 8.8 所示存储单元：

a[0]	a[1]	a[2]	a[3]	a[4]
10	20	30	40	50
	p↑			

图 8.8 指针 p 指向示意图

则执行语句 *p++; 后，*p 的值是

A）20　　B）30　　C）21　　D）31

8.6 若指针 p 已正确定义并指向如图 8.8 所示存储单元，则表达式 * ++p 的值是

A）20　　B）30　　C）21　　D）31

8.7 若指针 p 已正确定义并指向如图 8.8 所示存储单元，则表达式++ * p 的值是

A）20　　B）30　　C）21　　D）31

8.8 若有以下程序：

```
#include <stdio.h>
void prtv ( int *x )
{  printf ( "%d\n",++ *x );  }
main( )
{  int a = 25;
   prtv ( &a );
}
```

程序的输出结果是

A）23　　B）24　　C）25　　D）26

8.9 若有以下程序

```
#include   <stdio.h>
main()
{  int   **k, *a, b =100;
   a = &b;  k = &a;  printf ( "%d\n", **k );
}
```

程序的输出结果是

A）运行出错　　B）100　　C）a 的地址　　D）b 的地址

8.10 若有以下程序：

```
#include   <stdio.h>
void fun ( float *a, float *b )
{  float w;
   *a = *a+ *a;   w = *a;   *a = *b;   *b = w;
}
main()
{  float x=2.0, y = 3.0, *px = &x, *py = &y;
   fun ( px, py );  printf ("%2.0f,%2.0f\n", x, y );
}
```

程序的输出结果是

A) 4，3　　B) 2，3　　C) 3，4　　D) 3，2

8.11　若有以下程序：

```
#include <stdio.h>
void sub (double x, double *y, double *z )
{   *y = *y-1.0;   *z = *z+x;  }
main( )
{  double  a = 2.5, b = 9.0, *pa, *pb;
   pa = &a;  pb = &b;
   sub ( b-a, pa, pa );  printf ("%f\n", a );
}
```

程序的输出结果是

A) 9.000000　　B) 1.500000　　C) 8.000000　　D) 10.500000

8.12　以下四个程序中不能对两个整型值进行交换的是

A)
```
#include  <stdio.h>
void swap ( int  *p, int  *q)
{  int  *t, a;
   t = &a;  *t = *p;  *p = *q;  *q = *t;
}
main( )
{  int  a=10, b=20;
   swap( &a, &b );  printf ("%d %d\n",a , b );
}
```

B)
```
#include  <stdio.h>
void  swap ( int  *p, int  *q)
{  int  t;
   t = *p;  *p = *q;  *q = t;
}
main( )
{  int  a=10, b=20;
   swap( &a, &b );  printf ("%d %d\n",a , b );
}
```

C)
```
#include  <stdio.h>
void swap ( int  *p, int  *q)
{  int  t;
   t = *p;  *p = *q;  *q = t;
}
main( )
{  int  *a, *b;
   *a=10,  *b=20;
   swap(a, b);  printf ("%d %d\n", *a , *b );
```

```
    }
D) #include  <stdio.h>
   void  swap ( int  *p, int  *q)
   {  int  t;
      t = *p;   *p = *q;   *q = t;
   }
   main( )
   {  int  a=10, b=20, *x=&a, *y = &b;
      swap( x, y );   printf ("%d %d\n",a , b );
   }
```

二、填空题

8.13 以下程序段的输出结果是________。

```
int  *var, b;
b = 100;  var = &b;  b = *var+10;
printf ("%d\n", *var );
```

8.14 以下程序的输出结果是________。

```
#include  <stdio.h>
int ast ( int x, int y, int *cp, int *dp )
{  *cp = x+y;   *dp = x-y;  }
main( )
{  int  c, d;
   ast ( 4, 3, &c, &d );    printf ("%d %d\n", c, d );
}
```

8.15 若有定义： char ch;

(1) 使指针 p 可以指向字符型变量的定义语句是__[1]__。

(2) 使指针 p 指向变量 ch 的赋值语句是__[2]__。

(3) 通过指针 p 给变量 ch 读入字符的 scanf 函数调用语句是__[3]__。

(4) 通过指针 p 给变量 ch 赋字符 A 的语句是__[4]__。

(5) 通过指针 p 输出 ch 中字符的语句是__[5]__。

8.16 若有如图 8.8 所示五个连续的 int 类型的存储单元并赋值如图，且已定义：int *p, *s; 其中 p 指向存储单元 a[1]。

(1) 通过指针 p，给 s 赋值，使其指向最后一个存储单元 a[4] 的语句是__[1]__。

(2) s 指向存储单元 a[4]，移动指针 s，使之指向中间的存储单元 a[2] 的表达式是__[2]__。

(3) 已知 k = 2，指针 s 已指向存储单元 a[2]，表达式 *(s+k) 的值是__[3]__。

(4) 指针 s 已指向存储单元 a[2]，不移动指针 s，通过 s 引用存储单元 a[3] 的表达式是__[4]__。

(5) 指针 s 指向存储单元 a[2]，p 指向存储单元 a[0]，表达式 s-p 的值是__[5]__。

(6) 若 p 指向存储单元 a[0]，则以下语句的输出结果是__[6]__。

```
for ( i = 0; i < 5; i++) printf ( "%d ", *(p+i) );   printf ( "\n");
```

三、编程题

8.17 请编写函数，其功能是对传送过来的两个浮点数求出和值与差值，并通过形参传送回调用函数。

8.18 请编写函数，对传送过来的三个数选出最大数和最小数，并通过形参传回调用函数。

第9章 数 组

学习目标与要求

一、一维数组

1. 正确定义一维数组。
2. 掌握给一维数组元素赋初值的意义和方法，并了解每个元素所得到的初值。
3. 掌握通过赋初值定义数组大小。
4. 了解一维数组在内存中的存储结构。
5. 掌握通过数组名对一维数组元素引用的方式。
6. 理解一维数组名与地址值的关系。
7. 掌握求数组元素地址的方法。
8. 掌握通过指针变量（或地址）引用一维数组元素的各种形式。
9. 掌握一维数组名作为实参时，被调用函数对应形参的定义形式。
10. 掌握一维数组名作为实参时，调用函数和被调用函数之间数据的传递。掌握在被调用函数中引用调用函数中数组元素的方法。
11. 掌握数组元素地址作为实参时，被调用函数对应形参的定义形式。
12. 掌握数组元素地址作为实参时，调用函数和被调用函数之间数据的传递。掌握在被调用函数中正确引用调用函数中数组元素的方式。
13. 掌握一维数组应用的基本算法。如对一维数组置数、逆置、查找、插入、删除、排序等。

二、二维数组

1. 正确定义二维数组。
2. 了解二维数组的（行、列）逻辑结构。
3. 了解二维数组在内存中的存储结构。
4. 掌握给二维数组元素赋初值的意义和方式，了解每个元素所得到的初值。
5. 掌握通过赋初值定义二维数组的规则。
6. 掌握通过数组名引用二维数组元素的方式。
7. 理解二维数组名与地址值的关系。
8. 掌握求二维数组每行地址的方法。
9. 掌握求二维数组元素地址的方法。
10. 正确定义指向二维数组的“行”指针。

11. 掌握通过基类型与数组元素类型相同的指针变量(或地址)引用二维数组元素的各种形式。
12. 掌握通过行指针变量(或地址)引用二维数组元素的各种形式。
13. 当二维数组名作为实参时,正确写出对应的形参。
14. 掌握二维数组名作为实参时,调用函数和被调用函数之间数据的传递。掌握在被调用函数中引用调用函数中数组元素的方法。
15. 掌握二维数组行地址作为实参时,调用函数和被调用函数之间数据的传递。掌握在被调用函数中引用调用函数中数组元素的方法。
16. 掌握二维数组应用的基本算法,了解其与矩阵的关系。如对二维数组置数,从二维数组中查找指定的元素,对每行每列(或指定行、列)中的元素进行处理,矩阵的转置、加、减,对矩阵下半三角和上半三角的处理等。

迄今为止,我们已讨论了C语言中所有的简单数据类型,在本章我们将讨论C语言中提供的一种最简单的构造类型:数组。每个数组包含一组具有同一类型的变量,这些变量在内存中占有连续的存储单元。在程序中这些变量具有相同的名字,但具有不同的下标,C语言中可以用如:a[0]、a[1]、a[2]、…这种形式来表示数组中连续的存储单元,我们把它们称为“带下标的变量”或数组元素。在程序设计中,数组是一种十分有用的数据结构,许多问题不用数组几乎难以解决。本章将介绍一维和二维数组的定义、数组元素的引用以及数组应用的一些基本算法。

在C语言中,数组和指针有着极密切的联系,本章也将对此进行详细的讨论。

9.1 一维数组的定义和一维数组元素的引用

9.1.1 一维数组的定义

当数组中每个元素只带有一个下标时,称这样的数组为一维数组。在C语言中,定义一维数组的语句一般形式如下:

类型名 数组名[整型常量表达式],……;

（其中“数组名[整型常量表达式]”为：一维数组说明符）

例如:

```
int    a[8];
```

在这里,int是类型名,a[8]就是一维数组说明符。以上语句说明了以下几点:

(1) 定义了一个名为a的一维数组。

(2) 方括号中的8规定了a数组含有8个元素,它们是a[0]、a[1]、a[2]、…、a[7]。

(3) 类型名int规定了a数组中每个元素都是整型,在每个元素中只能存放整型数。

(4) 每个元素只有一个下标,C语言规定每个数组第一个元素的下标总为0(称为数组下标的下界),因此,以上a数组中的最后一个元素的下标应该是7(称为数组下标的上界)。

(5) C编译程序将为a数组在内存中开辟如图9.1所示的8个连续的存储单元,在图中标明了每个存储单元的名字,可以用这些名字直接来引用各存储单元。

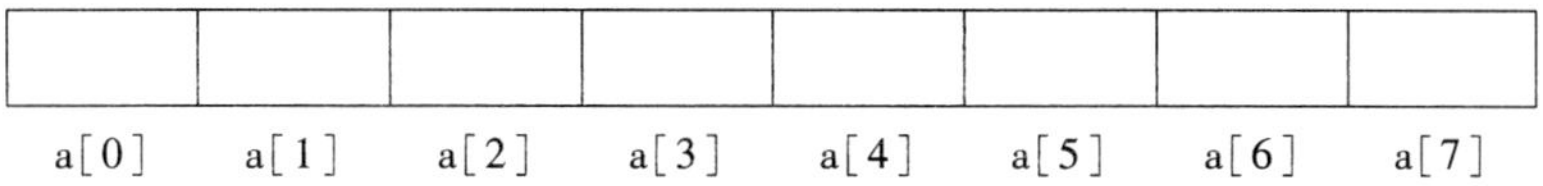

图 9.1 数组 a 在内存中开辟存储单元的示意图

在一个定义数组的语句中,可以有多个数组说明符,它们之间用逗号隔开。如:

```
double  w[22] , v[100] , u[5] ;
```

以上语句定义了名为 w、v、u 的三个双精度型数组,其中 w 数组包含 22 个元素,数组下标的上界为 21;v 数组包含 100 个元素,数组下标的上界为 99,u 数组包含 5 个元素,数组下标的上界为 4。

数组说明符和普通变量名可同时出现在一个类型定义语句中,例如:

```
char  c1 , c2 , carr[81] ;
```

注意:数组说明符的一对方括号中只能是整型常量或整型常量表达式,以上定义语句也可写成:

```
char  c1 , c2 , carr[10+71] ;
```

9.1.2 一维数组元素的引用

由于是一维数组,因此引用数组元素时只带一个下标。引用形式如下:

数组名[下标表达式]

例如,若有以下定义语句:

```
double x[8] ;
```

则 x[0]、x[j]、x[i+k]都是对 x 数组中的元素的合法引用形式,其中 0、j 和 i+k 称为下标表达式。由于定义了 x 数组有 8 个元素,因此下标表达式的值必须大于或等于 0,并且小于 8,且必须是整数。注意:在数组元素 x[i+k]中,i+k 只是一个具有整数值的下标表达式,不要误认为有 i 和 k 两个下标。

读者应该建立起以下概念:

(1) 一个数组元素实质上就是一个变量名,代表内存中的一个存储单元。一个数组占有一串连续的存储单元。

(2) 在 C 语言中,一个数组不能整体引用。例如,对于以上定义的 x 数组,不能用 x 代表 x[0]到 x[7]这 8 个元素。C 语言中,数组名中存放的是一个地址常量,它代表整个数组的首地址,关于这方面的内容将在 9.2 节中详细讨论。

在引用数组元素时,数组元素中下标表达式的值必须是整数,下标表达式值的下限为 0。C 语言程序在运行过程中,系统并不自动检验数组元素的下标是否越界,因此数组两端都可能越界而破坏了其他存储单元中的数据,甚至破坏了程序代码。因此,在编写程序时保证数组下标不越界是十分重要的。

9.1.3 一维数组的初始化

当系统为所定义的数组在内存中开辟一串连续的存储单元时,这些存储单元中并没有确定的值。可以采用以下形式,在定义语句中为所定义数组的各元素赋初值:

```
int  a[8] = { 0, 1, 2 , 3, 4, 5, 6, 7 } ;
```

所赋初值放在等号后的一对花括号中,数值类型必须与所说明的类型一致,所赋初值之间用逗号隔开,系统将按这些数值的排列顺序,从 a[0]元素开始依次给 a 数组中的元素赋初值。以上语句将给 a[0]赋初值 0,给 a[1]赋初值 1,…,给 a[7]赋初值 7。在指定初值时,第一个初值必定赋给下标为 0 的元素,因此,不可能跳过前面的元素给后面的元素赋初值。

当所赋初值少于所定义数组的元素个数时,将自动给后面的元素补以初值 0。例如,以下定义语句将给 a 数组中所有元素赋初值 0:

```
int  a[10] = { 0 } ;
```

对于字符型数组也同样补以初值 0,即'\0'。例如以下定义:

```
char  c[5] = {'@'};
```

相当于:

```
char  c[5] = {'@','\0','\0','\0','\0'};
```

当所赋初值多于所定义数组的元素个数时,在编译时将给出出错信息。

9.1.4 通过赋初值定义数组的大小

C 语言规定可以通过赋初值来定义数组的大小,这时数组说明符的一对方括号中可以不指定数组的大小。例如:

```
int  a[ ] = { 0, 0, 0, 0, 0, 0, 0, 0 } ;
```

以上语句的一对花括号中出现了 8 个 0,它隐含地定义了 a 数组含有 8 个元素,此定义语句等价于以下语句:

```
int  a[8] = { 0 } ;
```

9.1.5 一维数组的定义和数组元素引用举例

例 9.1 编写程序,定义一个含有 30 个元素的 int 类型数组。依次给数组元素赋奇数 1、3、5、…,然后按每行 10 个数顺序输出,最后再按每行 10 个数逆序输出。

本题示例了如何利用 for 循环的循环控制变量,顺序或逆序地逐个引用数组元素,这是对数组元素进行操作的基本算法。另外本题也示例了在连续输出数组元素数据的过程中,如何利用循环控制变量来进行换行的两种方法。程序如下:

```
#include  <stdio.h>
#define  M  30
main( )
{  int  s[M], i, k=1;
   for ( i = 0; i < M; i++) {s[i] = k ; k+=2;}        /* 给 s 数组元素依次赋 1、3、… */
   printf ("\nSequence Output:\n");                  /* 按从前到后的顺序输出 */
   for ( i = 0; i < M; i++)
   {  printf ( "%4d", s[i] );
      if ( (i+1)%10==0 ) printf ("\n");             /* 利用 i 控制换行符的输出 */
   }
   printf ("\nInvert Output:\n");                    /* 按从后到前的顺序输出 */
```

```
    for ( i = M-1; i >= 0; i--)                    /* 下标值从大到小 */
    printf ( "%3d%c", s[i], ( i %10==0)? '\n':' ');
                    /* 利用条件表达式来决定输出换行符还是输出空格 */
    printf("\n");
}
```

以上程序输出如下：

```
Sequence Output:
 1   3   5   7   9  11  13  15  17  19
21  23  25  27  29  31  33  35  37  39
41  43  45  47  49  51  53  55  57  59
Invert Output:
59  57  55  53  51  49  47  45  43  41
39  37  35  33  31  29  27  25  23  21
19  17  15  13  11   9   7   5   3   1
```

9.2 一维数组和指针

9.2.1 一维数组和数组元素的地址

C 语言中，在函数体中或在函数外部定义的数组名可以认为是一个存放地址值的指针变量名，其中的地址值是数组第一个元素的地址，也就是数组所占一串连续存储单元的起始地址，定义数组时的类型即是此指针变量的基类型。重要的是：这个指针变量中的地址值不可改变，也就是说，不可以给数组名重新赋值！因此，也可以认为数组名是一个地址常量。

若在函数体中有以下定义：

```
float  a[10], *p, x;
```

语句 a = &x ；或 a++;都是非法的，因为不能给 a 重新赋地址值。一旦定义，a 永远指向 a 数组的首地址。

虽然不可以改变数组名 a 中的内容，但可以用对数组名加一个整数的办法，来依次表达该数组中不同元素的地址。例如(假设已定义 k 为 int 类型)：

```
for ( k = 0; k < 10; k++) p = a+k ;
```

在循环中并没有改变 a 的值，但通过表达式：a+k，逐一给出了 a 数组中每个元素的地址，使 p 依次指向 a 数组中的每一个元素。

由于 scanf 函数要求给出输入项的地址值，因此可以通过以下循环从终端读入数据依次放入 a 数组中：

```
for ( k = 0; k < 10; k++) scanf ( "%d", a+k );
```

语句 p = &a[0] ；和 p = a ；都是合法的。这两条语句的功能相同，都是使指针变量 p 指向 a 数组的首地址。

下面的循环语句中，由于在进入循环时使指针变量 p 指向了 a 数组的首地址，p++将使指针变量 p 依次指向 a 数组中的每一个元素：

```
for ( p = a, k = 0; k < 10; k++) p++;
```

因此，下面的循环语句也可以从终端读入数据依次放入 a 数组中：

```
for ( p = a, k = 0; k < 10; k++) { scanf ("%d", p ); p++; }
```

可以进一步简化写成：

```
for ( p = a, k = 0; k < 10; k++) scanf ("%d", p++);
```

还可以进一步简化写成：

```
for ( p = a; p-a < 10; p++) scanf ("%d", p );
```

9.2.2 通过数组的首地址引用数组元素

由以上叙述可知：a 是 a 数组元素的首地址，a（即：a+0）的值即等于 &a[0]，则 a+1 的值等于 &a[1]、a+2 的值等于 &a[2]、…、a+9 的值等于 &a[9]。

在第 8 章我们曾经讨论过：可以通过"间接访问运算符"——"*"来引用地址所在的存储单元，因此对于数组元素 a[0]，可以用表达式 * &a[0]来引用，也可以用 *(a+0)来引用，对此也可写成：*a；而对于数组元素 a[1]，可以用表达式 * &a[1]来引用，也可以用 *(a+1)来引用，因为 a+1即是 a[1]的地址，使用"间接访问运算符"可以引用地址所代表的存储单元，因此，*(a+1)就是 a[1]；…；对于数组元素 a[9]，可以用表达式 * &a[9]来引用，也可以用 *(a+9)来引用。因此可以通过以下语句逐个输出 a 数组元素中的值：

```
for ( k = 0; k < 10; k++) printf ("%4d", *( a+k ) );
```

此语句相当于：

```
for ( k = 0; k < 10; k++) printf ("%4d", a[k] );
```

9.2.3 通过指针引用一维数组元素

由 9.2.1 节可知，若有以下定义：

```
float  a[10], *p, k;
```

并执行语句：p = a; 或 p = &a[0]; 后，p 指向了 a 数组的首地址，因此，也可以使用"间接访问运算符"，通过指针变量 p 来引用 a 数组中的元素。对于数组元素 a[0]，可以用表达式 *(p+0)，即 *p 来引用。对于数组元素 a[1]，可以用表达式 *(p+1)来引用，在这里，p+1 的值就是数组元素 a[1]的地址，对此地址使用"间接访问运算符"：*(p+1)就代表存储单元 a[1]。注意：一对圆括号不可少，不能写成：*p+1。同样，对于数组元素 a[2]，则可以用表达式 *(p+2)来引用……对于数组元素 a[9]，可以用表达式 *(p+9)来引用。因此，当指针变量 p 指向 a 数组的起始地址时，可以通过以下语句逐个输出 a 数组元素中的值：

```
for ( p = a , k = 0; k < 10; k++) printf ("%4d", *(p+k));
```

在这里并没有移动指针 p，此语句相当于：

```
for ( k = 0; k < 10; k++) printf ("%4d", a[k] );
```

当然，指针变量 p 是可以移动的，因此可以用以下方式逐步移动指针来引用 a 数组中的每个元素，逐个输出 a 数组元素中的值：

```
for ( p = a , k = 0; k < 10; k++) { printf("%4d", *p); p++; }
```

或写成:

```
for ( p = a , k = 0; k < 10; k++) printf("%4d", *p++);
```

也可以写成:

```
for ( p = a , p-a < 10; p++) printf("%4d", *p );
```

9.2.4 用带下标的指针变量引用一维数组元素

若有以下定义和语句:

```
int  *p, s[10], i ;
p = s;
```

且 0≤i<10,我们已经知道,可以用 & s[i]、s+i 和 p+i 三种表达式来表示 s[i]的地址,也可以用 s[i]、*(s+i)和 *(p+i)三种表达式来表示数组元素 s[i]。很明显,s[i]可以用表达式 *(s+i)来表示,则同理,*(p+i)也应该可以用 p[i]的形式来表示。事实上,在 C 语言中,一对方括号并不是仅用作表示数组元素的记号,而是一种运算符。因此,当 p 指向 s 数组的首地址时,表示数组元素 s[i]的表达式应当有:

(1) s[i]　　(2) *(s+i)　　(3) *(p+i)　　(4) p[i]

共四种形式。但在这里,s 和 p 有着明显的区别,s 是不可变的,而 p 中的地址值却是可变的。所以,s++、s = p、p = &s 等运算都是非法的,而 p++、p = s、p = &s[i] 则都是合法的表达式。因此,若有 p=s+2 时,这时 p 中存放的是数组元素 s[2]的地址,p 指向数组元素 s[2],*(p+0)也就是 p[0]代表的是数组元素 s[2]。

9.3 函数之间对一维数组和数组元素的引用

9.3.1 数组元素作实参

当调用函数时,数组元素可以作为实参传送给形参,每个数组元素实际上代表内存中的一个存储单元,故和普通变量一样,对应的形参必须是类型相同的变量。数组元素的值可以传送给该变量,在函数中只能对该变量进行操作,而不能直接引用对应的数组元素,更不可能在函数中改变对应数组元素中的值。

9.3.2 数组名作实参

数组名也可以作为实参传送,但数组名本身是一个地址值,因此,对应的形参就应当是一个指针变量,此指针变量的基类型必须与数组的类型一致。在函数中,可以通过此指针变量来引用调用函数中对应的数组元素,从而达到对调用函数中对应的数组元素进行操作而改变其中的值。

例 9.2 编写程序,通过一个函数给主函数中定义的数组输入若干大于或等于 0 的整数,用负数作为输入结束标志;调用另一个函数输出该数组中的数据。

本例题的算法十分简单,只是想通过此例题程序,举例说明如何在函数中给主函数中的数组元素赋值,然后又如何把主函数中数组的数据传送给被调用函数进行输出,同时也示例了如何在被调用函数中引用在主函数中定义的数组中的元素。

程序中调用了 arrin 函数用以给 main 函数中的 s 数组输入数据,由于输入的数据个数不确定,因此必须在输入数据的同时统计数据的个数,并把它传回 main 函数。在 arrin 中,用负数作为输入结束标志。由于通过函数值返回输入数据的个数,因此函数的类型说明为 int 类型。

程序中调用 arrout 函数输出 main 函数中 s 数组的数据,arrout 函数被说明为“无值”型。在此函数中也示例了一种利用循环控制变量来实现连续输出过程中的换行操作。

在 arrin 和 arrout 两个函数中,都用名为 a 的指针变量作为形参,与主函数中的实参数组 s 相对应。当调用这两个函数时,指针变量 a 指向 s 数组的首地址。在函数中,表达式 *(a+1) 就代表了主函数中的数组元素 s[1],表达式 *(a+i) 就代表了主函数中的数组元素 s[i],当 i 的值由 0 变化到 9 时,*(a+i) 就表示引用了数组元素 s[0] 到 s[9]。

程序如下:

```
#include  <stdio.h>
#define  M  100
void arrout ( int * , int );          /* 函数说明语句,此函数用以输出数组中的值 */
int arrin ( int * );                  /*  函数说明语句,此函数用以给数组输入数据 */
main( )
{  int  s[M], k ;
   k = arrin ( s );                   /* k 得到输入数据的个数 */
   arrout ( s , k );
}
int arrin ( int *a )
{  int i , x ;
   i = 0;
   scanf ( "%d", &x);
   while ( x >= 0 )
   {   * ( a+i ) = x;
       i++;
       scanf ("%d", &x );
   }
   return i;
}
void arrout ( int *a, int n )
{  int  i ;
   for ( i = 0; i < n ; i++)
       printf ( (( i+1)%5==0) ? "%4d\n" : "%4d", * ( a+i ) );
       /* 根据 i 的值来确定使用不同的格式串 */
   printf ( "\n" );
}
```

当数组名作为实参时,对应的形参除了是指针外,还可以用另外两种形式。对于上例中的函

数调用 arrin (s);对应的函数首部可以写成以下三种形式:

(1) arrin (int *a)

(2) arrin (int a[ ])

(3) arrin (int a[M])

在第(2)和第(3)种形式中,虽然说明的形式与数组的说明相同,但 C 编译程序都将把 a 处理成第一种的指针形式。

此外,根据 9.2.3 节中的讨论,通过指针引用数组元素时,除了可用上例函数中所用的形式 *(a+i)外,也可写成 a[i]的形式。以 arrout 函数为例,可以重写成:

```
void arrout ( int a[ ] , int n )
{   int i ;
    for ( i = 0; i < n; i++)
        printf( ((i+1)%5==0)?"%4d\n":"%4d", a[ i ] );
    printf ( " \n" );
}
```

由此例可见,当传送数组名时,在被调用函数中也同样可用数组元素的形式来引用调用函数中对应的数组元素。应当注意:这只是在形式上的相似,不要误以为整个数组可以传送给被调用函数。在被调用函数中,并没有为与数组名对应的形参另外开辟一串连续的存储单元,而只是开辟了一个指针变量的存储单元。在被调用函数中所引用的数组元素就是实参数组中的元素。调用函数只是把数组的首地址传送给形参指针,仍是遵循按"值"传送的机制。

9.3.3 数组元素地址作为实参

当用数组元素地址作为实参时,因为是地址值,所以对应的形参也应当是基类型相同的指针变量。

例 9.3 编写函数,对具有 10 个元素的 char 类型数组,从下标为 4 的元素开始,全部设置星号"*",保持前 4 个元素中的内容不变。

以下程序中用 setstar (int *a, int n) 函数来实现此操作。在 main 中,已对 c 数组的全体元素置初值,调用 setstar 函数时,把数组元素 c[4]的地址传送给了指针变量 a,注意,这时在 setstar 函数中的指针变量 a 指向数组元素 c[4]。同样可以用带下标的形式来引用 main 函数中的 c 数组,*a 或 a[0]代表数组元素 c[4]、*(a+1)或 a[1]代表数组元素 c[5]、…、*(a+5)或a[5]代表数组元素 c[9]。注意:在 setstar 函数中,通过指针 a 引用主函数中的 c 数组时,不可以越过 c 数组最后一个元素的位置。

程序如下:

```
#include  <stdio.h>
#define  M  10
#define  B  4
void setstar (char   * , int );
void arrout (char  * , int );
main( )
{  char  c[M]={'A','B','C','D','E','F','G','H','I','J'};
```

```
    setstar ( &c[4], M-B );
    arrout ( c, M );
}
void setstar ( char *a, int n )
{   int  i;
    for ( i = 0; i < n; i++)  *( a+i ) ='*';
}
void arrout ( char *a, int n )
{   int  i;
    for ( i = 0; i < n; i++) printf ( "%c", a[i] );
    printf ("\n");
}
```

程序输出结果如下：

ABCD******

setstar 函数的首部还可写成以下形式：

setstar (int a[ ], int n) 或 setstar (int a[M-B], int n)

这和用数组名作实参的情况相同。实质上，setstar 函数把 c[4]的地址作为了一串连续存储单元的首地址。

9.3.4 函数的指针形参和函数体中数组的区别

若有以下程序，程序中定义了 fun 函数，形参 a 指向主函数中的 w 数组，函数体内定义了一个 b 数组，函数把 b 数组的起始地址作为函数值返回，企图使主函数中的指针 p 指向函数体内 b 数组的开头。

```
#include  <stdio.h>
#define  N  10
int *fun ( int a[N], int n )
{   int  b[N];
        ⋮
    return b;
}
main()
{   int  w[N], *p;
        ⋮
    p = fun ( w, N );
        ⋮
}
```

以上程序涉及几个概念：

(1) 函数 fun 中，形参 a 在形式上写作了 a[N]，实际上它也可以写作 a[ ]或 *a。但无论写成哪种形式，C 编译程序都将其作为一个指针变量处理。在调用 fun 函数时，系统只为形参 a开辟一个存储单元，并把 main 函数中 w 数组的起始地址存入其中，使它指向 w 数组的首地址。因此，在 fun 函数中，凡是指针变量可以参与的运算，形参指针 a 同样可以参与，如：可以进行 a++等操作，使它移动去指向 w 数组的其他元素，甚至可以通过赋值使它不再指向 w 数组中的元素。

(2) 函数 fun 的函数体中定义了一个 b 数组，在调用 fun 函数时，系统为它开辟一串连续的存储单元，b 是一个地址常量，不可以对它重新赋值。虽然 a 和 b 有相同的说明形式，但它们一个是作为形参的指针，一个是函数体内定义的数组，具有完全不同的含义。

(3) 在函数 fun 执行完毕，返回主函数时，系统将释放 a 和 b 所占存储单元，指针变量 a 和数组 b 将不再存在。因此，函数 fun 不应把 b 的值作为函数值返回，这样做，主函数中的指针变量 p 将不指向任何对象而成为"无向指针"。

9.4 一维数组应用举例

例 9.4 编写程序，定义一个含有 15 个元素的数组，并编写函数分别完成以下操作：

(1) 调用 C 库函数中的随机函数给所有元素赋以 0～49 的随机数；

(2) 输出数组元素中的值；

(3) 按顺序对每三个数求一个和数，并传回主函数；

(4) 最后输出所有求出的和值。

调用随机函数的方法如下：在程序开头应该包含头文件 stdlib. h，然后用语句

```
n = rand ( ) % x;
```

n 将得到一个 0 到 x-1 的随机整数。因此，可用 rand( ) % 50 产生 0～49 的随机数。

按题目要求，对每三个数求一个和值，并传回主函数，则 15 个数将产生 5 个和数，要求有 5 个存储单元来存放，因此，主函数中应当定义一个含有 5 个连续存储单元的 int 型的一维数组。

程序将两次输出 int 数组元素的值，虽然输出对象不同，但数组的类型相同，因此可调用同一函数来完成，只需在调用时用不同的数组名，指定不同的输出个数作实参即可。

以下程序看来稍长，但它由每个简单的函数组成，因此不难读懂。

```
#include  <stdio.h>
#include  "stdlib.h"
#define  SIZE  15
#define  N  3
void getrand ( int * , int );                /* 三个函数说明语句 */
void getave ( int * , int * , int );
void priarr ( int * , int);
main( )
{  int  x[SIZE] , w[SIZE/N] = { 0 };          /* w 数组中置初值 0,准备存放 5 个和值 */
   getrand ( x, SIZE);                        /* 产生 15 个随机数放入 x 数组中 */
   printf ( "Output %d random numbers:\n", SIZE);
   priarr ( x, SIZE );                        /* 输出 15 个随机数 */
   getave ( x, w, SIZE );                     /* 每 3 个数求一个和数放入 w 数组 */
```

```
    printf ( "Output 5 sum numbers:\n" );
    priarr ( w, SIZE/N );                        /* 输出 5 个和数 */
}
void getrand ( int *a, int n )
{   int  i;
    for ( i = 0; i < n; i++) a[ i ] = rand( )%50;
}
void getave ( int *a, int *b, int n )
{   int  i, j, sum;
    for ( sum = 0, i = 0, j = 0; i <=n; i++)
    { sum+=a[i];                                 /* 累加数组元素 */
      if ( (i+1) %3 == 0 )                       /* 每累加 3 个数进行一次处理 */
          {  b[j] = sum;                         /* 和值放入 w 数组中 */
             sum = 0;                            /* 置 0,准备重新累加 */
             j++;                                /* 下标增 1 */
          }
    }
}
void priarr ( int *a, int n )
{   int  i;
    for ( i = 0; i < n; i++)
    {   printf ("%5d", a[i] );
        if ( (i+1)%5 == 0 ) printf ("\n");
    }
    printf("\n");
}
```

程序运行后输出如下:

```
Output 15 random numbers:
46    30    32    40    6
17    45    15    48    26
4      8    21    29    42
Output 5 sum numbers:
108    63    108    38    92
```

例 9.5 将数组中的数按颠倒的顺序重新存放。在操作时,只能借助一个临时存储单元而不得另外开辟数组。

注意:不是要求按颠倒的顺序打印数据,而是要求按逆序重新放置数组中的内容。假定 a 数组有 8 个元素,它们中的原始内容如图 9.2 所示:

10	20	30	40	50	60	70	80
a[0]	a[1]	a[2]	a[3]	a[4]	a[5]	a[6]	a[7]

图 9.2 a 数组中的原始内容

现要求改变成如图 9.3 所示的存储内容：

a[0]	a[1]	a[2]	a[3]	a[4]	a[5]	a[6]	a[7]
80	70	60	50	40	30	20	10

图 9.3 按颠倒的顺序重新存放后 a 数组中的内容

程序中调用 priout 函数输出数组中的内容，函数 invert 用以对调数组中的内容。

在 invert 函数中，变量 i 和 j 分别为 0 和 7，将 a[0]和 a[7]进行对调；然后变量 i 和 j 分别增 1 和减 1，变为 1 和 6，接着将 a[1]和 a[6]进行对调。如此重复操作，当 i 等于或大于 j 时，则对调完成。

程序如下：

```
#include  <stdio.h>
#define  NUM  8
void invert( int *, int );                          /* 函数说明语句 */
void priout( int *, int );                          /* 函数说明语句 */
main( )
{  /* 用置初值的方法给 a 数组放入数据 */
   int  a[NUM] = { 10,20,30,40,50,60,70,80 };
   printf ("Output primary data : ");               /* 输出原始数据 */
   priout ( a, NUM );
   invert ( a, NUM );
   printf ("Output the inverse data : ");           /* 输出颠倒后的数据 */
   priout ( a, NUM );
}
void priout ( int s[ ], int  n )
{  int  i ;
   for ( i = 0; i < n; i++) printf ( "%4d",s[i] );
   printf ("\n");
}
void invert( int *a, int n )
{  int  i, j, t;
   i = 0;    j = n-1;                               /* i 是最前元素的下标，j 是最后元素的下标 */
   while ( i < j )                                  /* 当 i 大于或等于 j 时，对调完成 */
   {  t = a[i]; a[i] = a[j]; a[j] = t;              /* 下标为 i 和 j 的两个元素中的值对调 */
      i++;   j--;                                   /* i 向后移一个位置，j 向前移一个位置 */
   }
}
```

例 9.6 已知整型数组中的值在 0 至 9 的范围内，统计每个整数的个数。

以下程序中，函数 getdata 调用随机函数产生 50 个值在 0 至 9 的整数；函数 stat 统计每个整数的个数，并传回主函数；函数 outdata 输出结果。

在本题中还示例了使用数组元素作为计数器的基本算法。例题中分别用数组元素 c[0]到 c[9]来统计整数 0、1、…、9 的个数。当数组元素 a[i]中的值为 0 时,表达式 c[a[i]]就是 c[0],c[0]++就完成了整数 0 的个数增 1 的运算;当数组元素 a[i]中的值为 1 时,表达式 c[a[i]]就是 c[1],c[1]++就完成了整数 1 的个数增 1 的运算;其他以此类推。因此在一个循环中依次改变 a 数组元素的下标 i 来逐个引用 a 数组元素时,只需一个表达式 c[a[i]]就可在 c 数组的对应元素中统计出各整数的个数。需要注意的是:c 数组中的元素应当先置初值 0。

程序如下:

```
#include  <stdio.h>
#include  <stdlib.h>
#define  M  50
#define  N  10
void getdata ( int *s)
{  int  i;
   for ( i = 0; i < M; i++) s[i] = rand( )%10;
}
void stat ( int *a, int *c )
{  int  i;
   for ( i = 0; i < N; i++) c[i] = 0;            /* c数组元素置初值0 */
   for ( i = 0; i < M; i++) c[ a[i] ]++;         /* 用c数组的元素对各整数进行统计 */
}
void outdata ( int *c )
{  int  i;
   for ( i =0; i < N; i++) printf ("%d : %d\n", i, c[i] );
}
main( )
{  int a[M], c[N];
   getdata ( a );
   stat ( a, c );
   printf ("Output the result:\n");
   outdata ( c );
}
```

例 9.7 已知存放在 a 数组中的数不相重,在 a 数组中查找和 x 值相同的元素的位置。若找到,输出该值和该值在 a 数组中的位置;若没找到,输出相应的信息。

以下程序中,arrin 函数用于输入数据。函数首先要求输入一个整数,以确定将给数组输入数据的个数,然后给数组输入数据。

在主函数中输入待查找的数据。

函数 search 用以查找 x 在数组中的位置,位置值传送给变量 p。若 p 的值为-1,表示在数组中没有值为 x 的元素,否则 p 中的值即为所找的位置。

因为数据已放在 a[0]至 a[n-1]中,函数 search 把 a[n]作为工作单元,在查找之前,首先把待查找的数 x 放在 a[n]中,然后把 x 的值通过 while 语句中的表达式与 a[0]到 a[n-1]逐个比较,若没有一个元素与 x 的值相同,i 将一直变化到 n,因为 a[n]中事先已赋予 x,这时 x 必定等于 a[i],循环一定会结束,因此,i 等于 n 就成了未找到的标志。若在循环过程中与某个元素的值相同,循环也就终止,此时 i 的值就是与 x 相同的元素的下标。这种把待查找的数放在数列最后的算法比较简单,不必检查下标是否超出待查数列的范围。程序如下:

```
#include  <stdio.h>
#define   NUM   30
int arrin( int *a )
{  int   i, n;
   do                               /* 当指定数组元素个数超出范围时,重新输入 */
   {  printf ("Enter number of elements, 0 <=n < %d: ", NUM );
      scanf ("%d", &n );
   }  while( ( n < 1 ) || ( n >= NUM ) );
   /* 注意:输入的 n 个整数,放入 a[0]至 a[n-1]中,a[n]在查找时用作辅助空间 */
   printf ("Enter %d integer numbers :\n", n );
   for( i=0; i < n; i++) scanf ("%d", a+i );
   return n;
}
int search ( int * a, int x, int n )
{  int   i, p;                      /* 查找开始 */
   i=0;                             /* 从 a[0]元素开始查找 */
   a[n]=x;                          /* 把待查找的数放入 a[ n ]中 */
   while( x!=a[i] ) i++;
   /* 只要 x 值等于当前 a[i]的值,则退出循环,否则 i 后移一位 */
   if (i==n) p =-1;                 /* 没找到 */
   else p = i;                      /* 找到 */
   return p;
}
main( )
{  int   a[NUM], x, n, p;           /* 暂定数组含 30 个元素,下标的上限为 29 */
   n = arrin ( a );
   printf ("Enter the number to search: x = ");
   scanf ("%d",&x);
   p = search ( a, x, n );
   if ( p !=-1 ) printf ("%d'index is: %d\n", x, p);      /* 输出 x 所在下标 */
   else printf ("%d is not found ! \n",x);                /* 输出没找到信息 */
}
```

例 9.8　w 数组中存放 n 个数据,编写函数删除下标为 k 的元素中的值。

以下程序中,调用了 getindex、arrout 和 arrdel 三个函数。getindex 用以输入所删元素的下标,函数中对输入的下标进行检查,若越界,则要求重新输入,直到正确为止;arrout 用以输出数组中的数据;arrdel 进行所要求的删除操作。

在 arrdel 函数中，用形参 n 表示数组中元素的个数，函数值为删除后数组中元素的个数。形参 k 指定删除元素的下标。在函数中，用 for 循环完成删除，所谓“删除”，实质上是用移动数组元素中的值来完成的。例如，当要删除下标为 4 的数组元素中的值时，删除操作如图 9.4(a) 所示，这时把 w[5] 中的内容移入 w[4] 中，也就是说用 w[5] 中的内容来覆盖 w[4] 中原来的内容，接着把 w[6] 中的内容移入 w[5] 中，…，把 w[n] 中的内容移入 w[n-1] 中，最后使 n 减 1，表示数组中数据的个数减少一个。删除后数组中的内容如图 9.4(b) 所示，其实数组最后一个元素的值并未改变，只是因为 n 减 1 后不再对其存取（图中 30 加 * 号，以示区别）。注意：移动的操作不能倒过来，不能先把 w[n] 中的内容移入 w[n-1]，最后把 w[5] 中的内容移入 w[4] 中。请读者考虑，如果这样做将会导致怎样的结果。

i = 4

↓

21	22	23	24	25	26	27	28	29	30
w[0]	w[1]	w[2]	w[3]	w[4]	w[5]	w[6]	w[7]	w[8]	w[9]

n = 10

(a) 删除操作前元素中的值

↓

21	22	23	24	26	27	28	29	30	30 *
w[0]	w[1]	w[2]	w[3]	w[4]	w[5]	w[6]	w[7]	w[8]	w[9]

n = 9

(b) 删除操作后元素中的值

图 9.4 删除操作前后数组元素中数据的变化

```
#include  <stdio.h>
#define  NUM  10                                /* 假定数组含有 10 个元素 */
int arrdel ( int * , int ,int  );               /* 函数说明语句 */
void arrout ( int * , int );                    /* 函数说明语句 */
int getindex( int n );
main( )                                         /* 用置初值的方法给数组置数 */
{   int  n, d, a[NUM]={21,22,23,24,25,26,27,28,29,30};
    n = NUM;
    printf ("Output primary data :\n");          /* 输出原始数据 */
    arrout ( a, n );
    d = getindex( n );
    n = arrdel ( a, n, d );
    printf ("Output the data after delete :\n"); /* 输出删除后的数据 */
    arrout( a, n );
}
void arrout ( int w[ ], int m )
```

```
{   int  k;
    for (k = 0; k < m; k++) printf ("%d ",w[k]);
    printf ("\n");
}
int arrdel ( int *w, int n, int k )
{   int  i;
        /* 以下循环进行如图 9.4 所示的删除操作 */
    for ( i = k; i < n-1; i++) w[i] = w[i+1];
    n--;                                  /* 删除后数据个数减 1 */
    return  n;
}
int getindex( int n )
{   int  i;
    do    /* 当指定的下标值落在数据所在下标范围内时,退出循环,返回该下标值 */
    {  printf("\nEnter the index [ 0<= i< %d ]: ", n );     /* 输入待删元素的下标 */
       scanf ("%d",&i);
    }  while( i < 0 || i > n-1 );
    return i;
}
```

例 9.9 用选择法对数组中的数进行排序(按由小到大顺序)。

为了便于理解选择排序算法,我们先来讨论如何从数组中找出最小数所在位置,并完成将该元素中的值与第 0 个元素中的值进行对调的操作。

假定我们用变量 p 记下数组中最小数的位置,用变量 m 来存放这个最小数。若 a 数组中有 n 个数,且最初假设 a[0]中的值最小,则使 p=0、m=a[p],然后把 m 与 a[1]去比。如果 a[1]的值小于 m,则使 p=1、m=a[p],否则 p 和 m 的值不变;接着用 m 与 a[2]去比,如果 a[2]的值比 m 小,则使 p=2、m=a[p],否则 p 和 m 的值不变(这时 p 已记下 a[0]到 a[2]中最小数所在位置,m 中已放入 a[0]到 a[2]中最小数的值);接着把 m 与 a[3]比,与 a[4]比,…,与最后一个元素 a[n-1]比,并进行相同的操作。当 m 与最后一个元素 a[n-1]比较,并完成了有关的操作之后,p 已记下 a[0]到 a[n-1]之间最小数所在的那个元素的位置,m 已放入那个位置上元素的值(即最小值)。

我们用以下 6 个数为例来描述以上过程:

```
5   7   4   2   8   6
↑p                      开始 p=0,m=5
5   7   4   2   8   6   m 和 a[1]比,p 记下 a[0]至 a[1]中最小元素位置
↑p                      这时 p=0,m=5
5   7   4   2   8   6   m 和 a[2]比,p 记下 a[0]至 a[2]中最小元素位置
        ↑p              这时 p=2,m=4
5   7   4   2   8   6   m 和 a[3]比,p 记下 a[0]至 a[3]中最小元素位置
            ↑p          这时 p=3,m=2
5   7   4   2   8   6   m 和 a[4]比,p 记下 a[0]至 a[4]中最小元素位置
            ↑p          这时 p=3,m=2
```

5 7 4 2 8 6 m 和 a[5]比,p 记下 a[0]至 a[5]中最小元素位置
↑p 这时 p=3,m=2

以上操作可用下面的程序段来实现:

```
j = 0;
p = j;      m = a[p];
for ( i = j+1; i < NUM; i++ )
    if ( m > a[i] ) { p = i;   m = a[p]; }
```

在这里,第一行上的语句 j = 0; 显得有些多余,但为了便于下一步的叙述,暂且放在这里。在退出 for 循环后,p 已记下 a[0]到 a[NUM-1]元素中最小数的位置,把此位置上的数与第 0 个元素中的值对调,可用以下步骤(注意:j 已赋值 0):

```
t = a[j]; a[j] = a[p]; a[p] = t;
```

再进一步分析,可以看到,因为 p 总是指向当前比较范围内的最小元素的位置,m 中的值实际上就是数组元素 a[p]中的值,所以程序中凡是用变量 m 的地方都可以用数组元素 a[p]来代替,因此,上面的程序段可进一步简化成:

```
j = 0;
p = j;
for ( i = j+1; i < NUM; i++ ) if ( a[p] > a[i] ) p = i;
t = a[j]; a[j] = a[p]; a[p] = t;
```

以上操作完成以后,已经把 a 数组中的最小值放入 a[0]中。下一步应该从 a[1]到 a[n-1]之间找出最小数所在元素的下标值,并把此下标元素中的数与 a[1]对调,这一操作步骤和前面的相同,只是找最小数的范围是在 a[1]到 a[n-1]之间,即 j = 1。这一操作完成以后,a 数组中第二小的数将放在 a[1]中。这时已把整个数组中前两个小的数按由小到大的顺序在 a[0]和 a[1]中放好。接着用相同的方法把 a[2]到 a[n-1]中的最小数找出来,放在 a[2]中;把 a[3]到 a[n-1]中的最小数找出来,放在 a[3]中;……;把 a[n-2]到 a[n-1](最后两个元素)中的最小数找出来,放在 a[n-2]中。至此,a[0]到 a[n-1]中的数已按由小到大的顺序排好。在全部过程中,每一趟的操作都可以用上面列出的程序段来完成,只是 j 的值应该从 0 变化到 n-2,在这里 j 的值实际上是用来确定每一趟查找的起始位置,并且也是在本趟查找结束后,最小数放置的位置。

既然已经知道了 j 的范围是从 0 变到 n-2,在程序中就可以用它作为循环控制变量,使其由 0 变化到 n-2。

以下程序中,上述选择排序算法由函数 arrsort 完成。

```
#include   <stdio.h>
#define   NUM   6
void arrsort( int [ ], int );
void arrout( int *, int );
main( )
{   int   a[NUM] = {5, 7, 4, 2, 8, 6};
    arrout ( a, NUM );                    /* 输出 a 数组中原始数据 */
    arrsort ( a, NUM );                   /* 对 a 数组中的数进行排序 */
```

```
    arrout ( a, NUM );                          /* 输出排序后 a 数组中的数据 */
}
void arrsort( int *a, int n )
{   int  i, j, p, t;
    for ( j = 0; j < n-1; j++)                  /* n 个数进行 n-1 次选择 */
    {   p = j;                                  /* 先使 p 指向排序范围的第一个元素 */
        for ( i = j+1; i < n; i++)              /* 使 p 指向 a[j]到 a[n-1] */
            if ( a[p] > a[i] ) p = i;           /* 之间的最小元素的位置 */
        if ( p != j )                           /* 如果排序范围的第一个元素不是最小的元素 */
        {   t = a[j]; a[j] = a[p]; a[p] = t; }  /* 则将最小的元素的值与排序范围 */
    }                                           /* 的第一个元素中的值进行对调 */
}
void arrout( int a[ ], int n )
{   int  i;
    for( i = 0; i < n; i++) printf ("%d ",a[i]);
    putchar('\n');
}
```

9.5 二维数组的定义和二维数组元素的引用

9.5.1 二维数组的定义

当数组中每个元素带有两个下标时,称这样的数组为二维数组。在逻辑上可以把二维数组看成是一个具有行和列的表格或一个矩阵。

在 C 语言中,二维数组的定义语句形式如下:

类型名 数组名[常量表达式 1][常量表达式 2], …… ;

（其中"数组名[常量表达式 1][常量表达式 2]"部分为：数组说明符）

二维数组说明符中必须有用两个方括号括起来的常量表达式,常量表达式的值只能是正整数。可以把"常量表达式 1"看成是矩阵(或表格)的行数,它决定了第一维下标值的上限为:常量表达式 1-1;可以把"常量表达式 2"看成是矩阵(或表格)的列数,它决定了第二维下标值的上限为:常量表达式 2-1。例如有以下定义:

```
int    a[3][4];
```

在这里,int 是类型名,a[3][4]是一个二维数组说明符。可以认为此定义语句说明了:

(1) 定义了一个名为 a 的二维数组。

(2) a 数组中每个元素都是整型。

(3) a 数组中共有 3×4 个元素。

(4) a 数组的逻辑结构是一个具有如下形式的 3 行 4 列的矩阵(或表格):

	第0列	第1列	第2列	第3列
第0行	a[0][0]	a[0][1]	a[0][2]	a[0][3]
第1行	a[1][0]	a[1][1]	a[1][2]	a[1][3]
第2行	a[2][0]	a[2][1]	a[2][2]	a[2][3]

每个元素有两个下标,第一个方括号中的下标代表行号,称行下标;第二个方括号中的下标代表列号,称列下标。行下标和列下标的下限总为0。在这里,a数组的行下标的上限为2,列下标的上限为3。

a数组中的元素在内存中占一系列连续的存储单元。数组元素在内存中的排列顺序如图9.5所示,图中标明了每个存储单元的名字。也就是说,先存放第0行的元素,再存放第1行的元素……这种存放顺序称为“按行存放”。

a[0][0]	a[0][1]	a[0][2]	a[0][3]	a[1][0]	a[1][1]	a[1][2]	a[1][3]	a[2][0]	a[2][1]	a[2][2]	a[2][3]

图9.5 二维数组元素在内存中排列顺序示意图

在C语言中,可以把一个二维数组看成是一个一维数组,每个数组元素又是包含有若干个元素的一维数组。如以上a数组可以看成是由a[0]、a[1]、a[2]三个元素组成的一维数组,其中每个元素又是由四个整型元素组成的一维数组。建立起这一概念是十分重要的,因为C语言编译系统确实是把二维数组a中的a[0]、a[1]、a[2]作为数组名来处理的,有关这方面的内容将在本章稍后讨论。

9.5.2 二维数组元素的引用

引用二维数组元素时必须带有两个下标。引用形式如下:

数组名[下标表达式1] [下标表达式2]

例如,若有以下定义语句:

```
double    w[4][2];
```

则w[0][1]、w[i][j]、w[i+k][j+k]都是合法的数组元素引用形式,只是每个下标表达式的值必须是整数,且不得超越数组定义中的上、下界。

注意:引用二维数组元素时,一定要把两个下标分别放在两个方括号内,例如,引用以上w数组元素时,不可以写成:w[0 , 1]、w[i, j]、w[i+k , j+k],这都是不合法的。

9.5.3 二维数组的初始化

一、所赋初值个数与数组元素的个数相同

可以在定义二维数组的同时给二维数组的各元素赋初值。例如:

```
int  a[4][3] = { { 1, 2, 3 } ,{ 4, 5, 6 } ,{ 7, 8, 9 } ,{10,11,12} } ;
```

全部初值括在一对花括号中,每一行的初值又分别括在一对花括号中,之间用逗号隔开。

二、每行所赋初值个数与数组元素的个数不同

当某行一对花括号内的初值个数少于该行中元素的个数时,如:

```
int  a[4][3] = { { 1, 2 },{ 4, 5 },{ 7 },{ 10 } } ;
```

系统将自动给该行后面的元素补初值0。因此，a[0][2]、a[2][1]的初值为0。也就是说，不能跳过每行前面的元素而给后面的元素赋初值。

三、所赋初值行数少于数组行数

当代表着给每行赋初值的行花括号对少于数组的行数时，如：

```
int  a[4][3] = { {1,2}, {4,5} };
```

系统将自动给后面各行的元素补初值0。

四、赋初值时省略行花括号对

在给二维数组赋初值时可以不用行花括号对，例如：

```
int a[4][3] = { 1,2,4,5 };
```

注意：此处所赋初值与上面第3种情况中所赋初值的结果完全不同。在编译时，系统将按a数组元素在内存中排列的顺序，将花括号内的数据一一对应地赋给各个元素，若数据不足，系统将给后面的元素自动补初值0。以上将给a数组第一行中的元素和第二行的第一个元素依次赋予1、2、4、5，其他元素中的初值都为0。

9.5.4 通过赋初值定义二维数组的大小

对于一维数组，可以在数组定义语句中省略方括号中的常量表达式，通过所赋初值的个数来确定数组的大小；对于二维数组，只可以省略第一个方括号中的常量表达式，而不能省略第二个方括号中的常量表达式。例如：

```
int  a[ ][3] = { {1,2,3},{4,5},{6},{8}};
```

以上语句中，a数组的第一维的方括号中的常量表达式省略，在所赋初值中，含有4个行花括号对，则第一维的大小由所赋初值的行数来决定。因此，它等同于：

```
int  a[4][3] = { {1,2,3}, {4,5}, {6}, {8} };
```

当用以下形式赋初值时：

```
int  c[ ][3] = { 1,2,3,4,5 };
```

第一维的大小按以下规则决定：

（1）当初值的个数能被第二维的常量表达式的值除尽时，所得商数就是第一维的大小。

（2）当初值的个数不能被第二维的常量表达式的值除尽时，则：

第一维的大小 = 所得的商数+1

因此，按此规则，以上c数组第一维的大小应该是2，也就是说以上语句等同于：

```
int  c[2][3] = { 1,2,3,4,5 };
```

9.5.5 二维数组的定义和数组元素引用举例

例9.10 通过键盘给2×3的二维数组输入数据，第一行赋1、2、3，第二行赋10、20、30，然后按行输出此二维数组。

本题示例了引用二维数组元素、对二维数组进行输入和输出的基本方法。程序中用i作为行下标，j作为列下标。程序如下：

```
#include  <stdio.h>
main( )
```

```
{  int a[2][3], i, j ;
   printf ("Enter data by line :\n" );
   for ( i = 0; i < 2; i++)
      for ( j = 0; j < 3; j++) scanf ( "%d", &a[i][j] );
   printf ("Output a 2-dimension array :\n" );
   for ( j = 0; j < 2; j++)
   {  for ( i = 0; i < 3; i++)
          printf ( "%4d", a[j][i] );
      printf ("\n");
   }
}
```

当运行以上程序时输入:1　2　3　10　20　30<CR>（<CR> 代表 Enter 键）

输出结果如下：

```
Output a 2-dimension array :
   1      2      3
  10     20     30
```

若要求按列输入,要求 i 作为列下标,j 作为行下标,则可把以上进行输入的双重循环改写如下：

```
printf ("Enter data by col :\n" );
for ( i = 0; i < 3; i++)
    for ( j = 0; j < 2; j++) scanf ( "%d", &a[j][i] );    /* 注意 j 为行下标 */
```

输入时,数组元素引用的顺序将是:a[0][0]、a[1][0]、a[0][1]、a[1][1]、a[0][2]、a[1][2]。请读者考虑,若按题目要求,数据应如何输入。

9.6 二维数组和指针

9.6.1 二维数组和数组元素的地址

先给出以下定义：

```
int  *p, a[3][4];
```

一、二维数组 a 由若干个一维数组组成

在 C 语言中定义的二维数组实际上是一个一维数组,这个一维数组的每个元素又是一个一维数组。如以上定义的 a 数组,则可视 a 数组由 a[0]、a[1]、a[2]三个元素组成,而 a[0]、a[1]、a[2]中每个元素又是由四个整型元素组成的一维数组。可用 a[0][0]、a[0][1]等来引用 a[0]中的每个元素,其他以此类推。

在 9.2 节中已解释过,C 语言中,在函数体中或在函数外部定义的一维数组名是一个地址常量,其值为数组第一个元素的地址,此地址的基类型就是数组元素的类型。在以上二维数组中,a[0]、a[1]、a[2]都是一维数组名,同样也代表一个不可变的地址常量,其值依次为二维数组每行第一个元素的地址，其基类型就是数组元素的类型。因此，对于二维数组，像 a[0]++这样的表达式是非法的。若有表达式 a[0]+1，表达式中 1 的单位应当是 2 个字节。

在以上定义中，指针变量 p 的基类型与 a[i](0≤i<3)相同，因此赋值语句 p = a[i]；是合法的。我们已知 a[i]也可写成：*(a+i)，因此以上赋值语句也可写成：

```
p = *(a+i);
```

二、二维数组名也是一个地址值常量

二维数组名同样也是一个存放地址常量的指针，其值为二维数组中第一个元素的地址。以上 a 数组，数组名 a 的值与 a[0]的值相同，只是其基类型为具有 4 个整型元素的数组类型。即 a+0 的值与 a[0]的值相同，a+1 的值与 a[1]的值相同，a+2 的值与 a[2]的值相同，它们分别表示 a 数组中第一、第二、第三行的首地址。二维数组名应理解为一个行指针。在表达式 a+1 中，数值 1 的单位应当是 4×2 个字节，而不是 2 个字节。赋值语句 p=a；是不合法的，因为 p 和 a 的基类型不同。同样，对于二维数组名 a，也不可以进行 a++，a=a+i 等运算。

三、二维数组元素的地址

二维数组元素的地址可以由表达式 &a[i][j]求得，也可以通过每行的首地址来表示。以上二维数组 a 中，每个元素的地址可以通过每行的首地址：a[0]、a[1]、a[2]等来表示。如：地址 &a[0][0]可以用 a[0]+0 来表示，地址 &a[0][1]可以用 a[0]+1 表示；若 0≤i<3、0≤j<4，则 a[i][j]的地址可用以下五种表达式求得：

(1) &a[i][j]

(2) a[i]+j

(3) *(a+i)+j

(4) &a[0][0]+4 * i+j　　　　/* 在 i 行前尚有 4 * i 个元素存在 */

(5) a[0]+4 * i+j

在以上表达式中，a[i]、&a[0][0]、a[0]的基类型都是 int 类型，系统将自动据此来确定表达式中常量 1 的单位是 2 个字节。但是不可以把求 a[i][j]地址的表达式写成：a+4 * i+j，因为 a 的基类型是 4 个整型元素的数组类型，系统将自动据此来确定常量 1 的单位是 8 个字节。

9.6.2 通过地址引用二维数组元素

若有以下定义：

```
int a[3][4], i, j;
```

且 0≤i<3、0≤j<4，则 a 数组元素可用以下五种表达式来引用：

(1) a[i][j]

(2) *(a[i]+j)

(3) *(* (a+i)+j)

(4) (*(a+i))[j]

(5) *(&a[0][0]+4 * i+j)

在(2)的表达式 *(a[i]+j)中，因为 a[i]的基类型为 int，j 的位移量为 2×j 字节。

在(3)的表达式 *(* (a+i)+j) 中，a 的基类型为 4 个元素的数组，i 的位移量为 4×2×i 字节；

而 *(a+i)的基类型为 int,j 的位移量仍为 2×j 字节。

在(4)中,*(a+i)外的一对圆括号不可少,若写成:*(a+i)[j],因为运算符[ ]的优先级高于 * 号,表达式可转换成:*(*((a+i)+j)),即为:*(*(a+i+j)),这时 i+j 将使得位移量为 4×2×(i+j)个字节,显然这已不是元素 a[i][j]的地址。*(*(a+i+j))等价于 *(a[i+j]),等价于 a[i+j][0],引用的是数组元素 a[i+j][0],而不是 a[i][j],很可能早已超出数组定义的范围。

在(5)中,&a[0][0]+4 * i+j 代表了数组元素 a[i][j]的地址,通过间址运算符 * 号,表达式 *(&a[0][0]+5 * i+j)代表了数组元素 a[i][j]的存储单元。

9.6.3 通过建立一个指针数组引用二维数组元素

若有以下定义:

```
int  *p[3], a[3][2], i, j ;
```

在这里,说明符 *p[3]中,也遵照运算符的优先级,一对[ ]的优先级高于 * 号,因此 p 首先与[ ]结合,构成 p[3],说明了 p 是一个数组名,系统将为它开辟 3 个连续的存储单元;在它前面的 * 号则说明了数组 p 是指针类型,它的每个元素都是基类型为 int 的指针。若满足条件:0≤i<3,则 p[i]和 a[i]的基类型相同,p[i] = a[i]是合法的赋值表达式。若有以下循环:

```
for ( i = 0; i < 3; i++) p[i] = a[i];
```

在这里,等号右边的 a[i]是常量,表示 a 数组每行的首地址,等号左边的 p[i]是指针变量,循环执行的结果使 p[0]、p[1]、p[2]分别指向 a 数组每行的开头。这时,数组 p 和数组 a 之间的关系如图 9.6 所示。

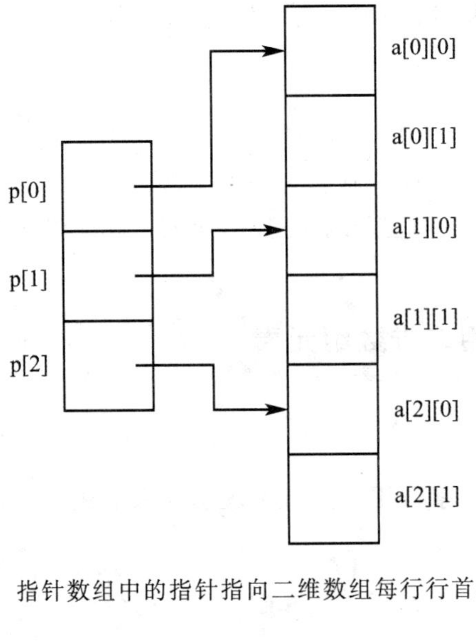

图 9.6 指针数组中的指针指向二维数组每行行首示意图

当 p 数组的每个元素已如图 9.6 所示指向 a 数组每行的开头时,则 a 数组元素 a[i][j]的引用形式 *(a[i]+j)和 *(p[i]+j)是完全等价的。由此可见,这时可以通过指针数组 p 来引用 a 数组元素,它们的等价形式如下:

(1) *(p[i]+j)　　　　　/* 与*(a[i]+j)对应 */
(2) *(*(p+i)+j)　　　　/* 与*(*(a+i)+j)对应 */
(3) (*(p+i))[j]　　　　/* 与(*(a+i))[j]对应 */
(4) p[i][j]　　　　　　　/* 与 a [i][j]对应 */

不同的是:p[i]中的值是可变的,而 a[i]中的值是不可变的。

9.6.4 通过建立一个行指针引用二维数组元素

若有以下定义:

```
int  a[3][2], ( *prt)[2];
```

在说明符(* prt)[2]中,由于一对圆括号的存在,所以 * 号首先与 prt 结合,说明 prt 是一个指针变量,然后再与说明符[2]结合,说明指针变量 prt 的基类型是一个包含有两个 int 元素的数组。在这里,prt 的基类型与 a 的相同,因此 prt = a;是合法的赋值语句。prt+1 等价于 a+1,等价于 a[1]。当 prt 指向 a 数组的开头时,可以通过以下形式来引用 a[i][j]:

(1) *(prt[i]+j)　　　　　/* 与*(a[i]+j)对应 */
(2) *(*(prt+i)+j)　　　　/* 与*(*(a+i)+j)对应 */
(3) (*(prt+i))[j]　　　　/* 与(*(a+i))[j]对应 */
(4) prt [i][j]　　　　　　　/* 与 a [i][j]对应 */

在这里,prt 是个指针变量,它的值可变,而 a 是一个常量。

9.7 二维数组名和指针数组作为实参

9.7.1 二维数组名作为实参时实参和形参之间的数据传递

当二维数组名作为实参时,对应的形参必须是一个行指针变量。例如,若主函数中有以下定义和函数调用语句:

```
#include  <stdio.h>
#define  M  5
#define  N  3
main( )
{  double  s[M][N];
        ⋮
    fun ( s );
        ⋮
}
```

则 fun 函数的首部可以是以下三种形式之一:

(1) fun (double (* a)[N])
(2) fun (double a[ ][N])

(3) fun (double a[M][N])

注意:列下标不可缺。无论是哪种方式,系统都将把 a 处理成一个行指针。和一维数组相同,数组名传送给函数的是一个地址值,因此,对应的形参也必定是一个类型相同的指针变量,在函数中引用的将是主函数中的数组元素,系统只为形参开辟一个存放地址的存储单元,而不可能在调用函数时为形参开辟一系列存放数组的存储单元。

9.7.2 指针数组作为实参时实参和形参之间的数据传递

当指针数组名作为实参时,对应的形参应当是一个指向指针的指针。例如,若主函数中有以下定义和函数调用语句:

```
#include  <stdio.h>
#define M 5
#define N 3
main( )
{   double s[M][N], *ps [M];
          ⋮
    for ( i = 0; i < M; i++) ps[i] = s[i];
    fun ( ps );
          ⋮
}
```

则 fun 函数的首部可以是以下三种形式之一:

(1) fun (double *a[M])

(2) fun (double *a[ ])

(3) fun (double **a)

因为传送的是一维指针数组名,所以形参的定义形式与 9.3.2 节中的一维数组名作实参的形式类似。

9.8 二维数组程序举例

例 9.11 编写程序,通过调用随机函数给 5×6 的二维数组元素赋 10 ~ 40 范围内的整数,求出二维数组每行元素的平均值。

以下程序中,函数 getdata 给二维数组赋值;函数 lineave 求出每行元素的平均值,依次存放在一个一维数组中,传回主函数;函数 putdata 输出二维数组和每行元素的平均值。

程序开头的函数说明语句中分别列举了二维数组说明的各种形式。

```
#include  <stdio.h>
#include  <stdlib.h>
#define  M  6                        /* 每行 6 列 */
#define  N  5                        /* 数组包含 5 行 */
void getdata( int ( * )[M] );        /* 得到随机数 */
```

```
void lineave ( int [ ][M], float * );      /* 求每行的平均值 */
void outdata ( int [N][M], float * );      /* 输出数据 */
main( )
{  int  r[N][M];                           /* 用整型数组 r 存放随机数 */
   float  ave[N];                          /* 用 ave 数组存放每行的平均值 */
   getdata( r );                           /* 输入数据 */
   lineave( r, ave );                      /* 求 r 数组每行的平均值放在 ave 数组中 */
   outdata(r, ave );                       /* 输出数据 */
}
void getdata( int ( *sp)[M] )
{  int  i, j, x;
   for ( i = 0; i <N; i++)
   {  j = 0;
        while ( j < M )
        {  x = rand( )%41;                 /* 产生 0 到 40 的随机数 */
           if ( x >= 10 )                  /* 只有产生的随机数大于或等于 10 时才放入数组中 */
           {  sp[i][j] = x; j++; }
        }
   }
}
void lineave ( int s[ ][M], float *a )     /* 求每行的平均值 */
{  int  i, j;              float ave;
   for ( i = 0; i < N; i++ )
   {  ave = 0.0;
      for ( j =0; j < M; j++) ave = ave+s[i][j];
      a[i] = ave / M;
   }
}
void outdata ( int sp[N][M], float a[ ] )
{  int  i, j;
   printf ("Output the result :\n");
   for( i = 0; i < N; i++)
   {  for( j = 0; j < M; j++)
           printf("%4d",sp[i][j]);
      printf ( " : %6.2f\n", a[i] );
   }
   putchar('\n');
}
```

例 9.12 编写程序,打印出以下形式的杨辉三角形。

```
1
1    1
1    2    1
1    3    3    1
1    4    6    4    1
1    5    10   10   5    1
1    6    15   20   15   6    1
```

可以将杨辉三角形的值放在一个方形矩阵的下半三角中,如果需打印 7 行杨辉三角形,应该定义等于或大于 7×7 的方形矩阵,只是矩阵的上半部和其余部分并不使用。

杨辉三角形具有如下特点:

(1) 第一列和对角线上的元素都为 1。

(2) 除第一列和对角线上的元素之外,其他元素的值均为前一行上的同列元素和前一列元素之和。

函数 setdata 按以上规律给数组元素置数;函数 outdata 输出杨辉三角形。

```
#include  <stdio.h>
#define  N  10
void setdata ( int ( * s)[N], int n )
{  int  i, j;
   for( i = 0; i < n; i++)            /* 第一列和对角线上的元素置 1 */
   {  s[i][i] = 1;  s[i][0] = 1; }
   for( i = 2; i < n; i++)            /* 给杨辉三角形其他元素置数 */
       for( j = 1; j < i; j++)
           s[i][j] = s[i-1][j-1]+s[i-1][j];
}
void outdata ( int s[ ][N], int n )
{  int  i, j;
   printf("杨辉三角形 :\n");
   for( i = 0; i < n; i++)            /* 注意:只输出矩阵的下半三角 */
   {    for( j = 0; j <= i; j++)  printf("%6d",s[i][j]);
        printf("\n");
   }
}
main( )
{  int  y[N][N], n=7;
   setdata ( y, n );                  /* 按规律给数组元素置数 */
   outdata ( y, n );                  /* 输出杨辉三角形 */
}
```

例 9.13 找出方阵每列中的最小元素及其所在的行号。

函数 findmin 找出每列最小元素所在行号;函数 outdata 输出方阵并输出每列最小元素及其所在行号。

```
#include  <stdio.h>
```

```
#define   M   5
void findmin ( int a[ ][M], int ln[ ] )
{   int   i, j, t;
    for ( i = 0; i < M ; i++)              /* i 作为列下标 */
    {   t = 0;                             /* 查找第 i 列中的最小值,先将 0 行放入 t 中 */
        for ( j =1; j < M; j++)            /* 在第 i 列中,第 t 行与第 j 行中元素逐一进行比较 */
            if ( a[j][i] < a[t][i] ) t = j;
        ln[i] = t;
    }
}
void outdata ( int ( * a)[M] , int * ln)
{   int   i, j;
    printf( "\nThe primary Matrix :\n" );
    for( i = 0; i < M; i++)                /* 输出矩阵 */
    {    for( j = 0; j < M; j++)
             printf( "%8d" , a[i][j]);
        printf( "\n" );
    }
    printf ( "\nmin & line number\n" );    /* 输出每列最小元素和所在行号 */
    for ( i = 0; i < M; i++)
        printf( "%3d : %2d\n" ,a[ln[i]][i], ln[i] );
    printf ( "\n" );
}
main( )
{   int   s[M][M]={{ 23,87,10,44,11 },      /* 矩阵中的数据通过赋初值给出 */
                   { 91,66,24,5 ,51 },
                   { 31,2 ,19,91,28 },
                   { 65,40,9 ,6 ,39 },
                   { 22,35,49,82,76 }};
     int   lnm[M];                         /* 存放每列最小元素所在行号 */
     findmin ( s, lnm );
     outdata ( s, lnm );
}
```

习题

一、选择题

9.1　若已定义:

int　a[ ] = {0,1,2,3,4,5,6,7,8,9}, * p = a, i ;

其中 0≤i≤9,则对 a 数组元素的引用不正确的是

A) a[p-a]　　B) *(&a[i])　　C) p[i]　　D) *(*(a+i))

9.2 以下程序段给数组所有元素输入数据：

```
#include    <stdio.h>
main()
{  int  a[10], i=0;
   while ( i < 10 ) scanf("%d",________);
        ⋮
}
```

应在下划线处填入的是

A) a+(i++)　　B) &a[i+1]　　C) a+i　　D) &a[++i]

9.3 有以下程序：

```
#include    <stdio.h>
main()
{  int  a[10] = {1,2,3,4,5,6,7,8,9,10}, *p = a;
   printf ("%d\n", *(p+2));
}
```

程序的输出结果是

A) 3　　B) 4　　C) 1　　D) 2

9.4 有以下程序：

```
#include    <stdio.h>
main()
{  int  n[2] = {0}, i, j, k = 2 ;
   for ( i = 0; i < k ; i++)
        for ( j = 0; j < k; j++) n[j] = n[i]+1;
   printf ( "%d\n", n[k] );
}
```

程序的输出结果是

A) 不确定的值　　B) 3　　C) 2　　D) 1

9.5 有以下程序：

```
#include  <stdio.h>
main()
{  int  a[ ] = { 2,4,6,8,10 }, y=1, x,  *p;
   p = & a[1];
   for ( x = 0; x < 3; x++) y+= *(p+x );
   printf ("%d\n", y );
}
```

程序的输出结果是

A) 17　　B) 18　　C) 19　　D) 20

9.6 有以下程序：

```
#include    <stdio.h>
main()
```

```
{   int  a[ ] = {2,4,6,8 }, * p = a, i;
    for ( i = 0; i <4; i++) a[i] = *p++;
    printf ("%d\n", a[2] );
}
```

程序的输出结果是

A) 6　　B) 8　　C) 4　　D) 2

9.7　有以下程序:

```
#include  <stdio.h>
int  f ( int b[ ], int n )
{   int  i, r = 1;
    for ( i = 0; i <= n; i++)   r = r * b[i];
    return r;
}
main( )
{   int  x, a[ ]={2,3,4,5,6,7,8,9};
    x = f ( a, 3 );
    printf ("%d\n", x );
}
```

程序的输出结果是

A) 720　　B) 120　　C) 24　　D) 6

9.8　有以下程序:

```
#include  <stdio.h>
main( )
{   int  a[ ]={1,2,3,4,5,6,7,8,9,0}, *p;
    p = a;
    printf ("%x\n", p );  printf ("%x\n", p+9 );
}
```

若一个 int 类型的变量占 2 个字节,第一个 printf 语句输出的是 194,则第二个 printf 语句的输出结果是

A) 212　　B) 204　　C) 1a4　　D) 1a6

9.9　有以下程序:

```
#include   <stdio.h>
void fun ( int *s, int n1, int n2 )
{   int  i, j, t;
    i = n1;     j = n2;
    while ( i < j )
    {    t = *( s+i );  *(s+i ) = *( s+j );  *( s+j ) = t ;  i++; j--;  }
}
main( )
{   int  a[10] = {1,2,3,4,5,6,7,8,9,0}, i, *p = a;
    fun ( p, 0, 3 ); fun ( p, 4, 9 ); fun ( p, 0, 9 );
    for ( i = 0; i < 10; i++) printf ( "%d", *(a+i ) );
```

}

程序的输出结果是

A) 0987654321 B) 4321098765 C) 5678901234 D) 0987651234

9.10 有以下程序:

```
#include    <stdio.h>
main()
{  int  a[5] = {2,4,6,8,10}, *p, **k;
   p = a;       k = &p;
   printf("%d", *(p++));    printf("%d\n", **k);
}
```

程序的输出结果是

A) 4 4 B) 2 2 C) 2 4 D) 4 6

9.11 有以下程序:

```
#include    <stdio.h>
#define   N   6
main()
{  char  c[N];     int  i=0;
    for ( i = 0 ; i<N; i++) c[i]= getchar();
    for ( i = 0 ; i<N; i++) putchar(c[i]);
}
```

当运行以上程序时输入三行,每行都是在第一列上开始,<CR>代表 Enter 键:

a<CR>

b<CR>

cdef<CR>

则程序的输出结果是

A) abcdef

B) a
b
c
d
e
f

C) a
b
cd

D) a
b
cdef

9.12 若有定义:int c[4][5], (*cp)[5]; 和语句 cp = c;,则能正确引用 c 数组元素的是

A) cp+1 B) *(cp+3)

C) *(cp+1)+3 D) *(*cp+2)

9.13 若已定义:

int a[4][3]= {1,2,3,4,5,6,7,8,9,10,11,12}, (*prt)[3] = a, *p = a[0] ;

则能够正确表示数组元素 a[1][2]的表达式是

A) *((*prt+1)[2]) B) *(*(p+5))

C) (*prt+1)+2 D) *(*(a+1)+2)

9.14 若有定义和语句:

int a[4][3]= {1,2,3,4,5,6,7,8,9,10,11,12}, (*prt)[3] = a, *p[4] , i ;

```
for ( i = 0; i < 4; i++) p[i] = a[i];
```

则不能够正确表示 a 数组元素的表达式是

A) a[4][3]　　B) p[0][0]　　C) prt[2][2]　　D) (*(p+1))[1]

9.15　有以下程序:

```
#include  <stdio.h>
main( )
{ int  aa[3][3] = { {2}, {4}, {6} }, i, *p = &aa[0][0] ;
  for ( i = 0; i< 2; i++)
  { if ( i == 0 ) aa[i][i+1] = *p+1;
    else ++p;
    printf ( "%d", *p );
  }
  printf ("\n");
}
```

程序的输出结果是

A) 23　　B) 26　　C) 33　　D) 36

9.16　有以下程序:

```
#include  <stdio.h>
main( )
{ int  a[3][4] = {1,3,5,7,9,11,13,15,17,19,21,23},  (*p)[4] = a, i, j, k =0 ;
  for ( i =0; i< 3; i++)
     for ( j = 0; j < 2 ; j++) k+= *( *( p+i )+j );
  printf ("%d\n", k );
}
```

程序的输出结果是

A) 60　　B) 68　　C) 99　　D) 108

9.17　有以下程序:

```
#include  <stdio.h>
main( )
{ int  i, x[3][3] = { 1,2,3,4,5,6,7,8,9 };
  for ( i = 0; i < 3; i++) printf ("%d,", x[i][2-i] );
}
```

程序的输出结果是

A) 1,5,9,　　B) 1,4,7,　　C) 3,5,7,　　D) 3,6,9,

9.18　若有定义语句:int (*p)[M]; 其中的标识符 p 是

A) M 个指向整型变量的指针

B) 指向 M 个整型变量的函数指针

C) 一个行指针,它指向具有 M 个整型元素的一维数组

D) 具有 M 个指针元素的一维指针数组,每个元素都只能指向整型量

二、填空题

9.19　若有定义:

```
double w[10];
```

则 w 数组元素下标的上限是 [1] ,下限是 [2] 。

9.20 以下程序的输出结果是________。

```
#include <stdio.h>
main()
{ int a[ ] = { 2,4,6 }, *prt = &a[0], x = 8, y, z ;
  for ( y =0; y < 3; y++) z = ( *(prt+y ) < x ) ? *(prt+y ) : x ;
  printf ("%d\n", z );
}
```

9.21 以下程序的输出结果是________。

```
#include <stdio.h>
main( )
{ int arr[10] , i, k = 0 ;
  for ( i =0; i < 10; i++) arr[i] = i;
  for ( i =0; i < 4; i++) k+=arr[i]+i;
  printf ("%d\n", k );
}
```

9.22 以下程序的输出结果是________。

```
#include <stdio.h>
#define N 5
int fun ( char *s, char a, int n )
{ int j;
  *s = a; j = n;
  while ( a < s[j] ) j--;
  return j;
}
main( )
{ char s[N+1];int k;
  for (k=1;k<=N;k++) s[k] ='A'+k+1;
  printf ("%d\n", fun ( s,'E', N ) );
}
```

9.23 若输入 3 个整数 3、2、1,则以下程序的输出结果是________。

```
#include <stdio.h>
void sub ( int n, int uu[ ])
{ int t;
  t=uu[n--]; t+=3 * uu[n];
  n++;
  if (t>=10) {uu[n++]=t/10; uu[n] = t %10;}
  else uu[n] = t;
}
main()
```

```
{   int i, n, aa[10]={0};
    scanf ( "%d%d%d", &n, &aa[0], &aa[1] );
    for ( i = 1; i < n; i++) sub ( i, aa );
    for ( i = 0; i <= n; i++) printf ("%d", aa[i] );
    printf ("\n");
}
```

9.24　以下程序的输出结果是________。

```
#include  <stdio.h>
main()
{   int i,j,row,col,m, arr[3][3]={{100,200,300},{28,72,-30}, {-850, 2,6}};
    m = arr [0][0];
    for ( i=0; i< 3; i++)
        for ( j =0; j < 3; j++)
            if( arr[i][j]<m) { m=arr[i][j]; row = i;col=j;}
    printf ("%d,%d,%d\n", m , row, col );
}
```

9.25　以下 findmax 返回 s 所指数组中最大元素的下标,数组中元素的个数由 t 传入,请填空。

```
int findmax ( int s[ ], int t )
{   int  k, p;
    for (p=0,k=p;p<t;p++)if(s[p]>s[k] ) __[1]__;
    return __[2]__;
}
```

9.26　以下程序统计从终端输入的字符中每个大写字母的个数,num[0]中统计字母 A 的个数,其他以此类推。用#号结束输入。请填空。

```
#include  <stdio.h>
#include  <ctype.h>
main()
{   int    num[26]={0}, i; char c;
    while ( [1] !='#')
        if ( isupper ( c ) ) num [ [2] ]+=1;
    for ( i =0; i < 26; i++)
        if ( num [i] ) printf ("%c : %d\n", i+'A', num [i] );
}
```

三、编程题

9.27　输入一行数字字符,请用数组元素作为计数器来统计每个数字字符的个数。用下标为 0 的元素统计字符'0'的个数,用下标为 1 的元素统计字符'1'的个数……

9.28　编写函数,对具有 10 个整数的数组进行如下操作:从下标为 n 的元素开始直到最后一个元素,依次向前移动一个位置。输出移动后的结果。

9.29　编写函数,把数组中所有奇数放在另一个数组中返回。

9.30　编写函数,对字符数组中的字母按由大到小的字母顺序进行排序。

9.31　输入若干有序数放在数组中。然后输入一个数,插入到此有序数列中,插入后,数组中的数仍然有序。请对插在最前、插在最后、插在中间三种情况运行程序,以便验证程序是否正确。

9.32 编写函数,把任意十进制正整数转换成二进制数。提示:把十进制数不断被2除的余数放在一个一维数组中,直到商数为零。在主函数中进行输出,要求不得按逆序输出。

9.33 编写函数,调用随机函数产生0到19之间的随机数,在数组中存入15个互不重复的整数。要求在主函数中进行输出结果。若已定义x为int类型,调用随机函数步骤如下:

```
#include <stdlib.h>
        ⋮
x = rand() % 20;     /* 产生 0 到 19 的随机数 */
```

9.34 求任意方阵每行、每列、两对角线上元素之和。

9.35 求两个矩阵的和。

9.36 编写程序打印出以下形式的乘法九九表。

```
    * * A MULTIPLICATION TABLE * *
      (1)  (2)  (3)  (4)  (5)  (6)  (7)  (8)  (9)
-------------------------------------------------------
(1)    1    2    3    4    5    6    7    8    9
(2)    2    4    6    8   10   12   14   16   18
(3)    3    6    9   12   15   18   21   24   27
(4)    4    8   12   16   20   24   28   32   36
(5)    5   10   15   20   25   30   35   40   45
(6)    6   12   18   24   30   36   42   48   54
(7)    7   14   21   28   35   42   49   56   64
(8)    8   16   24   32   40   48   56   64   72
(9)    9   18   27   36   45   56   63   72   81
-------------------------------------------------------
```

9.37 调用随机函数为5×4的矩阵置100以内的整数,输出该矩阵,求出每行元素之和,并把和值最大的那一行与第一行上的元素对调。若已定义x为int类型,请参考习题9.33调用随机函数。

9.38 调用随机函数为5×5的矩阵置100以内的整数,输出该矩阵,然后逆置该矩阵,即将第一列的元素放在第一行上,第二列的元素放在第二行上,其他以此类推。

第10章 字符串

学习目标与要求

一、字符串常量的基本知识

1. 熟悉字符串常量的表示形式。
2. 掌握 C 语言中字符串的结束标志。

二、字符串的存储结构

1. 了解字符串的存储结构。
2. 熟练计算字符串长度以及所占存储空间。
3. 掌握在字符型二维数组中存放多个字符串构成的字符串数组。

三、字符串的“赋值”操作与比较

1. 理解 C 语言中“字符串赋值”的概念。
2. 掌握把字符串“赋”给字符型数组的方法。
3. 掌握字符串大小比较的规则。

四、指向字符串的指针

1. 正确使用字符型指针指向字符串。
2. 掌握利用字符型指针数组元素指向多个字符串。
3. 掌握通过赋初值定义字符型指针数组的规则。

五、字符串输入和输出

1. 掌握按格式输入和输出字符串。
2. 掌握字符串输入、输出函数的正确应用。

六、常用字符串库函数

1. 掌握 strlen 函数的应用。
2. 掌握 strcpy 函数的应用。
3. 掌握 strcmp 函数的应用。
4. 掌握 strcat 函数的应用。

七、掌握函数之间字符串的传递方法

八、掌握对字符串进行处理的基本算法(所有算法要求用自定义函数实现)

1. 求字符串长度。
2. 字符串复制。

3. 字符串连接。
4. 字符串的逆置、判回文。
5. 在字符串中插入字符或字符串(按大小顺序插入或按指定位置插入)。
6. 在字符串中查找指定字符或查找指定位置上的字符。在字符串中查找指定子串并确定其在字符串中的位置。
7. 在字符串中删除指定字符或指定位置上的字符。删除指定子串或指定位置上的字符串。
8. 按字符串长度对字符串进行排序。
9. 按字符串大小对字符串进行排序。

C语言本身并没有设置一种类型来定义字符串变量,字符串的存储完全依赖于字符数组,但字符数组又不等于是字符串变量。本章将对字符串的结构,字符串与字符数组、指针之间的关系以及字符串的简单应用进行讨论。

10.1 用一维字符数组存放字符串

一、C语言对字符串的约定

在C语言中,字符串是借助于字符型一维数组来存放的,并规定以字符'\0'作为"字符串结束标志"。由第6章已知:'\0'是一个转义字符,称为"空值",它的ASCII代码值为0。'\0'作为标志占用存储空间,但不计入串的实际长度。

二、C语言中表示字符串常量的约定

虽然C语言中没有字符串数据类型,但却允许使用"字符串常量"。在第6章中已介绍过,字符串常量是由双引号括起来的一串字符,在表示字符串常量时,不需要人为在其末尾加入'\0',例如:字符串常量"Hello!"不必写成"Hello! \0",C编译程序将自动完成这一工作,在末尾添加字符'\0'。

三、C语言中字符串常量给出的是地址值

每一个字符串常量都分别占用内存中一串连续的存储空间,这些连续的存储空间实际上就是字符型一维数组。这些数组虽然没有名字,但C编译系统却以字符串常量的形式给出存放每一字符串的存储空间的首地址。不同的字符串具有不同的起始地址。也就是说:在C语言中,字符串常量被隐含处理成一个以'\0'结尾的无名字符型一维数组。因此,若有以下定义:

```
char *sp, s[10];
```

则以下赋值是不合法的:

```
s = "Hello!";
```

因为,字符串常量在赋值过程中给出的是这个字符串在内存中所占的一串连续存储单元(即无名一维字符数组)的首地址,而s是一个不可重新赋值的数组名,因此,此赋值不合法。而以下赋值是合法的:

```
sp = "Hello!";
```

此赋值语句并不是把字符串的内容放入sp中,而只是把字符串在内存中所占的首地址赋予了

char 类型的指针变量 sp,使指针变量 sp 指向该字符串。

四、字符数组与字符串的区别

字符数组的每个元素中可存放一个字符,但它并不限定最后一个字符应该是什么。而在 C 语言中,因为有关字符串的大量操作都与串结束标志'\0'有关,因此,在字符数组中的有效字符后面加上'\0'这一特定情况下,可以把这种一维字符型数组"看作"字符串变量,但它又不同于一般的变量。如上所述,仅可以在字符数组内存放字符串,不能通过赋值语句将字符串常量或其他字符数组中的字符串直接赋给字符串变量(稍后我们将详细介绍给一维字符数组赋字符串的方法)。可以说:字符串是字符数组的一种具体应用。

10.1.1 通过赋初值的方式给一维字符数组赋字符串

一、用给一般数组赋初值的相同方式给一维字符数组赋初值

我们在 9.1.3 中曾经介绍了一维数组赋初值的方式,即把所赋初值依次放在一对花括号中,如:

```
char    str[10] = {'s','t','r','i','n','g','!','\0'};
```

赋初值后,字符数组 str 中的内容如图 10.1 所示。

s	t	r	i	n	g	!	\0	\0	\0

图 10.1 字符数组 str 存储示意图

字符数组 str 共有 10 个元素,但 str 作为字符串,其长度为 7。此处赋初值时,人为地在最后一个有效字符后加入了串结束标志'\0'。事实上只要所赋初值的字符个数少于数组的元素个数时,系统都将自动在其后的元素中加入'\0'。因此,在以上赋初值时去掉最后的'\0',其效果是相同的。

如果一个字符数组用来作为字符串使用,那么在定义该字符数组时,数组的大小就应该比它将要实际存放的最长字符串多一个元素,从而给在末尾存放'\0'留有空间。

当用赋初值方式来定义字符数组大小时,这时定义应写成:

```
char    str1[] = {'s','t','r','i','n','g','!','\0'};
```

在此,定义的是一个包含 7 个字符的字符串,数组 str1 包含了 8 个元素(这时一定要人为加入'\0','\0'占一个字符空间)。而以下定义中:

```
char    str2[ ] = {'s','t','r','i','n','g','!'};
```

只是定义了一个有 7 个元素的字符数组 str2,因为所赋初值的末尾没有串结束标志,因此,不能认为在 str2 中存放了字符串,所以这时不能把它当作字符串来使用。如果误将其当作字符串来进行操作,系统将要在其后的内存中找一个距它最近的'\0'作为其结束标志,从而造成"张冠李戴",导致错误的结果。

二、在赋初值时直接赋字符串常量

可以直接用字符串常量给一维字符数组赋初值。例如:

```
char    str[10] = { "string!" };
```

习惯上均省略花括号,简写成:

```
char    str[10] = "string!" ;
```

在这里由于"string!"是字符串常量,系统已自动在最后加入'\0',所以不必人为加入。由于定义了 str 数组占有 10 个连续的存储单元,因此有足够的空间存放字符串。若是定义成:

```
char    str[7] = "string!";
```

则 7 个单元空间不够用,'\0'将占用下一个不属于 str 的存储单元。虽然在侥幸的情况下也能得到正确结果,但实质上是不正确的,它有可能破坏了其他数据或程序代码。

可以用以下形式进行定义:

```
char    str[ ] = "string!";
```

系统将按字符串中实际的字符个数来定义数组的大小,在此,数组 str 将包含 8 个元素(含系统自动加的'\0')。

10.1.2 在 C 程序执行过程中给一维字符数组赋字符串

一、不可以用赋值语句给字符数组整体赋一串字符

本章的开始曾提到:当作字符串变量使用的字符数组,不能由赋值语句直接赋字符串常量。例如:

```
char    mark [10];
mark = "C Program";      /* 赋值不合法 */
```

以上赋值形式是不允许的。因为字符串常量给出的是地址值,而数组名 mark 是一个地址常量,不能被重新赋值。同理,以下赋值方式也是错误的:

```
char    str1[10] = "computer", str2[10];
str2 = str1;             /* 赋值不合法 */
```

二、给数组元素逐个赋字符值,最后人为加入串结束标志

利用我们目前学过的知识,在程序执行过程中,可以通过逐个给数组元素赋值的方式,达到给一维字符数组赋字符串的目的。例如:

```
char    mark [10];
mark [0] = 'C'; mark [1] = ' '; mark [2] = 'P'; mark [4] = 'r';
        ⋮
mark [9] = '\0';
```

也可以通过给一维字符数组输入字符并在最后加'\0'的方式,给一维字符数组赋字符串。例如:

```
char    mark [10];int i;
for ( i = 0; i < 9; i++ ) scanf ( "%c", & mark [i] ) ;
mark [i] = '\0';
```

这时需要从键盘依次输入指定的字符,如从第一列输入:

```
C Program <CR>
```

输入结束后,再给 mark [9]赋予串结束标志'\0',因为 scanf 函数无法从终端读入它。

使用上述方法给字符数组赋字符串显得很烦琐,操作起来很不方便。实际上,C 语言还提供了专用于给字符数组赋字符串的格式说明符、输入输出函数以及其他进行字符串处理的各种函数供用户方便使用,这些将分别在 10. 3 节和 10. 5 节中进行介绍。

10.2 使指针指向一个字符串

10.2.1 通过赋初值的方式使指针指向一个字符串

可以在定义字符指针变量的同时,将存放字符串的存储单元起始地址赋给指针变量。例如:

```
char    *ps1 = "form one";
```

这里,将把存放字符串常量的无名存储区的首地址赋给指针变量 ps1,使 ps1 指向字符串的第一个字符 f。注意:不要误以为是将字符串赋给了 ps1。又如 :

```
char    str[ ] = "form two", *ps2= str;
```

在定义指针变量 ps2 的同时,把存放字符串的字符数组 str 的首地址作为初值赋给了它,使 ps2 指向了字符串的第一个字符 f。

10.2.2 通过赋值运算使指针指向一个字符串

如果已经定义了一个字符型指针变量,可以通过赋值运算将某个字符串的起始地址赋给它,从而使其指向一个具体的字符串。例如:

```
char    *ps1;
ps1 = "form one";
```

这里也是将存放字符串常量的首地址赋给了 ps1。它与 10. 2. 1 中的第一种赋初值的结果完全等价。又如 :

```
char    str[] = "form two", *ps2 ;
ps2= str;  /* 此语句等价于 ps2= &str[0]; */
```

通过赋值语句使指针 ps2 指向了存放字符串的字符数组 str 的首地址。

10.2.3 用字符数组作为字符串和用指针指向的字符串之间的区别

若有以下定义:

```
char    mark[ ] = "PROGRAM";
char    *pmark = "PROGRAM";
```

虽然字符串的内容相同,但它们占有不同的存储空间,它们的存储结构如图 10.2 所示。

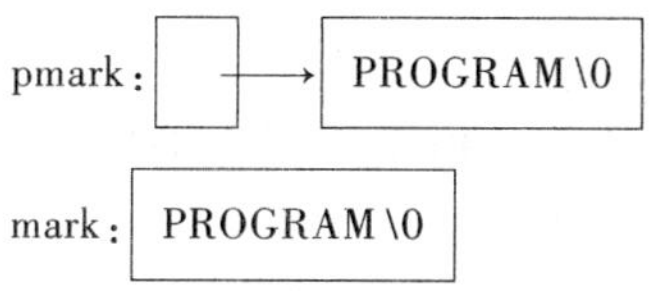

图 10.2 用指针指向字符串和用字符数组作为字符串的示意图

在这里，mark 是一个字符数组，通过赋初值，系统为它开辟了刚好能存放以上 8 个字符的存储空间（字符序列再加'\0'），可以通过数组元素 mark[0]、mark[1]等形式来引用字符串中的每个字符，在这个数组内，字符串的内容可以改变，但数组 mark 总是代表一个固定的存储空间，且最多只能存放含有 7 个字符的字符串。而 pmark 是一个指针变量，通过赋初值，使其指向一个字符串常量，即：指向一个含有 8 个字符存储空间的无名字符数组。注意，mark 数组中的字符串内容虽然与 pmark 所指字符串内容相同，但这两个字符串分别占有不同的存储空间。虽然也可以通过 pmark[0]等形式来引用字符串常量中的每个字符，但指针变量 pmark 中的地址可以改变而指向另外一个长度不同的字符串。一旦 pmark 指向新的字符串而没有另一个指针指向原来的字符串，则此字符串将"丢失"，其所占存储空间也将无法引用。

10.3 字符串的输入和输出

对于字符串，可以利用%c 格式说明或字符输入、输出函数逐个输入、输出字符，输入时在最后人为加入'\0'从而构成字符串，输出时用'\0'作为输出结束标志。此外 C 语言还提供了进行整串输入和输出的格式说明符%s 及字符串输入、输出函数。

10.3.1 输入和输出字符串时的必要条件

当对字符串进行输出时，输出项既可以是字符串常量或字符数组名，也可以是已指向字符串的字符指针变量。

当对字符串进行输入时，输入项可以是字符数组名，也可以是字符指针变量。当用字符数组名作为输入项时，输入的字符串将存放在字符数组中，因此，字符数组应有足够的存储空间。当使用指针变量作为输入项时，指针必须已经指向确切的、足够大的存储空间，以便使输入的字符串能存放在其所指的具体的内存单元中。

10.3.2 用格式说明符%s 进行整串输入和输出

（1）在 scanf 函数中使用格式说明符%s 可以实现字符串的整体输入。函数调用形式如下：

```
scanf ( "%s", str_adr )
```

这里 str_adr 是地址值。调用此函数时，输入字符依次放入以这一地址为起点的存储单元中，并自动在末尾加'\0'。str_adr 可以是：字符数组名、字符数组元素的地址或字符指针变量。例如：

```
char    str[15];
scanf ( "%s", str ) ;
```

执行以上 scanf 语句时，若从第一列开始输入：

PROGRAMMING <CR>（此处<CR>代表 Enter 键）

则输入字符串将从 str[0]开始依次放在数组 str 中，在最后一个字母 G 之后由系统自动加'\0'。

说明：

① 用%s 格式符输入字符串时，空格和回车符都作为输入数据的分隔符而不能被读入。因此对以上程序段若输入（此处⊔，代表一个空格）：

A ⊔PROGRAMMING <CR>(此处< CR>代表 Enter 键)

则在 str 中将存入字符串"A",而不是字符串"A ⊔PROGRAMMING"。

② 若输入字符串的长度超过字符数组所能容纳的字符个数时,系统并不报错。相当于下标越界。应注意避免发生。

③ 当输入项是数组元素的地址时,输入的字符将从这一元素开始依次存放在该数组中。

④ 当输入项为字符指针变量时,该指针变量必须已指向确定的有足够空间的连续存储单元。

(2) 在 printf 函数中使用格式说明符%s 可以实现字符串的整体输出。函数调用形式如下:

```
printf ( "%s", str_adr )
```

此处 str_adr 是地址值。调用 printf 函数时,将从这一地址开始,依次输出存储单元中的字符,直到遇第一个'\0'为止。'\0'是结束标志,不在输出字符之列。输出结束后不自动换行。

10.3.3 调用 gets、puts 函数在终端输入或输出一行字符串

(1) gets 函数的调用形式如下:

```
gets ( str_adr )
```

其中 str_adr 是存放输入字符串的起始地址,可以是字符数组名、字符数组元素的地址或字符指针变量。gets 函数用来从终端键盘读入字符串(包括空格符),直到读入一个换行符为止。换行符读入后,不作为字符串的内容,系统将自动用'\0'代替。例如:

```
char    str[20];
gets ( str ) ;
```

执行上述语句时,若从第 1 列开始由键盘输入:

A ⊔PROGRAM < CR>(此处⊔代表空格,< CR>代表 Enter 键)

将读入 10 个字符(包括空格和最后的换行符),第一个字符 A 放在 str[0]中,其他依次存放。系统自动用'\0'代替最后的换行符。

(2) puts 函数的调用形式如下:

```
puts ( str_adr )
```

其中 str_adr 是存放待输出字符串的起始地址。调用 puts 函数时,将从这一地址开始,依次输出存储单元中的字符,遇到第一个'\0'即结束输出,并自动输出一个换行符。

10.4 字符串数组

所谓字符串数组就是数组中的每个元素又都是一个存放字符串的一维数组。利用 C 语言中数据构造的特点,很容易实现这一数据结构。

(1) 由第 9 章已知:一个二维数组可以看作一个一维数组,这个一维数组中的每一个元素又是一个一维数组。从这一概念出发,可以将一个二维字符数组视为一个字符串数组。例如:

```
char    name [10][80];
```

数组 name 共有 10 个元素,每个元素可以存放 80 个字符(作为字符串使用时,最多可以存放 79

个有效字符,最后一个存储单元留给'\0')。因此,可以认为:二维字符数组的第一个下标决定了字符串的个数,第二个下标决定了字符串的最大长度,所以把它看作一个字符串数组。

(2) 字符串数组也可以在定义的同时赋初值。若有以下定义:

```
char ca[3][5] = { "A", "BB", "CCC" };
```

此定义也可写成:

```
char ca[ ][5] = { "A", "BB", "CCC" };
```

各元素在数组中的存放情况如图 10.3 所示(在内存中,ca[1][0]紧接在 ca[0][4]之后,即:一行紧接着一行)。

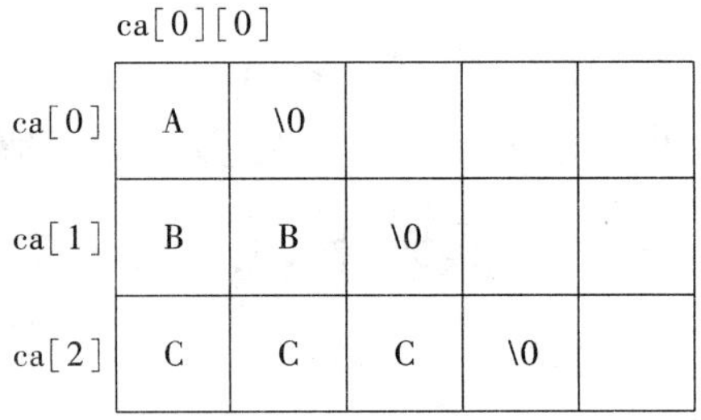

图 10.3 字符串数组 ca 赋初值后的存储示意图

数组元素按行占连续的固定的存储单元。由图可知,其中有些存储单元是空闲着的,各字符串并不一串紧挨着一串存放,总是从每行的第 0 个元素开始存放一个新的串。可以通过二维数组元素的形式,如 ca[i][j]等来直接引用字符串中的每个字符。

(3) 可以定义字符型指针数组并通过赋初值来构成一个类似的字符串数组。例如:

```
char *pa[3] = { "a", "bb", "ccc" };
```

这一数组的存储结构如图 10.4 所示。指针数组 pa 的每个元素指向一个字符串,也就是说,数组 pa 的每个元素中存放着一个字符串的首地址。

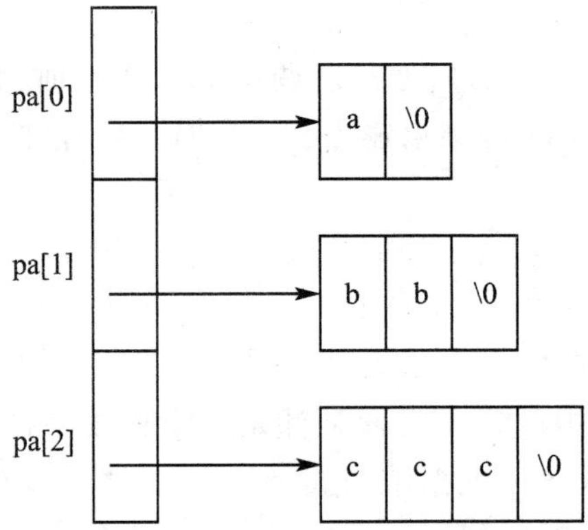

图 10.4 利用字符型指针数组 pa 构造的字符串数组

这里,指针数组 pa 的 3 个数组元素分别指向了长度不同的字符串(即无名一维字符数组),各字符串所占存储单元之间并不一定连续,访问这些字符串全依赖于 pa 指针数组元素。一旦 pa 指针数组元素中的地址被重新赋值,如果没有其他指针指向相应的字符串,则该字符串将丢失。

由于指针数组的每个元素已指向确定的存储空间,因此,也可以用输入语句给这些字符串重新赋值。例如:

```
gets ( pa[2] );
```

注意:pa[2]中的地址未变,仍指向具有 4 个元素的无名字符数组,执行以上语句时只能在一行上输入包含 3 个字符的字符串。

可以用表达式:*(pa[2] + 1)、pa[2][1]等形式引用 pa 数组所指字符串中的字符。

10.5 用于字符串处理的函数

C 语言中没有提供对字符串进行整体操作的运算符,但提供了很多有关串操作的库函数。例如,不能由运算符实现的字符串赋值、合并和比较运算,都可以通过调用库函数来实现。下面介绍几个常用的字符串处理函数。在使用这些函数时,必须在程序前面用命令行指定包含标准头文件<string. h>。

(1) 字符串复制(拷贝)函数 strcpy。调用形式如下:

```
strcpy ( s1, s2 )
```

此函数用来把 s2 所指字符串(源)的内容复制到 s1 所指存储空间(目的)中,函数返回 s1 的值,即目的串的首地址。注意:为保证复制的合法性,s1 必须指向一个足够容纳 s2 串的存储空间。

(2) 字符串连接函数 strcat。调用形式如下:

```
strcat ( s1, s2 )
```

该函数将 s2 所指字符串的内容连接到 s1 所指的字符串后面,并自动覆盖 s1 串末尾的'\0',函数返回 s1 所指的地址值。注意:s1 所指字符串应有足够的空间容纳两串合并后的内容。

(3) 求字符串长度函数 strlen。调用形式如下:

```
strlen ( s )
```

此函数计算出以 s 为起始地址的字符串的长度,并作为函数值返回。这一长度不包括串尾的结束标志'\0'。

(4) 字符串比较函数 strcmp。调用形式如下:

```
strcmp ( s1, s2 )
```

该函数用来比较 s1 和 s2 所指字符串的大小。若串 s1 >串 s2,函数值大于 0(正数);若串 s1 =串 s2,函数值等于 0;若串 s1 <串 s2,函数值小于 0(负数)。

字符串比较的方法是:依次对 s1 和 s2 中对应位置上的字符两两进行比较,当出现第一对不相同的字符时,即由这两个字符决定所在串的大小(比较字符大小的依据是其 ASCII 码值)。

10.6 程序举例

例 10.1 编写函数 slength (char *s),函数返回指针 s 所指字符串的长度,即相当于库函数 strlen 的功能。

按要求已知:形参 s 是指向字符串首地址的指针。计算字符串的长度,只需逐个统计串中的字符个数,直到遇串结束标志'\0'为止。

程序中未移动指针 s,而是用"起始地址加偏移量"的形式来引用数组元素。变量 n 兼有计数和偏移量的作用。当第 n 个元素为'\0'时,循环不再执行。n 的值就是字符串的长度。

```
#include <stdio.h>
slength ( char *s )
{   int   n = 0;
    while ( *( s + n ) != '\0' ) n ++;          /* 遇到串尾结束循环 */
    return ( n ) ;                              /* n不计串尾标志 */
}
main( )
{   char str[ ] = "ABCDEF";int len1, len2;
    len1 = slength ( "" ) ; len2 = slength ( str ) ;
    printf ( "len1 = %d, len2 =%d\n", len1, len2 ) ;
}
```

程序的 main 函数中两次调用了函数 slength:第一次传送的实参是字符串常量,第二次传送的实参是字符数组名,实质上都是将存放字符串的存储空间的首地址传给了形参指针。当传送的实参是一个空串时,函数执行到 while 循环,因 n 初值为 0,*(s + n)的值就是'\0',不进入循环,函数返回 0 值,得到空串的长度为 0。

例 10.2 编写函数 scopy (char *s, char *t),将指针 t 所指的字符串复制到指针 s 所指的存储空间中。

复制字符串就是将 t 串中(包括'\0')的字符逐个放到 s 所指的对应单元中。若用变量 i 来标识单元的序号,而不移动指针,就得到下面的程序。其中,表达式(s[i] = t[i]) != '\0' 先将 t[i]赋给 s[i],然后再判断 s[i]所获得的值是否等于'\0',若相等,则表明串复制结束。

```
#include <stdio.h>
void scopy (char *s, char *t )
{   int i;
    i=0;
    while ( (s[i] = t[i] ) != '\0' ) i++ ;
}
main( )
{   char str1[20], str2[ ] = "ABCDEFGH";
    scopy ( str1, str2 ) ;
    puts ( str1 ) ;
}
```

也可以通过移动指针 s 和 t,使它们依次去指向对应的存储单元,通过 *s = *t 的方式,将 t 所指源串中的字符逐一赋予 s 所指存储单元,直到把串结束标志复制完毕。因此,以上的函数可改写成:

```
void scopy ( char *s, char *t )
```

```
{  while ( ( *s = *t ) != '\0' ) { s++ ; t++ ; } }
```

若将 *t 给 *s 的赋值与 t 和 s 指针的自增操作合并，while 循环又可改写成：

```
while ( ( * s++ = * t++ ) != '\0' ) ;
```

随着书写形式的简化，似乎理解其含义也越来越困难了。但程序的简洁性是 C 的一个特点，这种简化用法经常会遇到，读者要逐渐熟悉和掌握。

例 10.3 编写函数 scomp (char *s1, char *s2)，将两个字符串 s1 和 s2 进行比较，若串 s1>串 s2，函数返回值为正数；若串 s1 = 串 s2，函数返回值为 0；若串 s1 < 串 s2，函数返回值为负数。即相当于库函数 strcmp 的功能。

函数中，从两个字符串的初始位置(i=0)开始，依次将它们对应位置上的字符进行比较。只要当前字符相等(s1[i] == s2[i])并且不是两串"同时"到尾(s1[i] != '\0')，i 的值就增 1，接着去对下一个字符进行比较。

当 s1[i]或 s2[i]的值为'\0'时，表示已到其中一个串的串尾，表达式(s1[i] == s2[i])的值必然为"假"，因此退出循环；若两串完全相等，同时到达串尾，表达式 s1[i] == s2[i]仍为"真"，这时表达式 s1[i]的值必定为零，也结束循环。此处当然也可以改用 s2[i] != '\0'。

在两种情况下退出 while 循环：一种是出现了不相等字符；一种是字符两两相等，但遇到了串结束符。因此，可由当前的两个字符相减而得到函数值。当 s1[i]和 s2[i]不相等，若 s1[i]大于 s2[i]，相减的结果大于 0，表示串 s1 大于串 s2；若 s1[i]小于 s2[i]，相减的结果小于 0，表示串 s1 小于串 s2；若两个串相等，同时遇结束标志，相减的值必然等于 0。

程序如下：

```
#include <stdio.h>
scomp ( char *s1, char *s2 )
{  int i;
   i = 0;
   while ( s1[i] == s2[i] && s1[i] ) i++ ;
   return ( s1[i]-s2[i] ) ;
}
main( )
{  char str1[ ] = "ABC", str2[10];
   gets ( str2 ) ;
   if ( scomp ( str1, str2 ) > 0)          printf ( "str1 > str2\n" ) ;
   else if ( scomp ( str1, str2 ) <0)      printf ( "str1 < str2\n" ) ;
   else                                    printf ( "str1 = str2\n" ) ;
}
```

例 10.4 编写程序从终端读入若干文本行(不超过 40 行，每行不超过 60 个字符)，遇空行结束输入，然后将此文本左侧加上行号后输出。

```
#include <stdio.h>
#define MAXLINE      40
#define LEN          61
void gettext ( char ( * )[LEN], int * );
```

```
void puttext ( char [ ][LEN] , int );
main( )
{   char   text[MAXLINE][LEN];   int   n;
    gettext ( text, &n );
    puttext ( text, n );
}
void gettext ( char (*t)[LEN] , int *m )
{   int n;
    printf ( "Enter textline, ended to empty line:\n" ) ;
    n = 0;
    gets (t[n]) ;                     /* 读入一文本行 */
    while ( *t[n] )                   /* 不是空行 */
    { n ++; gets (t[n] ) ;            /* 读入下一文本行 */ }
    *m = n;
}
void puttext ( char t[ ][LEN], int n)
{   int i;
    for ( i = 0; i < n; i++ )
    {   printf ( "%-2d: ", i + 1 ) ;       /* 输出文本行编号 */
        puts ( t[i]) ;                     /* 输出文本行 */
    }
}
```

例 10.5 编写程序，从输入的若干字符串中找出最小的串进行输出。

程序中，用字符数组作为字符串的存储空间。调用 getstr 函数输入字符串；调用 findmin 函数找出最小串所在位置，函数返回最小串的地址。

```
#include <stdio.h>
#include <string.h>
#define N 20
#define M 81
getstr ( char p[ ][M] )
{   char t[M], n=0;                   /* 开辟一个临时的字符串存储空间 */
    printf ( "Enter string. a empty string to end\n");
    gets ( t );
    while (strcmp( t,"") )            /* 若给 t 输入的不是空串，循环继续 */
    {   strcpy( p[n],t);              /* 调用库函数把 t 串放入 p[n]为起始地址的存储空间中 */
      n++;gets ( t );
    }
    return n;
}
char *findmin ( char (*a)[M], int n )
{   char *q;int i ;
```

```
    q=a[0];     /* 用 q 指向字符串数组中最小串的首地址 */
    for ( i = 1; i < n; i++ )
      if ( strcmp ( a[i], q ) < 0 )
          q=a[i];      /* 若 a[i]串小于 q 所指的串,则使 q 指向 a[i]串 */
    return q;
}
main( )
{   char s[N][M] , *sp; int n;
    n = getstr ( s );
    sp = findmin ( s, n );
    puts ( sp );
}
```

习题

一、选择题

10.1　以下能正确进行字符串赋值、赋初值的语句组是

A) char s[5] = {'a','e','i','o','u'};　　B) char *s; s = "good!";

C) char s[5] = "good!";　　D) char s[5]; s = "good";

10.2　设有定义:char str[ ] = "ABCD", *p = str ; 则语句 printf("%d\n", *(p+4)); 的输出结果是

A) 68　　B) 0　　C) 字符 D 的地址　　D) 不确定的值

10.3　语句 printf ("%d\n", strlen("ATS\n012\1\\")); 的输出结果是

A) 11　　B) 10　　C) 9　　D) 8

10.4　有以下程序:

```
#include <stdio.h>
char fun ( char *c )
{   if ( *c <='Z'&& *c >='A' ) *c -='A'-'a';
    return *c;
}
main( )
{   char s[81], *p = s;
    gets( s );
    while ( *p )
    {   *p = fun ( p ); putchar ( * p); p++; }
    putchar ('\n');
}
```

若运行时从键盘输入:OPEN THE DOOR<CR>(此处<CR>代表 Enter 键),则程序运行后的输出结果是

A) oPEN tHE dOOR　　B) open the door

C) OPEN THE DOOR　　D) Open The Door

10.5　有以下程序:

```
#include <stdio.h>
#include <string.h>
void fun ( char * w, int m )
{  char s, * p1, * p2;
   p1 = w; p2 = w+m-1;
   while ( p1 < p2 )
   {  s = *p1++; *p1 = *p2--; *p2 = s; }
}
main( )
{  char a[ ] = "ABCDEFG";
   fun ( a, strlen (a) ); puts ( a );
}
```

程序运行后的输出结果是

A) GFEDCBA　　B) AGADAGA　　C) AGAAGAG　　D) GAGGAGA

10.6 有以下程序:

```
#include <stdio.h>
main( )
{  char s[ ]="ABCD", * p;
   for ( p = s; p < s +4; p++ ) printf ("%s\n", p );
}
```

程序运行后的输出结果是

A)	B)	C)	D)
ABCD	A	D	ABCD
BCD	B	C	ABC
CD	C	B	AB
D	D	A	A

10.7 设有定义语句:

```
char *aa[2] = { "abcd", "ABCD" };
```

则以下叙述中正确的是

A) aa 数组元素的值分别是字符串"abcd"和"ABCD"

B) aa 是指针变量,它指向含有两个数组元素的字符型一维数组

C) aa 数组的两个元素分别存放的是含有四个字符的一维数组的首地址

D) aa 数组的两个元素中各自存放了字符'a'和'A'的地址

10.8 有以下程序:

```
#include <stdio.h>
main( )
{  char ch[2][5] = {"6937", "8254" }, * p[2];int i, j, s = 0;
f  for (i = 0; i < 2; i++ ) p[i] = ch[i];
   for ( i = 0; i < 2; i++ )
       for ( j = 0; p[i][j] >'\0' && p[i][j]<='9' ; j+= 2 ) s = 10 * s+p[i][j] - '0';
   printf ("%d\n", s );
}
```

程序运行后的输出结果是

A）6385　　B）69825　　C）63825　　D）693825

10.9　有以下程序：

```
#include  <stdio.h>
main( )
{  char * alpha[6] = {"ABCD","EFGH","IJKL","MNOP","QRST","UVWX"}, * * p;
   int  i;
   p = alpha;
   for ( i = 0; i < 4; i++ ) printf ("%s", p[i] );
   printf ( "\n" );
}
```

程序运行后的输出结果是

A）ABCDEFGHIJKL　　B）ABCD　　C）ABCDEFGHIJKLMNOP　　D）AEIM

10.10　库函数 strcpy 用以复制字符串。若有定义和语句：

```
char str1[ ] = "string" , str2[8], *str3, *str4 = "string" ;
```

则以下对库函数 strcpy 的运用中错误的是

A）strcpy (str1, "HELLO1");　　B）strcpy (str2, "HELLO2");

C）strcpy (str3, "HELLO3");　　D）strcpy (str4, "HELLO4");

二、填空题

10.11　以下程序运行后的输出结果是________。

```
#include <stdio.h>
main( )
{  char b[ ] = "ABCDEFG" , *chp = &b[7] ;
   while ( --chp > &b[0] ) putchar ( * chp );
   putchar ('\n' );
}
```

10.12　以下程序运行后的输出结果是________。

```
#include <stdio.h>
void fun ( char *a1, char *a2, int n )
{  int k;
   for ( k = 0; k < n; k++ ) a2[k] = ( a1[k]-'A'-3+26 )%26 +'A';
   a2[n] = '\0';
}
main( )
{  char s1[5] = "ABCD", s2[5];
   fun ( s1,s2, 4 ); puts ( s2 );
}
```

10.13　以下程序运行后的输出结果是________。

```
#include <stdio.h>
main( )
{  char *p[ ] = {"BOOL","OPK","H","SP" }; int i;
```

```
    for ( i =3; i >=0; i--, i-- ) printf ( "%c", *p[i] );printf ( "\n" );
}
```

10.14 有以下程序，若运行时从键盘输入字符串 qwerty<回车>和 abcd<回车>，则程序的输出结果是________。

```
#include <string.h>
#include <stdio.h>
strle ( char a[ ], char b[ ] )
{  int num = 0, n = 0;
   while ( *(a+num ) != '\0' ) num++;
   while ( b[n] ) { *(a + num) = b[n]; num++; n++; }
   return ( num );
}
main( )
{  char str1[81], str2[81], *p1 = str1, *p2 = str2;
   gets ( p1 ); gets ( p2 ); printf ("%d\n", strle ( p1, p2 ) );
}
```

10.15 以下程序运行后的输出结果是________。

```
#include <stdio.h>
#include <string.h>
#include <ctype.h>
void fun( char str[ ] )
{  int i, j;
   for ( i =0, j=0; str[i]; i++ ) if ( isalpha ( str[i] ) ) str [j++] = str [i];
   str [j] ='\0';
}
main( )
{  char ss[80] ="It is!";
   fun( ss ); printf ("%s\n", ss );
}
```

10.16 以下 fun 函数的功能是将一个字符串的内容颠倒过来，请填空。

```
#include <stdio.h>
#include <string.h>
void fun ( char str[ ] )
{  int i, j, k;
   for ( i=0,j=  [1]  ;i<j;i++,  [2]  )
   { k = str[i]; str[i] = str[j]; str[j] = k ; }
}
```

10.17 以下程序运行后的输出结果是________。

```
#include <stdio.h>
#include <string.h>
main( )
```

```
{ printf ( "%d\n", strlen ( "s\n\016\0end" ) ) ; }
```

10.18 以下程序运行后的输出结果是________。

```
#include <string.h>
#include <stdio.h>
main( )
{   char s[20] = "goodgood!", *sp = s;
    sp= sp + 2 ; sp = "to"; puts ( s ) ;
}
```

三、编程题

10.19 请编写函数 mygets 和 myputs,其功能分别与 gets 和 puts 相同,函数中用 getchar 和 putchar 读入和输出字符。

10.20 请编写函数,判断一字符串是否是回文。若是回文函数返回值为 1;否则返回值为 0。回文是顺读和倒读都一样的字符串。

10.21 请编写函数,删除字符串中指定位置(下标)上的字符。删除成功函数返回被删字符;否则返回空值。

第 11 章 对函数的进一步讨论

学习目标与要求

一、指向函数的指针

1. 掌握指向函数的指针的定义方式。
2. 掌握通过函数指针调用函数的方法。

二、函数的递归调用

1. 理解函数递归调用的过程。
2. 掌握简单递归算法的实现。

在第 7 章我们学习了函数的定义和调用，并在后续各章中陆续介绍了函数之间不同类型数据的传递，至此，读者应当已经掌握 C 语言中函数的基本使用。在此基础上，本章将对函数进行进一步的讨论。

11.1 传给 main 函数的参数

在此之前，我们在编写 main 函数时，其后一对圆括号中是空的，没有参数。其实，在支持 C 的环境中，可以在运行 C 程序时，通过运行 C 程序的命令行把参数传送给 C 程序。main 函数通常可用两个参数，例如：

```
main ( int argc, char **argv )
{        …        }
```

其中 argc 和 argv 是两个参数名，可由用户自己命名，但是它们的类型却是固定的。第一个参数 argc 必须是整型；第二个参数 argv 是一个指向字符型的指针数组的指针，这个字符型指针数组的每个指针都指向一个字符串。因此第二个参数 argv 还可直接定义成基类型为字符型的指针数组：

```
char *argv[ ]
```

当我们对包含以上主函数的、名为 myc 的文件进行编译连接，生成名为 myc.exe 的可执行文件后，即可在操作系统提示符下输入以下命令执行该程序：

```
myc
```

这就称为命令行，myc 即为执行程序的命令。这时 argc 中的值为 1，argv[0] 中将存放字符串" myc"的首地址，即指向字符串" myc"。若输入：

myc OK! GOOD<CR>（此处<CR>代表 Enter 键）

在此命令行中 OK 和 good 称为命令行参数。这时，argc 中的值为 3，也就是说在 argc 中存入了命令行中字符串的个数，argv 的结构如图 11.1 所示。

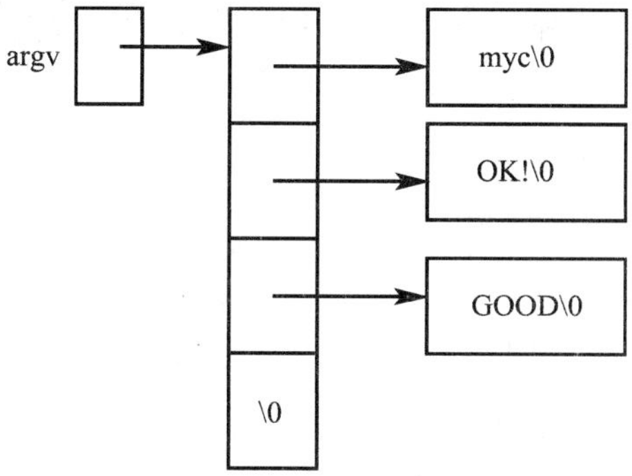

图 11.1 argv 参数结构示意图

argv[0]、argv[1]、argv[2]分别指向字符串"myc"、"OK!"、"GOOD"。其中，为了执行程序，字符串 argv[0]必不可少，argc 的值至少为 1。从 argv[1]开始都是可选的命令行参数。另外，按标准规定，argv[argc]由系统置'\0'。

命令行中，各参数之间用空格符或 TAB 符隔开，空格不作为参数的内容。若要把空格也作为参数的内容，应该把字符串放在一对双引号内。

以下是简单的程序举例：

例 11.1 若以下程序放在 myc.c 文件中，在编译连接后，生成一个 myc.exe 文件，输出 argc 和 argv 中的数据。

```
#include <stdio.h>
main ( int argc, char *argv [ ] )
{   int i;
    printf ( "argc = %d\n", argc );
    for ( i = 1; i < argc; i++ )
      printf ( "%s ", argv [i] );
    printf ( "\n" );
}
```

若在命令行中输入：

myc A COMMAND LINE<CR>（此处<CR>代表 Enter 键）

程序将输出：

```
argc = 4
A COMMAND LINE
```

11.2 通过实参向函数传递函数名或指向函数的指针变量

一、指向函数指针变量的定义

在 C 语言中函数名代表该函数的入口地址,因此可以定义一种指向函数的指针来存放这种地址。例如:

```
#include <stdio.h>
double fun ( int a, int *p )
{ … }
main( )
{   double (*fp)( int, int * ), y; int n;
    fp = fun ;
        ⋮
    y = (*fp)( 56, &n );      /* 此处通过指向函数的指针调用 fun 函数 */
        ⋮
}
```

在这里,说明符(*fp)(int , int *)说明 fp 是一个指向函数的指针变量,这个函数必须是 double 类型。说明符中若略去了 *fp 外的一对圆括号,写成 *fp (int , int *),则说明的 fp 就不是指针变量,而是说明 fp 是一个函数,该函数的返回值的类型是基类型为 double 的指针类型。说明符中后面一对圆括号中是类型名,用以说明所指函数的参数个数和参数的类型,这些类型名应与所指函数参数的类型一一对应。如果所指函数没有形参,这一对圆括号也不可省略。

表达式 fp = fun 把 fun 函数的地址赋予指针变量 fp,此处 fp 的类型必须与 fun 的类型相同。语句 y = (*fp)(56, &n); 实现对函数的调用,它相当于

y = fun(56, &n);

二、函数名或指向函数的指针变量作为实参

函数名或指向函数的指针变量可以作为实参传送给函数。这时,对应的形参应当是类型相同的指针变量。

例 11.2 通过给 trans 函数传送不同的函数名,求 tan x 和 cot x 值。

```
#include <stdio.h>
#include <math.h>
double tran ( double ( * )(double), double ( * )(double), double );/* 函数说明语句 */
main()
{   double y, v;
    v = 60 * 3.1416 / 180.0;
    y = tran ( sin, cos, v ); /* 第一次调用 */
    printf ( "tan( 60 ) = %10.6f\n", y );
    y = tran ( cos, sin, v ); /* 第二次调用 */
```

```
    printf ( "cot( 60 ) = %10.6f\n", y );
}
double tran ( double (*f1)( double), double (*f2)(double), double x )
{   return (*f1)(x) / (*f2)(x); }
```

函数 tran 有三个形参 f1、f2、x。其中 f1 和 f2 是两个指向函数的指针变量，它们所指函数的返回值必须是 double 类型，所指函数有一个 double 类型的形参；第三个形参 x 是 double 类型的简单变量。

程序中，v 的值是 60°角的弧度。在第一次调用中，把库函数 sin 的地址传送给指针变量 f1，把库函数 cos 的地址传送给指针变量 f2，tran 函数的返回值是 sin(x)/cos(x)；在第二次调用中，把库函数 cos 的地址传送给指针变量 f1，把库函数 sin 的地址传送给指针变量 f2，tran 函数的返回值即是 cos(x) /sin(x)。

11.3 函数的递归调用

C 语言中的函数可以递归调用，即：可以直接或间接地自己调用自己。前者称简单递归，后者称间接递归，本节只讨论简单递归。

一个问题要采用递归方法来解决时，必须符合以下三个条件：

(1) 可以把要解的问题转化为一个新的问题，而这个新的问题的解法仍与原来的解法相同，只是所处理的对象有规律地递增或递减。

(2) 可以应用这个转化过程使问题得到解决。

(3) 必定要有一个明确的结束递归的条件。

例 11.3 用递归的方法求 $n!$。

求 $n!$ 可用以下数学关系表示：

$$n! = \begin{cases} 1 & \text{当 } n=0 \text{ 时} \\ n \cdot (n-1)! & \text{当 } n>0 \text{ 时} \end{cases}$$

从以上表达式可以看到，当 $n > 0$ 时，求 $n!$ 的问题可以转化为求 $n \cdot (n-1)!$ 的新问题，而求 $(n-1)!$ 的解法与原来求 $n!$ 的解法相同，只是运算对象由 n 变成了 $n-1$；而求 $(n-1)!$ 的问题又可以转化为求 $(n-1) \cdot (n-2)!$ 的新问题……这样每次转化为新问题时，运算对象就递减 1，直到运算对象的值递减至 0 时，阶乘的值为 1，递归不再进行下去，这就是求 $n!$ 这个递归算法的结束条件。程序如下：

```
    #include <stdio.h>
    int fac ( int n )
    {     int t;
/*1*/     if ( n == 1 || n == 0 ) return 1;
          else
/*2*/     {   t = n * fac ( n-1 );
/*3*/         return t;
          }
```

```
}
main( )
{   int m, y;
    printf ( "Enter m: " ); scanf ( "%d", &m );
    if ( m < 0 ) printf ( "Input data error ! \n" );
    else
    {   y = fac ( m );
        printf ( "\n%d! = %d\n", m, y );
    }
}
```

当函数自己调用自己时，系统将自动把函数中当前的变量和形参暂时保留起来，在新一轮的调用过程中，系统将为该次调用的函数所用到的变量和形参开辟另外的存储单元，因此，递归调用的层次越多，同名变量所占用的存储单元也就越多。当本次调用的函数运行结束时，系统将释放本次调用时所占用的存储单元，程序的执行流程返回到上一层的调用点，同时取用当初进入该层时函数中的变量和形参所占用的存储单元中的数据。

以上例题中，为了便于解释，在 fac 中给其中主要的若干语句前加以标号注释。当程序运行时，给 m 输入 4，程序的执行次序如下（见图 11.2）：

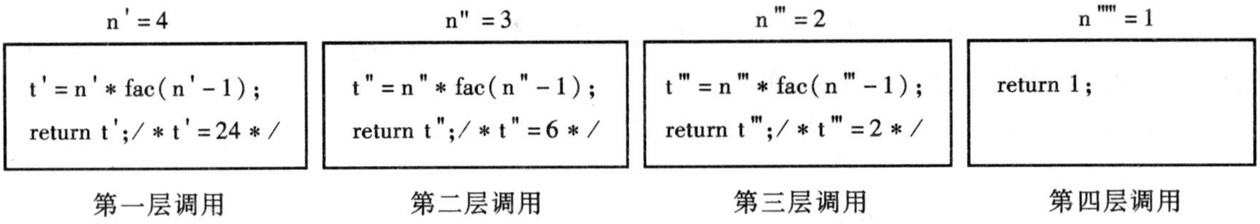

图 11.2 递归调用 fac 函数时各调用层中形参值和返回值的示意图

（1）主函数中第一次调用 fac 时，系统为形参 n 开辟了存储单元，为了区别递归调用中各层同名的 n，在这里给它取一个别名为 n'。把 4 传送给形参 n'，同时系统为变量 t 开辟了存储单元，我们称它为 t'。由于 n'的值大于 1，程序执行第/ * 2 * /行中的赋值语句，按运算规律，应先求等号右边表达式的值。在此表达式中用实参 n-1（值为 3）又一次调用 fac 函数自己。

（2）进入第二层调用 fac，系统为形参 n 开辟了一个新的存储单元 n"，把 3 传送给了它，同时系统为变量 t 开辟了存储单元 t"，程序再次执行第/ * 2 * /行中的赋值语句，又一次调用 fac 函数自己，这时实参 n-1 的值为 2。

（3）进入第三层调用 fac，系统所做的工作与（2）相同，只是形参 n'''的值为 2，程序再次执行第/ * 2 * /行中的赋值语句，又一次调用 fac 函数自己，这时实参 n-1 的值为 1。

（4）进入第三层调用 fac，系统所做的工作与（2）相同，只是形参 n''''的值为 1，这时，程序执行第/ * 1 * /行中的 if 语句后的 return 语句，递归调用结束，同时结束本次调用，返回函数值 1.0，本次调用中形参 n''''和变量 t''''所占存储单元被释放。

（5）流程返回到步骤（3）第/ * 2 * /行中的调用点：表达式 n * fac（n-1）中，fac 函数的返回值为 1,n‴中的值为 2,因此,表达式的值得 2,赋予 t‴。接着执行第/＊3＊/行中的 return 语句,本次调用结束,返回函数值 2,同时 n‴和 t‴所占存储单元被释放。

(6) 流程返回到步骤(2)第/＊2＊/行中的调用点:表达式 n＊fac(n-1)中,这次 fac 函数的返回值为 2,n″中的值为 3,因此,表达式的值得 6,赋予 t‴。接着执行第/＊3＊/行中的 return 语句,本次调用结束,返回函数值 6,同时释放 n″和 t″所占存储单元。

(7) 流程返回到步骤(1)第/＊2＊/行中的调用点:表达式 n＊fac(n-1)中,fac 函数的返回值为 6,n′中的值为 4,因此,表达式的值得 24,赋予 t′。接着执行第/＊3＊/行中的 return 语句,本次调用结束,返回函数值 24,同时释放 n′和 t′所占存储单元。

(8) 流程返回到 main 函数中的调用点,函数值为 24,赋给变量 y,函数调用至此结束,继续执行其他语句。

例 11.4 用递归算法根据以下求平方根的迭代公式求某数 a 的平方根:

$$x_1=\frac{1}{2}\left(x_0+\frac{a}{x_0}\right)$$

利用以上迭代公式求 a 的平方根的算法步骤请查看第 5 章例 5.12,在此不重复。

由算法步骤可知,只要新求出的 x_1 的值与上次求得的 x_1(当前的 x_0)的值,二者之差的绝对值大于 10^{-5},就重复相同的步骤,直到二者差的绝对值小于或等于 10^{-5},这就是递归结束的条件。

递归算法的程序如下:

```
#include <stdio.h>
#include <math.h>
double mysqrt ( double a, double x0 )
{   double x1;
    x1 = ( x0 + a / x0 ) / 2.0;
    if ( fabs ( x1- x0 ) > 0.00001 ) return mysqrt ( a, x1 );
    else           return  x1 ;
}
main( )
{   double a;
    printf ( "Enter a : " ); scanf ("%lf", &a );
    printf ( "The sqrt of %f = %f\n", a, mysqrt ( a, 1.0 ) );
}
```

在 mysqrt 函数中,只要 x1- x0 的绝对值大于指定的误差(这里是 0.00001),再次通过表达式 mysqrt (a, x1)进行递归调用,用当前的 x1 值再去求新的 x1,直到满足误差要求,结束递归调用,返回所求的平方根值,最后返回主函数。递归算法的过程如下:

(1) 主函数中第一次调用 mysqrt 时,系统为 a 和 x0 的形参开辟存储单元,我们称它们为 a′和 x0′,这里 x0′是由用户自己假定的 a 的平方根值,系统同时也为函数中定义的变量 x1 开辟存储单元 x1′。接着根据 a′和 x0′的值用迭代公式求出一个新的平方根值放入 x1′中,若前后两次所求平方根值 x0′和 x1′之差的绝对值大于指定的误差,则执行 if 子句中的 return 语句,先计算 return 语句中的表达式,用 x1′再去调用 mysqrt 函数。

(2) 进入第二层调用,系统为 a、x0、x1 开辟新的存储单元 a″、x0″、x1″,a′的值传送给 a″、x1′

的值传送给 x0",接着再根据 a" 和 x0"的值用迭代公式求出一个新的平方根值放入 x1"中。若前后两次所求平方根值 x0" 和 x1"之差的绝对值大于指定的误差,则执行 if 子句,用 x1"再去调用 mysqrt 函数;若前后两次所求平方根值 x0" 和 x1"之差的绝对值小于指定的误差,则执行 else 子句,递归结束,通过 return 语句,把 x"(所得平方根)的值作为函数值返回上一层调用点。

(3) 若通过以上递归调用已得符合精度的平方根值,返回第一层调用点中的 if 子句,函数 mysqrt 把所求得的平方根值作为函数值,返回主函数。

所有递归问题都可用非递归的方法来解决,但对于一些比较复杂的递归问题用非递归的方法往往会使程序变得十分复杂,难以读懂,而函数的递归调用在解决这类递归问题时能使程序简洁明了,有较好的可读性。但是由以上分析可知,在函数的递归调用过程中,系统要为每一层调用中的变量开辟存储单元,要记住每一层调用后的返回点,这样要增加许多额外的开销,因此函数的递归调用通常会降低程序的运行效率。

习题

一、选择题

11.1　以下叙述中不正确的是

A) C 程序的 main 函数可以没有参数

B) C 程序的 main 函数可以有参数

C) C 程序的 main 函数若有参数时,第一个参数的值最少是 1

D) main 函数的第一个参数必须是整型,其名字必须是 argc;第二个参数可以定义成:char * argv[ ],名字必须是 argv

11.2　若有以下说明和定义:

```
#include <stdio.h>
main( )
{   int (*a) ( int * ), *b ( ), w[10], c ;
            ⋮
}
int fun ( int *c ) { … }
```

则以下选项中能正确调用 fun 函数是

A) a=fun;a(w);　　B) a=fun;(*a)(&c);　　C) b=fun; *b(w);　　D) fun(b);

11.3　以下叙述中正确的是

A) C 程序中各函数之间既允许直接递归调用,也允许间接递归调用

B) C 程序中各函数之间不允许直接递归调用,也不允许间接递归调用

C) C 程序中各函数之间允许直接递归调用,不允许间接递归调用

D) C 程序中各函数之间不允许直接递归调用,允许间接递归调用

11.4　有以下程序:

```
#include <stdio.h>
long fib ( int n )
{   if ( n > 2 ) return (fib(n-1)+fib(n-2));
```

```
    else return (2);
}
main()
{   printf ( "%ld\n", fib ( 6 ) );
}
```

程序的输出结果是

A) 8　　B) 30　　C) 16　　D) 2

二、填空题

11.5　假定以下程序经编译和连接后生成可执行文件 PROG.EXE,如果在 DOS 提示符下键入

PROG ABCD EFGH IJKL<CR>(此处<CR>代表 Enter 键)

则输出结果为________。

```
#include <stdio.h>
main( int argc, char *argv[] )
{   while ( --argc > 0 ) printf ("%s" , argv[argc] );
    printf ("\n");
}
```

11.6　以下程序的输出结果是________。

```
#include <stdio.h>
int fun ( int x )
{   int p;
    if ( x == 0 || x == 1 ) return ( 3 );
    p = x - fun ( x - 2);
    return p;
}
main( )
{   printf ("%d\n", fun (9) );
}
```

11.7　以下程序的输出结果是________。

```
#include <stdio.h>
int fun ( int n, int *s )
{   int f1, f2;
    if ( n == 1 || n == 2 ) *s = 1;
    else
    {   fun(n-1,&f1);   fun(n-2,&f2);   *s=f1+f2;   }
}
main()
{   int x;
    fun ( 6, &x ); printf ( "%d\n", x );
}
```

11.8　以下程序调用 invert 函数按逆序重新放置 a 数组中元素的值,a 数组中的值在 main 函数中读入。请填空。

```
#include <stdio.h>
#define N 10
void invert ( int *s, int i, int j )
{  int t;
   if(i<j)
   {  t = *(s+i); *(s+i) = __[1]__ ;  *(s+j) = t ;
     invert ( s , __[2]__ , j-1 );
   }
}
main()
{  int a[N], i;
   for ( i = 0; i < N; i++ ) scanf ("%d", a + __[3]__ );
   invert ( a, 0, N-1 );
   for (i = 0; i < N; i++ ) printf ("%d ", a[i] );
   printf ("\n");
}
```

11.9 以下程序的输出结果是________。

```
#include <stdio.h>
funa ( int a, int b ){ return a+b; }
funb( int a, int b ){ return a-b; }
sub ( int (*t)(), int x, int y ){ return (*t)( x, y ); }
main( )
{  int x, (*p)( int, int ) ;
   p=funa;
   x=sub ( p, 9,3 ); x += sub ( funb, 8, 3 );
   printf ("%d\n", x );
}
```

11.10 以下程序中的 trap 函数是一个用梯形法求定积分的通用函数，梯形法求定积分 s 的公式为：

$$s = ((f(a) + f(b))/2 + \sum_{i=1}^{n-1} f(a + i \times h)) \times h, h = \left|\frac{a-b}{n}\right|$$

其中 n 为积分小区间数。以下程序调用 trap 函数求定积分，被积函数是：

$$f(x)=x^2+3x+2 \quad 且 \quad n=1000, a=0, b=4$$

请给程序填空，若填空正确，程序的运行结果为：53.333344。

```
#include <stdio.h>
#include <math.h>
double trap ( double [1] , double a, double b )
{  double t, h; int i, n = 1000;
   t=0.5 *(( *fun)( a ) + ( *fun)( b ) );
   h=fabs (a-b)/(double )( n );
   for (i=1;i<=n-1;i++) t=t+ __[2]__ ;
   t=t * h;
```

```
    return (t);
}
double mypoly ( double x )
{   return ( x * x +3.0  * x +2.0 ); }
main()
{   double y, ( * pf)( double);
    pf = ___[3]___;
    y=trap( pf, 0.0, 4.0 ); printf ("%f\n", y );
}
```

三、编程题

11.11 编写程序 outch,程序读入一行字符,根据命令行中的参数进行不同的输出。若有以下命令行:

outch -2

程序对所读入的一行字符输出最后两个字符。若有以下命令行:

outch +6

程序对所读入的一行字符输出开头6个字符。若命令行中没有参数,则隐含规定输出最后10个字符。为简单起见,命令行的参数中只包含一位数字。

11.12 请写递归函数,把输入的一个整数转换成二进制数输出。

11.13 请用递归算法,求 $1+2+3+\cdots+n$,n 由键盘输入。

11.14 请用递归算法,求 Fibonacci 数列。求 n 阶 Fibonacci 数列的公式如下:

$$F(n)=\begin{cases}1 & \text{当 } n=0 \text{ 时}\\ 1 & \text{当 } n=1 \text{ 时}\\ F(n-1)+F(n-2) & \text{当 } n>1 \text{ 时}\end{cases}$$

第 12 章 C 语言中用户标识符的作用域和存储类

学习目标与要求

一、作用域

1. 掌握局部变量和全局变量的定义方法及其作用域。
2. 理解当局部变量与全局变量同名时，系统的处理原则。
3. 了解使用全局变量的利与弊。

二、存储分类及生存期

1. 了解 4 个有关存储类别的说明符（auto、register、static、extern）的含义及使用范围。
2. 理解自动类和静态类的局部变量在变量赋初值以及生存期方面的区别，并能正确运用。
3. 理解全局变量的生存期，了解 static 和 extern 说明符对全局变量的作用。
4. 了解函数的存储分类以及 static 和 extern 说明符在函数说明中的作用。

在 C 语言中，标识符必须先定义后使用。但定义语句应该放在什么位置？在程序中，一个定义了的标识符是否随处可用？这些问题牵涉到标识符的作用域。经过赋值的变量是否在程序运行期间总能保存其值？这又牵涉到变量的生存期。当一个程序的若干函数分别存放于不同的文件中时又有何限制？对于上述问题，C 语言中都有具体的规定。本章将对这些问题进行详细的讨论。

本章中，读者应该特别注意“定义”和“说明”这两个词，“定义”（definition）是指给变量分配确定的存储单元，“说明”（declaration）只是说明变量的性质，而并不分配存储空间。

12.1 局部变量、全局变量和存储分类

12.1.1 用户标识符的作用域

在 C 语言中，由用户命名的标识符都有一个有效的作用域。所谓标识符的“作用域”就是指程序中的某一部分，在这一部分中，该标识符是有定义的，可以被 C 编译和连接程序所识别。

我们知道，每个变量都有自己的作用域，如在函数 sub 内定义的变量，不能在其他函数中引用。显然，变量的作用域与其定义语句在程序中出现的部位有直接的关系。据此可以划分局部变量和全局变量。

12.1.2　局部变量、全局变量和存储分类

在函数内部或复合语句内部定义的变量，称为局部变量。函数的形参也属于局部变量。在函数外部定义的变量，称为全局变量。有时，局部变量也被称为内部变量，全局变量被称为外部变量。

C 语言中，有两种存储类别：一种是自动类，另一种是静态类。局部变量既可以说明成自动类，也可以说明成静态类；而全局变量只能是静态类。

有四个与两种存储类别有关的说明符，它们是：auto（自动）、register（寄存器）、static（静态）和 extern（外部）。这些说明符通常与类型名一起出现，它们可以放在类型名的左边，也可以放在类型名的右边，例如：

```
auto int i, j;          也可写成：          int auto i, j;
```

存储类别确定了所说明对象在内存中的存储位置，从而也确定了所说明对象的作用域和生存期。图 12.1 示意了一个 C 程序在内存中的存储映象。

动态存储区（堆栈）
静态存储区
程序代码区

图 12.1　C 程序的存储映象示意图

动态存储区用来保存函数调用时的返回地址、自动类别的局部变量等。静态存储区用以存放全局变量及静态类别的局部变量。

12.2　局部变量及其作用域和生存期

12.2.1　auto 变量

当在函数内部或复合语句内定义变量时，如果没有指定存储类，或使用了 auto 说明符，系统就认为所定义的变量具有自动类别。因此：

```
float a;
```

就等价于：

```
auto float a;
```

auto 变量的存储单元被分配在内存的动态存储区。每当进入函数体(或复合语句)时,系统自动为 auto 变量分配存储单元;退出时自动释放这些存储单元另作他用。因此,这类局部变量的作用域是从定义的位置起,到函数体(或复合语句)结束为止。例如:

```
void sub ( float a )
{  int i;
      ⋮
   if ( i > 0)
   { int n;
      ⋮
     printf ( "%d\n", n );
   }
      ⋮
}
```

这里,变量 i、a 和 n 都是 auto 变量,但 i 和 a 的作用域是整个 sub 函数,而 n 的作用域仅限于 if 子句内。注意:局部变量的定义必须放在所在函数体(或复合语句)中全部可执行语句之前。

所有自动类局部变量的存储单元都是在进入这些局部变量所在的函数体(或复合语句)时生成,退出其所在的函数体(或复合语句)时消失(变为无定义)。这就是自动类局部变量的“生存期”。当再次进入函数体(或复合语句)时,系统将为它们另行分配存储单元,因此变量的值不可能被保留。由于随着函数的频繁调用,动态存储区内为某个变量分配的存储单元位置随程序的运行而改变,变量中的初值也就随之而变,所以未赋初值的自动变量其值不确定,称为“无定义”。

若通过定义语句给自动变量赋初值,赋初值的操作是在程序运行过程中进行的,每进入一次函数体(或复合语句),就赋一次指定的初值。使用这类局部变量的最突出优点是:可在各函数之间造成信息隔离,不同函数中使用了同名变量也不会相互影响,从而可避免因不慎赋值所导致的错误影响到其他函数。

12.2.2 register 变量

寄存器变量也是自动类变量,它与 auto 变量的区别仅在于:用 register 说明的变量建议编译程序将变量的值保留在 CPU 的寄存器中,而不是像一般变量那样,占内存单元。程序运行时,访问存于寄存器内的值要比访问存于内存中的值快得多。因此当程序对运行速度有较高要求时,把那些频繁引用的少数变量指定为 register 变量,有助于提高程序的运行速度。

例 12.1 以下函数 power( )用以计算 x^n。

```
#include <stdio.h>
int power ( int , register int );
main()
{  int s;
   s=power ( 5, 3 );
   printf ( "%d\n", s );
}
```

```
int power ( int x, register int n)
{   register int p;
    for ( p = 1; n; n-- ) p = p * x;
    return p;
}
```

在 power 函数中,用作循环变量的 n 和存放连乘积的变量 p 被定义为 register 变量,以便加快求值速度。

说明:

(1) CPU 中寄存器的数目是有限的,因此只能说明少量的寄存器变量。在一个函数中,允许说明为寄存器变量的数目不仅取决于 CPU 的类型,也与所用的 C 编译程序有关。当没有足够的寄存器来存放指定的变量,或编译程序认为指定的变量不适合放在寄存器中时,将自动按 auto 变量来处理。因此,register 说明只是对编译程序的一种建议,而不是强制性的。

(2) 由于 register 变量的值是放在寄存器内而不是放在内存中,所以 register 变量没有地址,也就不能对它进行求地址运算。

(3) register 变量的说明应尽量靠近其使用的地方,用完之后尽快释放,以便提高寄存器的利用效率。这可以通过把对 register 变量的说明和使用放在复合语句中来实现。

12.2.3 静态存储类的局部变量

当在函数体(或复合语句)内部用 static 来说明一个变量时,可以称该变量为静态局部变量。静态局部变量的作用域仍与 auto、register 类的变量一样,但它与后两者有两点本质上的区别:

(1) 在整个程序运行期间,静态局部变量在内存的静态存储区中占据着永久性的存储单元。即使退出函数以后,下次再进入该函数时,静态局部变量仍使用原来的存储单元。由于并不释放这些存储单元,因此这些存储单元中的值得以保留,因而可以继续使用存储单元中原来的值。由此可知,静态局部变量的生存期将一直延长到程序运行结束。

(2) 静态局部变量的初值是在编译时赋予的,不是在程序执行期间赋予(自动变量是在程序执行过程中赋初值)。对未赋初值的静态局部变量,C 编译程序自动给它赋初值 0。

静态局部变量的上述特点,对于编写那些在函数调用之间必须保留局部变量值的独立函数是非常有用的。

12.3 全局变量及其作用域和生存期

全局变量只有静态一种类别。对于全局变量可使用 extern 和 static 两种说明符。

12.3.1 全局变量的作用域和生存期

全局变量是在函数外部任意位置上定义的变量,它的作用域是从变量定义的位置开始,到整个源文件结束止。例如:

```
void fun1 ( void);
```

```
void fun2 ( void );
int sum;                    /*定义全局变量*/
main()
{  … sum++; … }
void fun1 ( void )
{  … sum++; … }
int test;                   /*定义全局变量*/
void fun2 ( void )
{  … sum++; test = 1; … }
```

此处变量 sum 和 test 都是全局变量。sum 是在整个源程序的开始定义的,它的作用域是整个程序(覆盖了三个函数)。而 test 是在函数 fun2 前定义的,它的作用域从定义处开始直到程序结束(只覆盖了 fun2 函数)。

全局变量的使用相当于为函数之间的数据传递另外开辟了一条通道。上述三个函数中对变量 sum 的自增 1 都是有效的,因此,使用中要特别小心,以免造成意料不到的改变。

全局变量的生存期是整个程序的运行期间。

若全局变量和某个函数中的局部变量同名,则在该函数中,此全局变量被屏蔽,在该函数内,访问的是局部变量,与同名的全局变量不发生任何关系。

例 12.2 有下列程序:

```
#include <stdio.h>
int sum;              /* 定义全局变量 */
void fun ( void );
main()
{  sum = 10;
   printf ( "** main(1) **: %d\n",sum);
   fun ();
   printf ( "** main(2) **: %d\n",sum);
}
void fun ( void )
{  int sum;            /*定义同名局部变量*/
   sum = 20;
   printf ( "** fun **: %d\n",sum);
}
```

以上程序运行时输出结果如下:

```
** main(1) **: 10
** fun **: 20
** main(2) **: 10
```

即全局变量 sum 的作用域是除函数 fun 以外的整个程序;局部变量 sum 的作用域仅是函数 fun 内部。

虽然全局变量作用域通常较大,生存期长,用起来似乎方便灵活,但需要提醒读者的是:除十分必要外,一般不提倡使用全局变量,原因主要有以下三个方面:

(1) 不论是否需要,全局变量在整个程序运行期间都占用内存空间。

(2) 全局变量必须在函数以外定义,降低了函数的通用性,影响了函数的独立性。

(3) 使用全局变量容易因疏忽或使用不当而导致全局变量中的值意外改变,从而引起副作用,产生难以查找的错误。

12.3.2 在同一编译单位内用 extern 说明符扩展全局变量的作用域

当全局变量定义在后,引用它的函数在前时,应该在引用它的函数中用 extern 对此全局变量进行说明,以便通知编译程序:该变量是一个已在外部定义了的全局变量,已经分配了存储单元,不需再为它另外开辟存储单元。这时其作用域从 extern 说明处起,延伸到该函数末尾。

注意:全局变量的说明与全局变量的定义不同:变量的定义(开辟存储单元)只能出现一次,在定义全局变量时,不可使用 extern 说明符;而对全局变量的说明,则可以多次出现在需要的地方,这时必须用 extern 进行说明。

12.3.3 在不同编译单位内用 extern 说明符扩展全局变量的作用域

在实际应用中,一个 C 程序通常由许多函数组成,这些函数可以分别存放在不同的源文件中,每个源文件可以单独进行编译,进行语法检查,若无错误即生成目标文件(.obj),然后可用系统提供的连接程序把多个目标文件连接成一个可执行程序(.exe),此程序就可执行。通常,人们把每个可进行单独编译的源文件称为“编译单位”。

当一个程序由多个编译单位组成,并且在每个文件中均需要引用同一个全局变量,这时若在每个文件中都定义了一个所需的同名全局变量,则在“连接”时将会产生“重复定义”错误。在这种情况下,单独编译每个文件时并无异常,编译程序将按定义分别为它们开辟存储空间,而当进行连接时,就会显示出错信息,指出同一个变量名进行了重复定义。解决的办法通常是:在其中一个文件中定义所有全局变量,而在其他用到这些全局变量的文件中用 extern 对这些变量进行说明,声明这些变量已在其他编译单位中定义,通知编译程序不必再为它们开辟存储单元。

例 12.3 见下列程序示例:

```
/* file1.c 文件 */
#include <stdio.h>
int x, y;      /* 定义全局变量 */
void fun1 ();
void fun2 ();
void fun3();
main()
{   fun1 ();
    fun2 ();
    fun3 ();
}
void fun1 ()
{ x = 111;
      ⋮
}
```

```
/* file2.c 文件 */
#include <stdio.h>
extern int x;  /* 说明全局变量 */
void fun2 ()
{ printf ( "%d\n", x);   /* 输出结果为 111 */
      ⋮
}
void fun3 ()
{ x ++;
  printf ( "%d\n", x);   /* 输出结果为 112 */
      ⋮
}
```

以上例子中,在不同的编译单位内引用了全局变量 x,即在文件 file2. c 中使用了文件 file1. c 中定义的全局变量。由于在 file2. c 中,说明语句 extern int x; 放在了文件开始,所以变量 x 的作用域包含了 file2. c 整个文件。若将这一说明改放在函数 fun2 内,变量 x 的作用域就只从说明的位置起延伸到函数 fun2 的末尾。也就是说,在函数 fun3 中将不能引用全局变量 x 了。

12.3.4 静态全局变量

当用 static 说明符说明全局变量时,此变量可称作“静态”全局变量。静态全局变量只限于本编译单位使用,不能被其他编译单位所引用。

例 12.4 见下列程序示例:

```
/* file1.c 文件 */
#include <stdio.h>
static int n;
void func ();
main()
{ n = 5;
  printf ( "file1:%d\n",n);
  func ();
}
```

```
/* file2.c 文件 */
#include <stdio.h>
extern int n;
void func ()
{ printf ( "file2:%d\n",n);
        ⋮
}
```

文件 file1. c 中定义了静态全局变量 n,在文件 file2. c 中用 extern 说明 n 是全局变量,试图引用它。分别编译两个文件时一切正常;当把这两个文件连接在一起时将产生出错信息,指出在文件 file2. c 中符号“n”无定义。也就是说:在文件 file1. c 中,变量 n 虽然被定义成全局变量,但用 static 说明后,其他文件中的函数就不能再引用它。而文件 file2. c 在编译时由于用 extern 说明了变量 n,编译时并未为 n 开辟存储单元,所以在连接时就找不到 n 的存储单元了。由此可见 static 说明限制了全局变量作用域的扩展,达到了信息隐蔽的目的。这对于编写一个具有众多编译单位的大型程序是十分有益的,程序员不必担心因全局变量重名而引起混乱。

12.4 函数的存储分类

所有函数都是外部的,因为不允许在函数内部定义另一个函数。但当定义函数时,可以使用 extern 或 static 说明符。

12.4.1 用 extern 说明函数

当定义一个函数时,若在函数返回值的类型前加上说明符 extern,则称此函数为“外部”函数。extern 说明可以省略,一般的函数都隐含说明为 extern。所以,我们以前所定义的函数都属于外部函数。

外部函数的特征是:可以被其他编译单位中的函数调用。通常,当函数调用语句与被调用函数不在同一编译单位,且函数的返回值为非整型时,应该在调用语句所在函数的说明部分用 extern对所调用的函数进行函数说明。

12.4.2 用 static 说明函数

当定义一个函数时,若在函数返回值的类型前加上说明符 static,则称此函数为"静态"函数。

静态函数的特征是:只限于本编译单位的其他函数调用它,而不允许其他编译单位中的函数对它进行调用。从这个意义上说,静态函数又可称作"内部"函数(内部于本文件的函数)。

使用静态函数可以避免不同编译单位因函数同名而引起混乱。若强行调用静态函数,将会产生出错信息。

习题

一、选择题

12.1 有以下程序:

```
#include <stdio.h>
main( )
{   int i = 1, j = 3;
    printf ( "%d,", i++ );
    { int i = 0;
      i +=j * 2; printf ( "%d,%d," , i, j );
    }
    printf ( "%d,%d\n" , i, j );
}
```

程序运行后的输出结果是

A) 1,6,3,1,3　　B) 1,6,3,2,3　　C) 1,6,3,6,3　　D) 1,7,3,2,3

12.2 有以下程序:

```
#include <stdio.h>
void sub ( int * , int * );
main( )
{   int a[ ] = {1,2,3,4 }, i , x = 0;
    for ( i = 0; i < 4; i++ ) { sub ( a, &x ); printf( "%d ", x ); }
    printf ( " \n" );
}
void sub ( int *s, int *y )
{   static int t = 3;
    * y = s[t];      t-- ;
}
```

程序运行后的输出结果是

A) 1 2 3 4　　B) 4 3 2 1　　C) 0 0 0 0　　D) 4 4 4 4

12.3 有以下程序:

```
#include <stdio.h>
```

```
int func ( int , int );
main( )
{   int k = 4, m = 1, p;
    p=func ( k, m ); printf ("%d," , p );
    p=func ( k, m ); printf ("%d\n" , p );
}
int func ( int a, int b )
{   static int m,i=2;
    i+=m+1;m=i+a+b;return (m);
}
```

程序运行后的输出结果是

A) 8,17　　B) 8,16　　C) 8,20　　D) 8,8

12.4 有以下程序：

```
#include <stdio.h>
void fun ( int *s )
{   static int j = 0;
    do s[j] +=s[j + 1 ]; while ( ++j < 2 );
}
main( )
{   int k, a[10] = { 1,2,3,4,5 };
    for ( k = 1; k < 3; k++ ) fun ( a );
    for ( k = 0; k < 5; k++ ) printf("%d", a[k] );
}
```

程序运行后的输出结果是

A) 34756　　B) 23445　　C) 35745　　D) 12345

12.5 有以下程序：

```
#include <stdio.h>
int f( int a )
{   int b = 0;
    static int c = 3;
    a=c++, b++; return ( a );
}
main( )
{   int a = 2, i, k;
    for (i=0;i<2;i++) k=f(a++);
    printf ("%d\n", k );
}
```

程序运行后的输出结果是

A) 3　　B) 6　　C) 5　　D) 4

12.6 有以下程序：

```
#include <stdio.h>
```

```
int m = 13;
int fun2 ( int x, int y )
{  int m = 3;
   return ( x * y - m );
}
main()
{  int a = 7, b = 5;
   printf ("%d\n", fun2(a, b ) / m );
}
```

程序运行后的输出结果是

A) 1　　B) 2　　C) 7　　D) 10

12.7　C 语言中,形参的缺省的存储类说明是

A) auto(自动)　　B) static(静态)　　C) register(寄存器)　　D) extern(外部)

12.8　以下叙述中错误的是

A) 一个变量的作用域的开始位置完全取决于变量定义语句的位置

B) 全局变量可以在函数以外的任何部位进行定义

C) 局部变量的"生存期"只限于本次函数调用,因此不可能将局部变量的运算结果保存至下一次调用

D) 一个变量说明为 static 存储类是为了限制其他编译单位的引用

二、填空题

12.9　以下程序运行后的输出结果是________。

```
#include <stdio.h>
main()
{  int a = 3, b = 2, c = 1;
   c-=++b; b *= a+c;
   {  int b = 5, c = 12;
     c/=b*2;  a-=c;  printf ("%d,%d,%d,", a, b, c );
     a+=--c;
   }
   printf ("%d,%d,%d\n", a, b, c );
}
```

12.10　以下程序运行后的输出结果是________。

```
#include <stdio.h>
void fun ( )
{  static int a;
   a+=2;  printf ("%d",a);
}
main( )
{  int cc;
   for (cc=1; cc<=4;cc++) fun();
   printf ("\n");
}
```

第13章 编译预处理和动态存储分配

学习目标与要求

一、编译预处理

1. 了解编译预处理的含义、作用以及编译预处理命令行的正确表示形式。
2. 掌握不带参数的宏的定义形式及使用方法。
3. 掌握带参数的宏的定义及引用形式，能够理解、分析宏替换的过程和结果。
4. 了解带参数的宏与函数调用的区别。
5. 掌握文件包含命令的正确使用。

二、动态存储分配

1. 掌握通过调用 malloc、calloc 和 free 函数动态申请和释放存储单元的方法。
2. 能够正确使用动态开辟的存储单元。

13.1 编译预处理

在 C 语言中，凡是以“#”号开头的行，都称为“编译预处理”命令行。在此之前我们常用的由#include、#define 开始的程序行就是编译预处理命令行。

所谓“编译预处理”就是在 C 编译程序对 C 源程序进行编译前，由编译预处理程序对这些编译预处理命令行进行处理的过程。

C 语言的预处理命令有：#define、#undef、#include、#if、#else、#elif、#endif、#ifdef、#ifndef、#line、#pragma、#error 等。这些预处理命令组成的预处理命令行必须在一行的开头以“#”号开始，每行的末尾不得用“;”号结束，以区别于 C 语句、定义和说明语句。这些命令行的语法与 C 语言中其他部分的语法无关。根据需要，命令行可以出现在程序的任何一行的开始部位，其作用一直持续到源文件的末尾。本章将重点介绍#define 和#include 命令行的应用。

13.1.1 宏替换

一、不带参数的宏定义

(1) 不带参数的宏定义命令行形式如下：

```
#define    宏名    替换文本
```

或

```
#define    宏名
```

在 define、宏名和宏替换文本之间用空格隔开。例如：

```
#define    SIZE    100
```

以上标识符 SIZE 称为“宏名”，是用户定义的标识符，因此，不得与程序中的其他名字相同。在编译时，在此命令行之后，预处理程序对源程序中的所有名为 SIZE 的标识符用 100 三个字符来替换，这个替换过程称为“宏替换”。但要注意：不能认为“SIZE 等于整数 100”。

#define 命令行可以不包含“替换文本”，这种情况下仅说明标识符“被定义”。

(2) 替换文本中可以包含已定义过的宏名，例如：

```
#define    PI           3.14
#define    ADDPI        (PI + 1)
#define    TWO_ADDPI    (2 * ADDPI)
```

程序中若有表达式：x = TWO_ADDPI/2，则替换后，表达式将成为：x = (2 * (3.14+1))/2。如果第二行和第三行中的“替换文本”不加括号，直接写成 PI+1 和 2 * ADDPI，则以上表达式展开后将成为：x = 2 * 3.14+1 / 2。由此可见，在使用宏定义时一定要考虑到替换后的实际情况，否则很容易出错。

(3) 当宏定义在一行中写不下，需要在下一行继续时，只需在最后一个字符后紧接着加一个反斜线“\”。例如：

```
#define    LEAP_YEAR    year % 4==0\
&& year % 100 != 0 || year % 400 == 0
↑
第一列
```

如果在“\”前或在下一行的开头留有许多空格，则在宏替换时也将加入这些空格。

(4) 同一个宏名不能重复定义，除非两个宏定义命令行完全一致。

(5) 替换文本不能替换双引号中与宏名相同的字符串。例如，如果 YES 是已定义的宏名，则不能用与它相关的替换文本来替换 printf ("YES") 中的 YES。

(6) 替换文本并不替换用户标识符中的成分。例如，宏名 YES，不会替换标识符 YESORNO 中的 YES。

(7) 用作宏名的标识符通常用大写字母表示，这并不是语法规定，只是一种习惯，以便与程序中的其他标识符相区别。

(8) 在 C 程序中，宏定义的定义位置一般写在程序的开头。

二、带参数的宏定义

(1) 带参数的宏定义命令行形式如下：

```
#define    宏名(形参表)    替换文本
```

例如：

```
#define    MU(X, Y)    ((X) * (Y))
        ⋮
a = MU( 5 , 2 );    /* 引用带参的宏名 */
b = 6 / MU( a+3, a );
```

在以上宏定义命令行中，MU(X, Y)简称为“宏”，其中 MU 是一个用户标识符，称为宏名，宏名和左括号“(”必须紧挨着，它们之间不得留有空格。其后一对圆括号中由若干称为形参的标识符组成，各形参之间用逗号隔开。“替换文本”中通常应该包含有形参。

(2) 和不带参数的宏定义相同，同一个宏名不能重复定义，除非两个宏定义命令行完全一致。

(3) 在调用带参数的宏名时，一对圆括号必不可少，圆括号中实参的个数应该与形参个数相同，若有多个参数，它们之间用逗号隔开。

在预编译时，编译预处理程序用“替换文本”来替换宏，并用对应的实参来替换“替换文本”中的形参。如以上的 a = MU(5 , 2)，在经过宏替换后将成为 a = ((5) * (2))，而表达式 b=6/MU(a+3,a)，在经过宏替换后将成为 b =6 / ((a+3) * (a))。

(4) 在“替换文本”中的形参和整个表达式应该用括号括起来，如果上例中的宏定义写成：

```
#define    MU(x, y)    x * y
```

则在对 b = 6 / MU(a+3, a) 进行宏替换后，表达式将成为 b =6 / a+3 * a，它与 b =6 / ((a+3) * (a))是两个不同的表达式。如果上例中的宏定义写成：

```
#define MU(x, y) (x) * (y)
```

则在对 b=6/MU(a+3, a) 进行宏替换后，表达式将成为 b =6 /(a+3) * (a)，这个表达式也不同于 b=6/((a+3) * (a))。

(5) 宏替换和函数调用有相似之处，但是在宏替换中，对参数没有类型的要求。例如调用 MU，既可以求两个整型数之乘积，又可求两个实型数之乘积。而如果是调用函数来求两数之乘积，则对不同类型的参数就需要定义不同的函数。

(6) 宏替换是在编译前由预处理程序完成的，因此宏替换不占运行的时间。而函数调用是在程序运行时进行的，在函数调用过程中需要占用一系列的处理时间。实际上，在<ctype. h>中的有关字符处理的函数都是由宏来实现的。

(7) 宏替换中，实参不能替换括在双引号中的形参。

三、终止宏定义

可以用#undef 提前终止宏定义的作用域。例如：

```
#define PI 3.14
main( )
      ⋮
#undef PI
      ⋮
```

以上 PI 的作用域从#define PI 3.14 命令行开始，到#undef PI 命令行结束。从#undef 以后 PI

变成无定义，不再代表 3.14 了。

13.1.2 文件包含

在用 C 语言开发程序时，我们可以把一些宏定义按照功能分别存入不同的文件中。当我们需要使用某类宏定义时，就无须在程序中重新去定义，而只要把这些宏定义所在的文件包含在程序的开头就可以了(当然文件中还可以包含其他内容)。

所谓文件包含，是指在一个文件中，去包含另一个文件的全部内容。C 语言用#include 命令行来实现文件包含的功能。#include 命令行的形式如下：

```
#include    "文件名"
```

或

```
#include    <文件名>
```

在预编译时，预编译程序将用指定文件中的内容来替换此命令行。如果文件名用双引号括起来，系统先在源程序所在的目录内查找指定的包含文件，如果找不到，再按照系统指定的标准方式到有关目录中去寻找；如果文件名用尖括号括起来，系统将直接按照系统指定的标准方式到有关目录中去寻找。

说明：

(1) 包含文件的#include 命令行通常应书写在所用源程序文件的开头，故有时也把包含文件称作“头文件”。头文件名可以由用户指定，其后缀不一定用“.h”。

(2) 包含文件中，一般包含有一些公用的#define 命令行、外部说明或对(库)函数的原型说明。例如 stdio.h 就是这样的头文件。

(3) 当包含文件修改后，对包含该文件的源程序必须重新进行编译连接。

(4) 在一个程序中，允许有任意多个#include 命令行。

(5) 在包含文件中还可以包含其他文件。

13.2 动态存储分配

在此之前，我们用于存储数据的变量和数组都必须在说明部分进行定义。C 编译程序通过定义语句了解它们所需存储空间的大小，并预先为其分配适当的内存空间。这些空间一经分配，在变量或数组的生存期内是固定不变的，故称这种分配方式为“静态存储分配”。

C 语言中还有一种称作“动态存储分配”的内存空间分配方式：在程序执行期间需要空间来存储数据时，通过“申请”得到指定的内存空间；当有闲置不用的空间时，可以随时将其释放，由系统另作他用。用户可以通过调用 C 语言提供的标准库函数来实现动态分配，从而得到指定数目的内存空间或释放指定的内存空间。

ANSI C 标准为动态分配系统定义了四个函数，它们是：malloc、calloc、free 和 realloc。使用这些函数时，必须在程序开头包含头文件 stdlib.h。本节只介绍 malloc、calloc 和 free 函数的使用。

13.2.1 malloc 函数和 free 函数

一、malloc 函数

ANSI C 标准规定 malloc 函数返回值的类型为 void *,函数的调用形式为:malloc(size)。要求 size 的类型为 unsigned int。

malloc 函数用来分配 size 个字节的存储区,返回一个指向存储区首地址的基类型为 void 的地址。若没有足够的内存单元供分配,函数返回空(NULL)。

假设 short int 型数据占 2 字节、float 型数据占 4 字节存储单元,则以下程序段将使 pi 指向一个 short int 类型的存储单元,使 pf 指向一个 float 类型的存储单元:

```
short int *pi;
float *pf;
pi = (short *)malloc(2);
pf = (float *)malloc(4);
```

由于在 ANSI C 中 malloc 函数返回的指针为 void *(无值型),故在调用函数时,必须利用强制类型转换将其转成所需的类型。上面的程序段中,调用 malloc 函数时括号中的 * 号不可少,否则就转换成普通变量类型而不是指针类型了。

若有以下语句段:

```
if (pi != NULL) *pi = 6;
if (pf != NULL) *pf = 3.8;
```

赋值后数据的存储情况如图 13.1 所示。

图 13.1 指针变量 pi 和 pf 指向动态存储单元的情况

由动态分配得到的存储单元没有名字,只能靠指针来引用它。一旦指针改变指向,原存储单元及所存数据都将无法再引用。通过调用 malloc 函数所分配的动态存储单元中没有确定的初值。

在动态申请存储空间时,若不能确定数据类型所占字节数,可以使用 sizeof 运算符来求得。例如:

```
pi = (int *) malloc (sizeof (int) );
pf = (float *) malloc (sizeof (float) );
```

这是一种常用的形式。此时将由系统来计算指定类型的字节数,采用这种形式将有利于程序的移植。

二、free 函数

函数的调用形式为:

```
free(p);
```

这里指针变量 p 必须指向由动态分配函数 malloc 或 calloc 分配的地址。free 函数将指针 p 所指的存储空间释放，使这部分空间可以由系统重新支配。此函数没有返回值。

13.2.2 calloc 函数

ANSI C 标准规定 calloc 函数返回值的类型为 void *，函数的调用形式为：

```
calloc ( n, size);
```

要求 n 和 size 的类型都为 unsigned int。

calloc 函数用来给 n 个同一类型的数据项分配连续的存储空间，每个数据项的长度为 size 个字节。若分配成功，函数返回存储空间的首地址；否则返回空。通过调用 calloc 函数所分配的存储单元，系统自动置初值 0。例如：

```
char *ps;
ps = (char *)calloc (10, sizeof (char) );
```

以上函数调用语句开辟了 10 个连续的 char 类型的存储单元，由 ps 指向存储单元的首地址。每个存储单元可以存放一个字符。

显然，使用 calloc 函数动态开辟的存储单元相当于开辟了一个一维数组。函数的第一个参数决定了一维数组的大小；第二个参数决定了数组元素的类型。函数的返回值就是数组的首地址。

使用 calloc 函数开辟的动态存储单元，同样可以用 free 函数释放。其调用形式与 13.2.1 中介绍的相同。

习题

一、选择题

13.1　有以下程序：

```
#include <stdio.h>
#define MIN( x, y ) (x) < (y) ? (x) : (y)
main()
{   int i, j, k;
    i=10; j=15; k=10 * MIN( i, j ); printf ("%d\n", k );
}
```

程序的运行结果是

A) 15　　B) 100　　C) 10　　D) 150

13.2　有以下程序：

```
#include <stdio.h>
#define N 2
#define M N+1
#define NUM (M+1) * M/2
main()
```

```
{ int i;
  for ( i = 1; i <=NUM ; i++ );      printf ("%d\n",i );
}
```

程序中的 for 循环执行的次数是

A) 5　　B) 6　　C) 8　　D) 9

13.3 有以下程序：

```
#include <stdio.h>
#define FUDGF(y)          2.84 + y
#define PR(a)             printf ("%d", (int )(a) )
#define PRINT1(a)         PR( a ); putchar ('\n')
main( )
{ int x = 2;
  PRINT1( FUDGF (5) * x );
}
```

程序的运行结果是

A) 11　　B) 12　　C) 13　　D) 15

13.4 有以下程序：

```
#include <stdio.h>
#include <stdlib.h>
void fut ( int **s, int p[2][3] ) { **s = p[1][1]; }
main( )
{ int a[2][3] = { 1, 3, 5, 7, 9, 11 }, *p;
  p=(int * ) malloc ( sizeof ( int ) ); fut ( &p, a ); printf ("%d\n", *p );
}
```

程序的运行结果是

A) 1　　B) 7　　C) 9　　D) 11

13.5 设有以下语句：

```
double *p;
p=______ malloc ( sizeof ( double ) );
```

若要使指针 p 指向一个 double 类型的动态存储单元，在下划线处应填入的是

A) double　　B) double *　　C) (* double)　　D) (double *)

13.6 有以下程序：

```
#include <stdio.h>
#include <stdlib.h>
void fun( float *p1, float *p2, float *s )
{ s = ( float * ) calloc ( 1, sizeof ( float ) );
  *s = *p1 + *p2++ ;
}
main( )
{ float a[2] = {1.1, 2.2 }, b[2] = {10.0, 20.0 }, *s = a;
  fun ( a, b, s ); printf ("%5.2f\n", *s );
```

```
}
```

程序的运行结果是

A) 11.10　　B) 12.00　　C) 21.10　　D) 1.10

13.7　以下叙述中正确的是

A) 用#include 包含的头文件的后缀不可以是“.a”

B) 若一些源程序中包含某个头文件,当该头文件有错时,只需对该头文件进行修改,包含此头文件的所有源程序不必重新进行编译

C) 宏命令行可以看作是一行 C 语句

D) C 编译中的预处理是在编译之前进行的

二、填空题

13.8　以下程序运行后的输出结果是________。

```
#include <stdio.h>
#define PR(ar) printf ("ar=%d ", ar )
main( )
{  int j, a[ ] = {1, 3, 5, 7, 9, 11, 13, 15 }, *p = a+5;
   for ( j = 3; j ; j-- )
     switch ( j )
     {   case 1 :
         case 2 : PR( *p++ ); break;
         case 3 : PR( *(--p) );
     }
}
```

13.9　以下程序的功能是:调用 getone 函数开辟一个动态存储单元,调用 assone 函数把数据输入到此动态存储单元,调用 outone 函数输出此动态存储单元中的数据。请填空。

```
#include <stdlib.h>
#include <stdio.h>
void getone ( int **s ) { *s =( __[1]__ ) malloc ( sizeof ( int ) ); }
void assone ( int *s ) { scanf ("%d", __[2]__ );}
void outone (int *b) {printf ("%d\n", __[3]__ ); }
main( )
{ int *p;
    getone ( &p ); assone ( p ); outone ( p ) ;
}
```

三、编程题

13.10　请写出一个宏定义 MYALPHA(c),用以判断 c 是否是字母字符。若是,得 1;否则得 0。

13.11　请写出一个宏定义 SWAP (t,x,y),用以交换 t 类型的两个参数。提示:用复合语句的形式。

13.12　请编写程序,利用 malloc 函数开辟动态存储单元,存放输入的三个整数,然后按从小到大的顺序输出这三个数。

第14章 结构体、共用体和用户定义类型

学习目标与要求

一、用户定义类型

1. 理解使用 typedef 定义类型名的作用及目的。
2. 掌握用 typedef 说明一种新类型名的方法,并能正确运用新类型名。

二、结构体类型

1. 理解结构体作为构造类型的特征,区分结构体类型说明和变量定义的不同含义。
2. 能够正确进行结构体类型说明(包括嵌套形式)。
3. 掌握结构体变量、指针和数组的四种定义方式。掌握在定义结构体变量、指针、数组的同时为其赋初值的方法。
4. 正确访问结构体成员(包括数组成员和内嵌结构体成员)。

(1) 掌握对结构体类型的变量中成员的引用。

(2) 掌握对结构体类型的数组元素中成员的引用。

(3) 掌握通过指针引用结构体类型变量的成员。

5. 掌握对结构体变量中各种类型成员的赋值、输入/输出以及相应的操作方法。
6. 了解结构体变量的存储结构,掌握结构体变量在内存中所占字节数的计算方法。
7. 掌握结构体成员为指针类型时,所构成的复杂结构。
8. 掌握函数之间结构体类型数据的正确传递(包括参数传递和返回值)。
9. 掌握以下基本算法:

(1) 在存放学生记录的结构体数组中查找最高(低)成绩的记录。

(2) 计算存放在结构体变量中的学生若干门课程的平均分。

(3) 当学生数据存放在结构体数组中时,按学生的分数对结构体数组元素进行排序。

(4) 查找满足指定条件的结构体数组元素,并把这些数据存入其他数组。

(5) 在结构体数组中查找指定学号的学生数据并作为函数值返回。

三、结构体与链表

1. 掌握能构成链表结点的结构体类型说明。
2. 理解静态链表和动态链表的构成及区别。
3. 掌握构成链表时结点的连接方法,以及通过指针访问结点成员的方法。
4. 掌握针对单项链表的基本算法:

(1) 链表的建立。

(2) 结点的插入、删除、查找。

(3) 结点的顺序访问，如：求平均值、找最大值、结点数据的输出等。

(4) 两个链表的首尾连接。

到目前为止，我们已经介绍了 C 语言中的基本类型（整型、字符型、实型和空值型）以及派生类型（指针和数组）。本章将集中介绍在 C 语言中可由用户构造的三种数据类型，它们是：

(1) 用户定义类型（typedef）：对已有的类型，另外说明一个新的类型标识符。

(2) 结构体（struct）：把具有相互关系的不同类型的数据组成一个有机的整体。

(3) 共用体（union）：又称联合体。使几种不同类型的变量共用一段存储空间。

14.1 用 typedef 说明一种新类型名

C 语言允许用 typedef 说明一种新类型名，说明新类型名的语句一般形式为：

```
typedef    类型名    标识符;
```

在此，“类型名”必须是在此语句之前已有定义的类型标识符。“标识符”是一个用户定义标识符，用作新的类型名。typedef 语句的作用仅仅是用“标识符”来代表已存在的“类型名”，并未产生新的数据类型，原有类型名依然有效。例如：

```
typedef    int    INTEGER;
```

该语句把一个用户命名的标识符 INTEGER 说明成了一个 int 类型的类型名。在此说明之后，可以用标识符 INTEGER 来定义整型变量。例如：

```
INTEGER m, n;    等价于 int m, n;
```

也就是说：INTEGER 是 int 的一个别名。为了便于识别，一般习惯将新的类型名用大写字母表示。又如：

```
typedef char *CHARP;
CHARP p;
```

等价于：　char *p;

初学者可能会感到，上述说明形式似乎不够直观，不好理解。下面以此为例来解释说明一个新类型名的具体步骤：

(1) 首先按通常定义变量的方法写出定义的主体：

```
char *p;
```

(2) 将变量名换成新类型名：

```
char *CHARP;
```

(3) 在最左面加上关键字 typedef：

```
typedef char *CHARP;
```

(4) 可以用新类型名定义变量了：

```
CHARP p;
```

14.2 结构体类型

结构体是一种较为复杂但却非常灵活的构造型数据类型。一个结构体类型可以由若干个称为成员(或域)的成分组成。不同的结构体类型可根据需要,由不同的成员组成。对于某个具体的结构体类型,成员的数量必须固定,这一点与数组相同;但该结构体中各个成员的类型可以不同,这是结构体与数组的重要区别。因此,当需要把一些相关信息组合在一起时,采用结构体这种类型就很方便。例如,我们常用的“日期”可由以下三部分描述:年(year)、月(month)、日(day),它们都可以选用整型数表示。可以把这三个成员组成一个整体,并给它取名为date,这就是一个最简单的结构体。

再以学生档案为例,假设包括如下数据项:

姓名(name):字符串

性别(sex):字符型

出生日期(birthday):date结构体

四门课成绩(sc):一维实型数组

可以将这四个成员组成一个名为student的整体,这就构成了一个稍复杂些的结构体类型。显然,这些数据之间有着相互关联的关系,只有结合起来看才有实用价值。

14.2.1 结构体类型的说明

结构体类型说明的一般形式为:

```
struct 结构体标识名
{   类型名1   结构成员名表1;
    类型名2   结构成员名表2;
        ⋮
    类型名n   结构成员名表n;
};
```

其中struct是关键字,是结构体类型的标志。“结构体标识名”和“结构成员名”都是用户定义的标识符,其中“结构体标识名”是可选项,在说明中可以不出现。每个“结构成员名表”中都可以含有多个同类型的成员名,它们之间以逗号分隔。结构体中的成员名可以和程序中的其他变量同名;不同结构体中的成员也可以同名。注意:结构体说明同样要以分号;结尾。

依此格式,上述关于日期的结构体类型可以说明如下:

```
struct date
{ int year, month, day; };
```

结构体类型说明中的“类型名1”~“类型名n”,不仅可以是简单数据类型,也可以是构造类型,当然也可以是某种结构体类型。当结构体说明中又包含结构体时,称为结构体的嵌套。例如,关于上述学生档案的结构体类型可以说明如下:

```
struct student
```

```
{  char name[12];
   char sex;
   struct date birthday;
   float sc[4];
};
```

以上说明中,birthday 成员的类型 struct date 是一个已说明过的结构体类型。若没有事先说明这一类型,以上结构类型说明可改写成如下形式:

```
struct student
{  char name[12];
   char sex;
   struct
   {  int year;
      int month;
      int day;
   } birthday;
   float sc[4];
};
```

ANSI C 标准规定结构体至少允许嵌套 15 层,并且允许内嵌结构体成员的名字与外层成员的名字相同。

结构体类型的说明只是列出了该结构的组成情况,标志着这种类型的结构"模式"已存在,编译程序并没有因此而分配任何存储空间。真正占有存储空间的仍应是具有相应结构体类型的变量、数组以及动态开辟的存储单元,只有这些"实体"才可以用来存放结构体的数据。因此,在使用结构体变量、数组或指针变量之前,必须先对这些变量、数组或指针变量进行定义。

14.2.2 结构体类型的变量、数组和指针变量的定义

可以用以下四种方式定义结构体类型的变量、数组和指针变量:

(1) 紧跟在结构体类型说明之后进行定义。例如:

```
struct student
{  char name[12];
   char sex;
   struct date birthday;
   float sc[4];
} std, pers[3], *pstd;
```

此处在说明结构体类型 struct student 的同时,定义了一个结构体变量 std、具有 3 个元素的结构体数组 pers 和基类型为结构体类型的指针变量 pstd。

变量 std 的结构如图 14.1 所示。

具有这一结构体类型的变量中只能存放一组数据(即一个学生的档案)。结构体变量中的各成员在内存中按说明中的顺序依次排列。

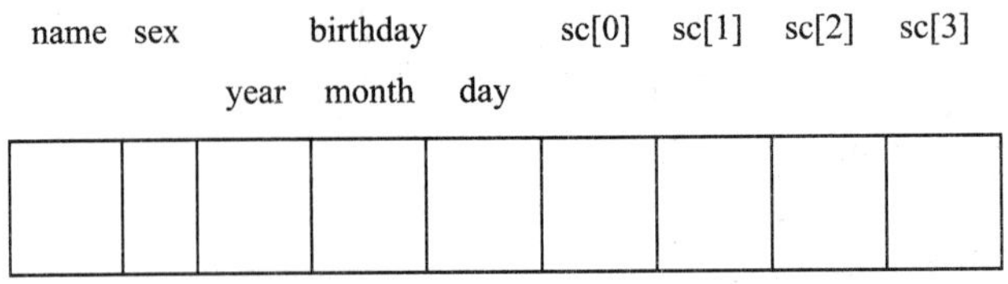

图 14.1 变量 std 的结构示意图

如果要存放多个学生的数据,就要使用结构体类型的数组。以上定义的数组 pers 就可以存放三名学生的档案,它的每一个元素都是一个 struct student 类型的变量,仍然符合数组元素属同一数据类型这一原则。

以上定义的指针变量 pstd 可以指向具有 struct student 类型的存储单元,但目前还没有具体的指向。

(2) 在说明一个无名结构体类型的同时,直接进行定义。例如:以上定义的结构体中可以把 student 略去,写成:

```
struct
{   …
} std, pers[3], *pstd;
```

这种方式与前一种的区别仅仅是省去了结构体标识名,通常用在不需要再次定义此类型结构体变量的情况。

(3) 先说明结构体类型,再单独进行变量定义。例如:

```
struct student
{     …
} ;
struct student std, pers[3], *pstd;
```

此处先说明了结构体类型 struct student,再由一条单独的语句定义了变量 std、数组 pers 和指针变量 pstd。使用这种定义方式应注意:不能只使用 struct 而不写结构体标识名 student,因为 struct 不像 int、char 可以唯一的标识一种数据类型。作为构造类型,属于 struct 类型的结构体可以有任意多种具体的“模式”,因此 struct 必须与结构体标识名共同来说明不同的结构体类型。此外,也不能只写结构体标识名 student 而省掉 struct。因为 student 不是类型标识符,由关键字 struct 和 student 一起才能唯一地确定以上所说明的结构体类型。

(4) 使用 typedef 说明一个结构体类型名,再用新类型名来定义变量。例如:

```
typedef struct
          {  char ame[12];
             char sex;
             struct date brthday;
             float sc[4];
          } STREC;
STREC std, pers[3], *pstd;
```

此处 STREC 是一个具体的结构体类型名，它能够唯一地标识这种结构体类型。因此，可用它来定义变量，如同使用 int、char 一样，不可再写关键字 struct。

14.2.3 给结构体变量、数组赋初值

和一般的变量、数组一样，结构体变量和数组也可以在定义的同时赋初值。

一、给结构体变量赋初值

所赋初值顺序放在一对花括号中，例如：

```
struct student
{  char name[12];
   char sex;
   struct date birthday;
   float sc[4];
} std = {"Li Ming", 'M', 1962, 5, 10, 88, 76, 85.5, 90};
```

赋初值后，变量 std 的内容如图 14.2 所示。

name	sex	birthday			sc[0]	sc[1]	sc[2]	sc[3]
		year	month	day				
Li Ming	M	1962	5	10	88.0	76.0	85.5	90.0

图 14.2 赋初值后变量 std 的内容

对结构体变量赋初值时，C 编译程序按每个成员在结构体中的顺序一一对应赋初值，不允许跳过前面的成员给后面的成员赋初值，但可以只给前面的若干个成员赋初值，对于后面未赋初值的成员，系统将自动为数值型和字符型数据赋初值零。

二、给结构体数组赋初值

给结构体数组赋初值的规则与第 9 章中介绍的相同。只是由于数组中的每个元素都是一个结构体，因此通常将其成员的值依次放在一对花括号中，以便区分各个元素。例如：

```
struct bookcard
{  char num[5];
   float money;
} bk[3] = { {"NO.1",35.5}, {"NO.2",25.0}, {"NO.3",66.7} };
         /*    bk[0]           bk[1]            bk[2]  */
```

也可以通过这种赋初值的方式，隐含确定结构体数组的大小。即：由编译程序根据所赋初值的成员个数决定数组元素的个数。以下是一个给二维数组赋初值的例子：

```
struct
{  char ch;
   int i;
   float x;
```

```
} arr[2][3] = {{{'a', 1, 3e10}, {'a', 2, 4e10}, {'a', 3, 5e10}},      /* 第一行 */
               {{'b', 1, 6e5}, {'b', 2, 7e5}, {'b', 3, 8e5}}          /* 第二行 */
              };
```

根据花括号的嵌套关系,可以清楚地分辨出所赋初值与数组元素一一对应的关系。

14.2.4 引用结构体变量中的数据

对结构体类型变量中的数据可以逐个引用成员进行操作,也可以对结构体类型变量进行整体赋值操作。下面将分别给予介绍。

一、对结构体变量成员的引用

若已定义了一个结构体变量和基类型为同一结构体类型的指针变量,并使该指针指向同类型的变量,则可用以下三种形式来引用结构体变量中的成员。结构体变量名也可以是已定义的结构体数组的数组元素。

(1) 结构体变量名. 成员名

(2) 指针变量名-> 成员名

(3) (* 指针变量名). 成员名

其中点号. 称为成员运算符;箭头->称为结构指向运算符,它由减号-和大于号>两部分构成,它们之间不得有空格;在第三种形式中,一对圆括号不可少。这些运算符与圆括号、下标运算符的优先级相同,在 C 语言的运算符中优先级最高。例如:给出如下定义和语句:

```
struct student
{   char name[12];
    char sex;
    struct date birthday;
    float sc[4];
} std, arr[5], * ps;
ps = &std;
```

(1) 若要引用结构体变量 std 中的 sex 成员,可写作:

```
std.sex          /* 通过结构体变量引用 */
ps->sex          /* 通过指针变量引用 */
( * ps).sex      /* 通过指针变量引用 */
```

注意,这时指针变量 ps 必须已指向确切的存储单元。最后一种形式中的一对圆括号不可以省略,若把(* ps). sex 写成: * ps. sex,由于点号的优先级高于星号,因此,这相当于 * (ps. sex),显然这是非法的,因为 sex 不是一个指针变量。

若要引用结构体数组 arr 的第 0 个元素 arr[0]中的 sex 成员,可写作 arr[0]. sex。注意:不能写作 arr. sex,因为 arr 是一个数组名不是变量。

(2) 若要引用结构体变量 std 中的数组成员 sc 中的元素 sc[2]时,可写作 std. sc[2]或 ps->sc[2]或(* ps). sc[2],不能写成 std. sc,因为 sc 是一个数组名,C 语言不允许对数组整体访问(字符串除外),只能逐个引用其元素。对于结构体数组 arr 可写作 arr[0]. sc[2]。

(3) 若结构体变量中的成员是作为字符串使用的字符型数组,如结构体中的成员 name,由于可以将其看作"字符串变量",因此其引用形式可以是 std. name 或 ps->name 或(* ps). name

或 arr[0].name。

(4) 结构体变量中内嵌结构体变量成员的引用

访问结构体变量中各内嵌结构体成员时,必须逐层使用成员名定位。例如,引用结构体变量 std 中的出生年份时,可写作 std.birthday.year、ps->birthday.year、(*ps).birthday.year。引用结构体数组 arr 第 0 个元素 arr[0]中的出生年份时,可写作 arr[0].birthday.year。注意:birthday 后面不能使用->运算符,因为 birthday 不是指针变量。对于多层嵌套的结构体,引用方式与此类似,即按照从最外层到最内层的顺序逐层引用,每层之间用点号隔开。

二、对结构体变量中的成员进行操作

结构体变量中的每个成员都属于某个具体的数据类型。因此,结构体变量中的每个成员都可以像普通变量一样,对它进行同类变量所允许的任何操作。例如:成员变量 std.name 是字符串型,可以对它进行任何字符串所允许的操作,包括输入输出。

若有定义:

```
struct student std, pers [5], * pstd;
```

(1) 以下对相应变量中的 name 成员所进行的操作都是合法的:

① scanf("%s",std.name); 或 gets(std.name);

② pstd = &std; scanf ("%s", pstd->name); 或 gets (pstd->name);

③ for (i = 0; i < 3; i++) scanf ("%s", pers[i].name);

④ strcpy (std.name, "Li Ming");

注意:不能写成:std.name = "Li Ming";因为成员 name 为字符数组,不能直接用赋值语句赋字符串。

(2) 以下对相应变量中的 sex 成员进行操作:

① scanf ("%c",&std.sex); 或 std.sex = getchar ( );

② pstd = &std;

  scanf ("%c", &pstd->sex); 或 std->sex = getchar ( );

③ for(i = 0; i < 3; i++) scanf ("%c", &pers[i].sex);

④ std.sex = 'M';

(3) 以下对相应变量中的 birthday 成员中的 year 进行操作:

① scanf ("%d", &std.birthday.year);

② pstd = &std;

  scanf ("%d", &pstd->dirthday.year);

③ for(i = 0; i < 3; i++) scanf ("%d", &pers[i].birthday.year);

④ std.birthday.year = 1962;

(4) 以下对相应变量中的成员数组 sc 中的元素进行操作:

① for (j = 0; j < 5; j++) scanf ("%f",&std.sc[j]);

② pstd = &std;

  for (j = 0; j < 5; j++) scanf ("%f",&pstd->sc[j]);

③ for (i = 0; i < 3; i++)

  for (j = 0; j < 5; j++)

  { scanf ("%f",&std.sc[j]);

```
    pers[i].sc[j] = std.sc[j];
  }
```

三、通过指针变量引用结构体成员的注意事项

当通过指针变量来引用结构体成员，并且与++、--等运算符组成表达式时，应当根据运算符的优先级别来确定表达式的含义。例如，若有以下说明和定义：

```
struct
{ int a; char *s; } x, *p=&x;
```

且变量 x 的成员 a、指针成员 s 已正确赋值，则表达式：++ p ->a 使得 x 的成员 a 增 1，而不是 p 增 1，因为运算符->的优先级高于++，表达式等价于++(p->a)。如果要在访问 x 的成员 a 之前使 p 增 1，应当写成：(++p)->a。表达式(p++)->a 与 p++ ->a 等价，效果都是在访问了 p 所指变量中的 a 成员之后，指针 p 再增 1。

同理，表达式 * p->s 引用的是变量 x 中 s 所指存储单元；* p->s++是在引用了变量 x 中 s 所指存储单元之后，使指针 s 增 1；表达式(* p->s)++使得变量 x 中 s 所指的存储单元的值增 1；表达式 * p++->s 在访问了变量 x 中 s 所指存储单元之后，使 p 增 1。

四、相同类型结构体变量之间的整体赋值

ANSI C 标准允许相同类型的结构体变量之间进行整体赋值。设有定义：

```
struct
{   char name[10];
    int num;
} per1, per2 = {"YANGGM", 46};
```

执行赋值语句：per1 = per2；后，per2 中每个成员的值都赋给了 per1 中对应的同名成员。这种赋值方法很简捷，但必须保证赋值号两边结构体变量的类型相同。

14.2.5 函数之间结构体变量的数据传递

在调用函数时，可以将结构体变量中的成员作为实参单独传递，也可以将结构体变量作为实参进行整体传送。下面将对传递的具体形式分别给予介绍。

一、向函数传递结构体变量中单个成员的数据

在前面曾指出：结构体变量中的每个成员可以是简单变量、数组或指针变量等，它们可以参与所属类型允许的任何操作。这一原则在参数传递中仍适用。

二、向函数传递整个结构体变量中的数据

当把结构体变量中的数据作为一个整体传送给相应的形参时，传递的是实参结构体变量中的值，系统将为结构体类型形参开辟相应的存储单元，并将实参中各成员的值一一对应赋给形参中的成员。函数体内对形参结构体变量中任何成员的操作，都不会影响对应实参中成员的值，从而保证了调用函数中数据的安全，但这也限制了将运算结果返回给调用函数。

三、传递结构体变量的地址

另一种方式是将结构体变量的地址作为实参传递。这时，对应的形参应该是一个基类型相同的结构体类型的指针变量。系统只需为形参指针变量开辟一个存储单元存放实参结构体变量的地址值，而不必另行建立一个结构体变量。这样既可以减少系统操作所需的时间，提高程序的执行效率,又可以通过函数调用,有效地修改实参结构体中成员的值。

例 14.1 通过函数给结构体成员赋值。

```
#include <stdio.h>
typedef struct
    { char s[10];
      int t;
    }ST;
getdata ( ST *p ) /* 形参为结构体类型的指针变量 */
{ scanf ( "%s %d", p->s, &p->t ); }
main( )
{ ST a;
   getdata ( &a ); /* 结构体变量的地址作实参 */
   printf ("%s, %d\n", a.s, a.t );
}
```

四、向函数传递结构体数组名

向函数传递结构体变量时,传递的是实参结构体变量中各成员的值,函数中形参结构体变量的改变不会影响到实参结构体变量;而向函数传递结构体数组名时,传递的是实参结构体数组的首地址,函数中对应的形参应该是指向结构体的指针变量,利用这一指针变量对数组进行的任何操作都将直接影响到实参结构体数组。

例 14.2 对比向函数传递结构体数组名和向函数传递结构体变量名的区别。

下面的程序中,main 函数中定义了一个结构体变量 a 和一个结构体数组 b,并赋有初值。

调用 sub1 函数时,将结构体变量 a 的值作为实参传给了形参 x,在 sub1 函数中,为 x 的两个成员重新赋予了新值。但当返回到主函数时,形参 x 被释放,主函数中的结构体变量 a 仍保持原值不变。所以程序的第一行输出为:A) 16, 90.0。

调用 sub2 函数时,将结构体数组名作为实参传给了形参指针 y,使结构体指针 y 指向了数组 b 的首地址。因此,在 sub2 函数中,对指针所指数组元素中的两个成员的赋值,实际就是对数组 b 中元素的赋值。所以,返回主函数后,数组 b[0]中两个成员的值已被更新。程序的第二行输出为 B) 12, 77.5。

```
#include <stdio.h>
typedef struct
    { int num; double mark; }REC;
void sub1( REC x ) { x.num=23; x.mark=81.5; }
void sub2( REC y[ ]) { y[0].num=12; y[0].mark=77.5; }
main( )
{ REC a={16,90.0 }, b[ ]={16,90.0 };
   sub1(a); printf("A) %d, %5.1lf\n",a.num,a.mark);
   sub2(b); printf("B) %d, %5.1lf\n",b[0].num,b[0].mark);
```

```
}
```

程序的运行结果为：

A) 16, 90.0

B) 12, 77.5

五、函数的返回值是结构体类型

例 14.3 通过函数返回结构体类型的值。

```
#include <stdio.h>
typedef struct
    {  int a;
       char b;
    } ST;
ST fun ( ST x)/* 函数的返回值类型是结构体类型 ST */
{ x.a = 99; x.b = 'S'; return x; }
main( )
{   ST y;
    y.a=0;   y.b='A';   printf( " y.a = %d y.b = %c\n", y.a, y.b );
    y=fun (y);          printf( " y.a = %d y.b = %c\n", y.a, y.b );
}
```

程序的运行结果为：

```
y.a=0 y.b=A
y.a=99 y.b=S
```

六、函数的返回值可以是指向结构体变量的指针类型

例 14.4 通过函数的返回值返回指向结构体变量的指针。

```
#include <stdio.h>
typedef struct
    {  int a;
       char b;
    } ST;
ST *fun ( ST x) /* 函数的返回值是 ST *类型 */
{   ST *px;
    x.a = 100; x.b = 'C'; px = &x;
    return px;
}
main( )
{   ST y, *p;
    y.a = 999; y.b = 'X'; printf( " y.a = %d y.b = %c\n", y.a, y.b );
    p = fun ( y );        printf( " (*p).a = %d   (*p).b = %c\n", (*p).a, p->b );
}
```

程序的运行结果为：

```
y.a = 999      y.b = X
(*p).a = 100 (*p).b = C
```

例 14.5 读入五位用户的姓名和电话号码，按姓名的字典顺序排列后，输出用户的姓名和电话号码。

下面的程序中说明了一个名为 USER 的结构体类型，该结构体包含了两个字符串变量用以存放姓名和电话号码。getdata 函数读入五位用户的姓名和电话号码，放入形参 sp 所指结构体数组中。getsort 函数把结构体数组元素中的数据按姓名的字典顺序排列。outdata 函数输出最后的结果。

```
#include "stdio.h"
#include "string.h"
#define N 5
typedef struct
    { char name[20];
      char  num[10];
    }USER;
void getdata ( USER *sp );
void getsort ( USER *sp );
void outdata ( USER *sp );
main( )
{  USER sp[N];
   getdata ( sp ); getsort ( sp ); outdata ( sp );
}
void getdata ( USER *sp )
{  int i;
   printf ("Enter name & phone number :\n");
   for ( i = 0; i < N; i++ ){ gets( sp[i].name ); gets( sp[i].num ); }
}
void getsort ( USER *sp )
{  int i, j, k;
   USER temp;
   for ( i = 0; i < N-1; i++ ) /* 按成员 name 的大小重新排列 sp 数组的元素 */
   { k = i;
   for ( j = i + 1; j < N; j++ )
     if (strcmp (sp[k].name, sp[j].name) > 0) k = j;
   temp = sp[k]; sp[k] = sp[i]; sp[i] = temp; /* 结构体整体赋值 */
  }
}
void outdata ( USER *sp )
{  int i;
   printf ("after sorted :\n");
   for ( i = 0; i < N; i++ ) printf ("%s, %s\n", sp[i].name, sp[i].num );
}
```

14.2.6 利用结构体变量构成链表

一、结构体中含有可以指向本结构体的指针成员

前面已知结构体中的成员可以是各种类型的指针变量。当一个结构体中有一个或多个成员的基类型就是本结构体类型时,通常把这种结构体称为可以“引用自身的结构体”。例如:

```
struct link
{   char ch;
    struct link  * p;
} a;
```

在这里,p 是一个可以指向 struct link 类型变量的指针成员,因此,a. p = &a 是合法的表达式,由此构成的存储结构如图 14.3 所示。

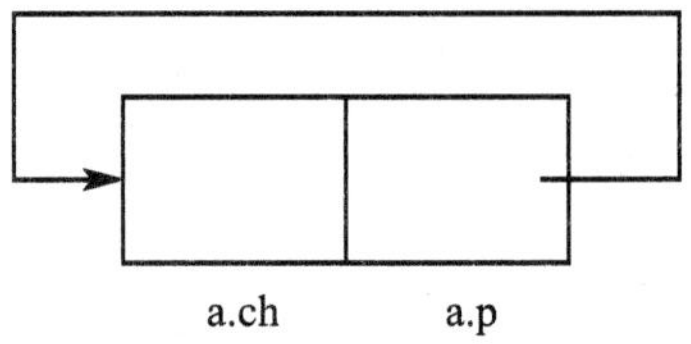

图 14.3 引用自身的结构体

例 14.6 一个简单的链表:

```
#include <stdio. h>
struct node
{   int data;
    struct node  * next;
};
typedef struct node NODETYPE;
main( )
{   NODETYPE   a, b, c,  * h,  * p;
    a. data = 10; b. data = 20; c. data = 30; /* 给变量中的 data 域赋值 */
    h = &a; /* 将结点相连 */
    a. next = &b; b. next =&c; c. next = '\0';
    p = h;
    while( p ) /* 移动 p,使之依次指向 a、b、c,输出它们 data 域中的值 */
    {   printf( "%d ",p->data );
        p=p->next;          /* p 顺序后移 */
    }
    printf( "\n" );
}
```

以上程序中所定义的结构体类型 NODETYPE 共有两个成员:成员 data 是整型;成员 next 是

指针类型,其基类型为 NODETYPE 类型。

main 函数中定义的变量 a、b、c 都是结构体变量,它们都含有 data 和 next 两个成员;变量 h 和 p 是指向 NODETYPE 结构体类型的指针变量,它们与结构体变量 a、b、c 中的成员变量 next 类型相同。

执行程序中的赋值语句后,形成如图 14.4 所示的存储结构。即 h 中存放变量 a 的地址;变量 a 的成员 a.next 中存放变量 b 的地址……最后一个变量 c 的成员 c.next 置成'\0'(NULL)(在图中通常用^表示)。这样就把同一类型的结构体变量 a、b、c“链接”到一起,形成所谓的“链表”,变量 a、b、c 称为链表的结点。

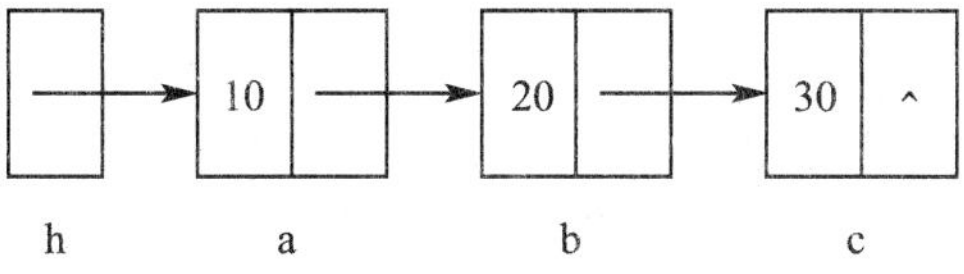

图 14.4 链表存储结构示意图

在此例中,链接到一起的每个结点(结构体变量 a、b、c)都是通过定义,由系统在内存中开辟了固定的、不一定连续的存储单元,在程序执行的过程中,不可能人为地再产生新的存储单元,也不可能人为地使已开辟的存储单元消失。从这一角度出发,可称这种链表为“静态链表”。在实际中,更广泛使用的是一种“动态链表”,这将是本节介绍的重点。

二、动态链表的概念

到目前为止,凡是遇到处理“批量”数据时,我们都是利用数组来存储。定义数组必须(显式地或隐含地)指明元素的个数,从而也就限定了能够在一个数组中存放的数据量。在实际应用中,一个程序在每次运行时要处理数据的数目通常并不确定,数组如果定义得小了,将没有足够的空间存放数据,定义大了又会浪费存储空间。对于这种情况,如果能在程序执行过程中,根据需要随时开辟存储单元,不需要时再随时释放,就能比较合理地使用存储空间。C 语言的动态存储分配提供了这种可能性。但各次动态分配的存储单元,其地址不一定是连续的,而所需处理的批量数据往往是一个整体,各数据之间存在着接序关系,如果利用链表这样的存储结构就完全可以反映出数据之间的相互联系。在这种链表的每个结点中,除了要有存放数据本身的数据域外,至少还需要有一个指针域,用它来存放下一个结点元素的地址,以便通过这些指针把各结点连接起来,从而形成如图 14.5 所示的链表。由于链表中的每个存储单元都由动态存储分配获得,故称这样的链表为“动态链表”(后面简称链表)。需要强调的是:在这种动态链表中,每个结点没有自己的名字,只能靠指针维系结点之间的接续关系。一旦某个结点的指针“断开”,后续结点就再也无法找寻。

每个链表都用一个“头指针”变量来指向链表的开始,如图 14.5 中的 head。也就是说,在 head 中存放了链表第一个结点的地址。在这个链表中,我们设置了一个“头结点”,这个结点的数据域中不存放数据(根据需要也可以不设头结点)。链表最后一个结点的指针域不需存放地址时,就置成'\0'(NULL)值,标志着链表的结束。上述链表的每个结点只有一个指针域,每个指

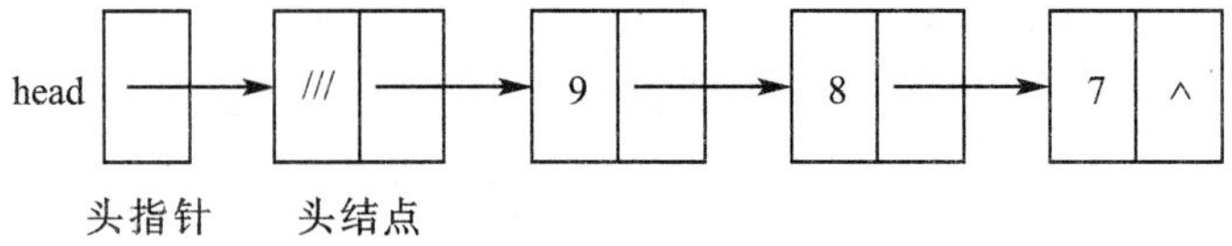

图 14.5 带有头结点的单向链表

针域存放着下一个结点的地址，因此，这种链表只能从当前结点找到后继结点，故称为“单向链表”。

三、单向链表

为构成如图 14.5 所示的单向链表，每个结点应该由两个成员组成：一个是整型的成员；一个是指向自身结构的指针类型成员。结点的类型定义如下：

```
struct slist
{  int data;
   struct slist *next;
};
typedef struct slist SLIST;
```

下面将以图 14.5 所示的链表结构为例，介绍有关单向链表的基本算法，包括链表的建立、结点数据域的输出、结点的插入和删除。

(1) 建立带有头结点的单向链表。建立单向链表的主要操作步骤如下：

① 读取数据。

② 生成新结点。

③ 将数据存入结点的成员变量中。

④ 将新结点插入到链表中。重复上述操作直至输入结束。

例 14.7 编写函数 creat_slist1，建立如图 14.5 所示的带有头结点的单向链表。结点数据域中的数值从键盘输入，以 -1 作为输入结束标志。链表的头结点的地址由函数值返回。

我们在函数中定义了一个名为 h 的指针变量，用于存放头结点的地址；另外还定义了两个工作指针：s 和 r，其中指针 s 用来指向新生成的结点，指针 r 总是指向链表当前的尾结点。每当把 s 所指的新开辟的结点连接到表尾后，r 便移向这一新的表尾结点，这时又可用 s 去指向下一个新开辟的结点，就是使 r 承上，用 s 启下。

链表最后一个结点的指针域中置'\0'(NULL 值)，作为单向链表的结束标志。

链表建成后，头结点的地址作为 creat_slist1 函数的函数值由 return 语句返回并赋给 main 函数中的指针变量 head，因此函数的类型应该是基类型为 SLIST 的指针类型。

函数如下：

```
#include <stdio.h>
#include <stdlib.h>
SLIST *creat_slist1()
{  int c;
```

```
    SLIST *h, *s, *r;
    h = ( SLIST * )malloc (sizeof (SLIST) );/* 生成头结点 */
    r = h ;
    scanf("%d", &c);/* 读入数据 */
    while ( c != -1) /* 未读到数据结束标志时进入循环 */
    {   s = ( SLIST * ) malloc (sizeof (SLIST) ); /* 生成一个新结点 */
        s->data = c;            /* 读入的数据存入新结点的 data 域 */
        r->next = s;        /* 新结点连到表尾 */
        r = s;              /* r 指向当前表尾 */
        scanf("%d", &c);            /* 读入数据 */
    }
    r->next = '\0';           /* 置链表结束标志 */
    return h ;              /* 返回表头指针 */
}
main( )
{   SLIST * head;
        ⋮
    head = creat_slist1 ( );/* 调用链表建立函数,得到头结点地址 */
        ⋮
}
```

调用 creat_slist1 函数时,若一开始就输入-1,控制流程不会进入 while 循环,而直接执行循环之后的 r->next = '\0'; 语句,这时建立的是一个空链表,其结构如图 14.6 所示。

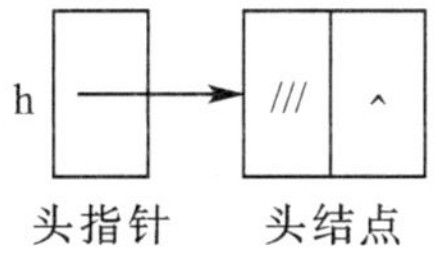

图 14.6 带有头结点的空链表

由此可见,判断此链表是否为空链表,可用条件:h ->next == '\0'。

(2) 顺序访问链表中各结点的数据域。

例 14.8 编写函数 print_slist,顺序输出单向链表各结点数据域中的内容。

所谓"访问",可以理解为取各结点的数据域中的值进行各种运算、修改各结点的数据域中的值等一系列的操作。本题是顺序访问链表中各结点数据域的典型例子。

输出单向链表各结点数据域中的内容的算法比较简单,只需利用一个工作指针(p),从头到尾依次指向链表中的每个结点;当指针指向某个结点时,就输出该结点数据域中的内容,直到遇到链表结束标志为止。如果是空链表,就只输出有关信息并返回调用函数。

函数如下:

```
#include <stdio.h>
```

```
#include <stdlib. h>
void print_slist ( SLIST  *head )
{   SLIST  * p;
    p=head->next;/ *  p 指向头结点后的第一个结点  * /
    if ( p== '\0' ) printf ( "Linklist is null!  \n" ) ; / * 链表为空(只有头结点) * /
    else                          / * 链表非空 * /
    { printf (  "head"  ) ;
        do
        {   printf ( "—>% d", p->data ) ;           / *  输出当前结点数据域中的值  * /
          p  =  p->next;                          / *  p 指向下一个结点  * /
        }
      while ( p ! = '\0' ) ;                          / * 未到链表尾,继续循环 * /
      printf( "—>end\n" ) ;
    }
}
```

(3) 在单向链表中插入结点。在单向链表中插入结点,首先要确定插入的位置。当待插结点插在指针 p 所指的结点之前称为“前插”;当待插结点插在指针 p 所指的结点之后称为“后插”。图 14.7 示意了“前插”操作过程中各指针的指向。

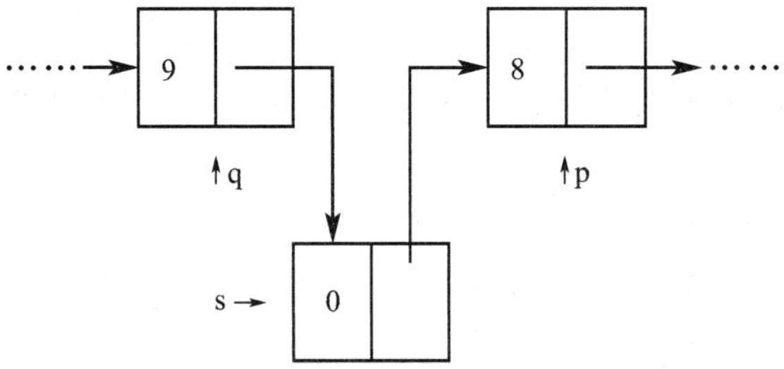

图 14.7 单向链表中结点的插入

当进行“前插”操作时,需要三个工作指针:图中用 s 来指向新开辟的结点;用 p 指向插入的位置;q 指向 p 的前趋结点(由于是单向链表,没有指针 q,就无法通过 p 去指向它所指的前趋结点)。

例 14.9 编写函数 insert_snode,它的功能是:在值为 x 的结点前插入值为 y 的结点,若值为 x 的结点不存在,则插在表尾。

函数 insert_snode 中综合运用了“查找”和“前插”的算法。

由于本例中的单向链表采用了带有头结点的结构,不需单独处理新结点插在表头的情况,从而简化了操作。

在进行插入操作的过程中,可能遇到三种情况:

① 链表非空,值为 x 的结点存在,新结点应插在该结点之前。

② 链表非空,但值为 x 的结点不存在,按要求,新结点应插在表尾。

③ 链表为空表,这种情况相当于值为 x 的结点不存在,新结点应插在表尾,即插在头结点之后,作为表的第一个结点。

函数 insert_snode 将对这三种情况进行处理。

```
#include <stdio. h>
#include <stdlib. h>
insert_snode ( SLIST  *head, int x, int y )
{   SLIST  *s, *p, *q;
    s = ( SLIST * ) malloc ( sizeof ( SLIST ) );     /* 生成新结点 */
    s->data = y;                                  /* 新结点中存入 y 值 */
    q = head; p = head->next;                     /* 工作指针初始化,p 指向第一个结点 */
    while ( ( p != '\0' ) && ( p->data != x ) )     /* 表非空且未到表尾,查找 x 的位置 */
    {   q = p;     p = p->next; }                       /* q 指向 p 的前趋结点 */
    s->next = p; q->next = s;
    /*  x 存在,插在 x 之前;x 不存在,p 的值为 NULL,插在表尾 */
}
```

在函数中,对于空表,在执行 p = head->next; 后,p 的值就为 NULL,因此不会进入循环;当表非空时,进入循环,在 while 循环中,当出现 p == '\0' 时,将退出循环,这时 p 中的值已经是 NULL,这意味着查找结束,链表中不存在值为 x 的结点。对于这两种情况,语句 s->next = p; q->next = s; 将使新结点插在表尾。当链表中存在值为 x 的结点时,p 中的值一定不为'\0',语句s->next = p; q->next = s; 使新结点插在 x 结点之前。

需要注意的是:while 中两个条件的顺序不能对调! 当 p == NULL 时,C 编译程序将“短路”掉第二个条件,不做判断,否则如果先判断 p->data != x 的条件,由于 p 中的值已为 NULL,这时再要访问 p->data,就会发生访问虚地址的错误操作。

(4) 删除单向链表中的结点。为了删除单向链表中的某个结点,首先要找到待删结点的前趋结点,然后将此前趋结点的指针域去指向待删结点的后续结点(q->next=p->next),最后释放被删结点所占存储空间(free(p))即可。图 14.8 示意了结点的删除操作。

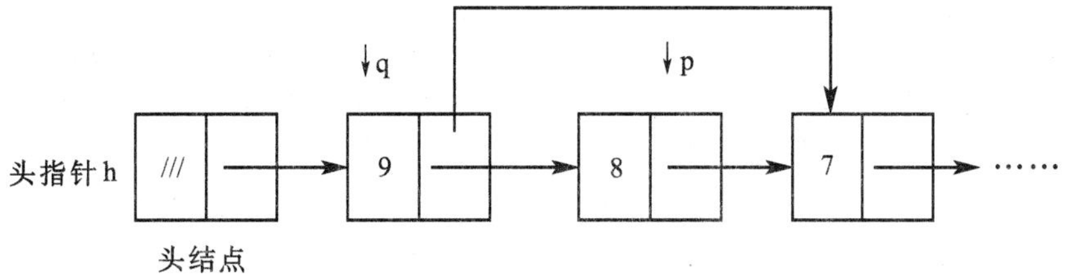

图 14.8 单向链表结点的删除

14.3 共用体

共用体的类型说明和变量的定义方式与结构体的类型说明和变量定义的方式完全相同，不同的是，结构体变量中的成员各自占有自己的存储空间，而共用体变量中的所有成员占有同一个存储空间。

14.3.1 共用体类型的说明和变量定义

一、共用体类型的说明

共用体类型说明的一般形式为：

```
union 共用体标识名
{   类型名1   共用体成员名1;
    类型名2   共用体成员名2;
      ⋮
    类型名n   共用体成员名n;
};
```

例如：

```
union un_1
{   int i;
    float x;
    char ch;
};
```

其中 union 是关键字，是共用体类型的标志。un_1 是共用体标识名，“共用体标识名”和“共用体成员名”都是由用户定义的标识符。按语法规定，共用体标识名是可选项，在说明中可以不出现。共用体中的成员可以是简单变量，也可以是数组、指针、结构体和共用体（结构体的成员也可以是共用体）。

二、共用体变量的定义

共用体变量的定义和结构体变量的定义相似，也可以采用四种方式。例如：

```
union un_1
{   int i;
    double x;
} s1, s2, *p;
```

这里变量 s1 的存储空间如图 14.9 所示。

说明：

(1) 共用体变量在定义的同时只能用第一个成员的类型的值进行初始化，因此，以上定义的变量 s1 和 s2，在定义的同时只能赋予整型值。

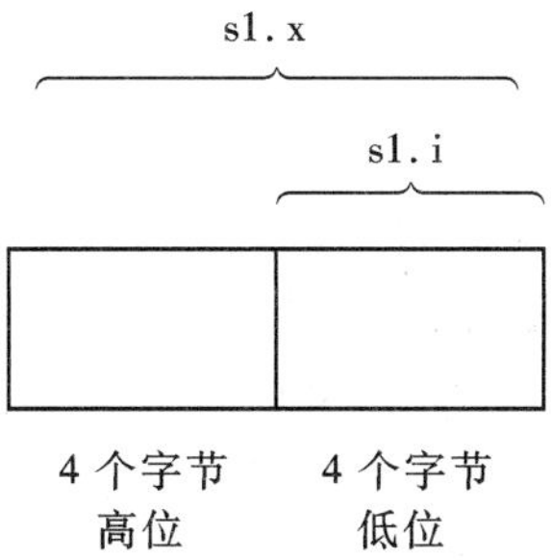

图 14.9 共用体成员共用存储单元示意图

（2）可以看出:共用体类型变量的定义,在形式上与结构体变量的定义非常相似,但它们是有本质区别的:结构体变量中的每个成员分别占有独立的存储空间,因此结构体变量所占内存字节数是其成员所占字节数的总和;而共用体变量中的所有成员共享一段公共存储区,所以共用体变量所占内存字节数与其成员中占字节数最多的那个成员相等。若 int 型占 4 个字节,double 型占 8 个字节,则以上定义的共用体变量 s1 占 8 字节,而不是 4+8=12 个字节。

（3）由于共用体变量中的所有成员共享存储空间,因此变量中的所有成员的首地址相同,而且变量的地址也就是该变量成员的地址。例如:&s1 == &s1.i == &s1.x。

14.3.2 共用体变量的引用

一、共用体变量中成员的引用

共用体变量中每个成员的引用方式与结构体完全相同,可以使用以下三种形式之一:

（1）共用体变量名.成员名

（2）指针变量名->成员名

（3）(*指针变量名).成员名

例如:若 s1、s2 和 p 的定义如前,且有 p=&s1,则 s1.i、s1.x,或 p->i、p->x、(*p).i、(*p).x 都是合法的引用形式。

共用体变量中的成员变量同样可参与其所属类型允许的任何操作。但在访问共用体变量中的成员时应注意:共用体变量中起作用的是最近一次存入的成员变量的值,原有成员变量的值将被覆盖。例如:

```
s1.x = 123.4;
s1.i = 100;
printf ( "%f\n", s1.x );
```

在此程序段中,最近一次是给共用体变量 s1 中的整型成员变量 s1.i 赋值,在输出语句中输出项是共用体变量 s1 中的浮点型成员变量 s1.x 。这时系统并不报错,但输出的结果既不会是 123.4,也不是 100.0。系统将按照用户选择的成员类型(double)来解释公用存储区中存放的数值(100)。

二、共用体变量的整体赋值

ANSI C 标准允许在两个类型相同的共用体变量之间进行赋值操作。设有:s1.i=5,则执行：

```
s2 = s1;
printf ("%d\n", s2.i );
```

输出的值为 5。

三、向函数传递共用体变量的值

同结构体变量一样，共用体类型的变量可以作为实参进行传递，也可以传送共用体变量的地址。

例 14.10 利用共用体类型的特点分别取出 short 型变量高字节和低字节中的两个数。

```
#include <stdio.h>
union change
{   char c[2];
    int a;
} un;
main( )
{   un.a = 16961;
    printf("%d,%c\n",un.c[0] ,un.c[0]); printf("%d,%c\n",un.c[1] ,un.c[1]);
}
```

共用体变量 un 中包含两个成员：字符数组 c 和 short 型变量 a，它们恰好都占两个字节的存储单元。由于是共用存储单元，给 un 的成员 a 赋值后，内存中数据的存储情况如图 14.10 所示。

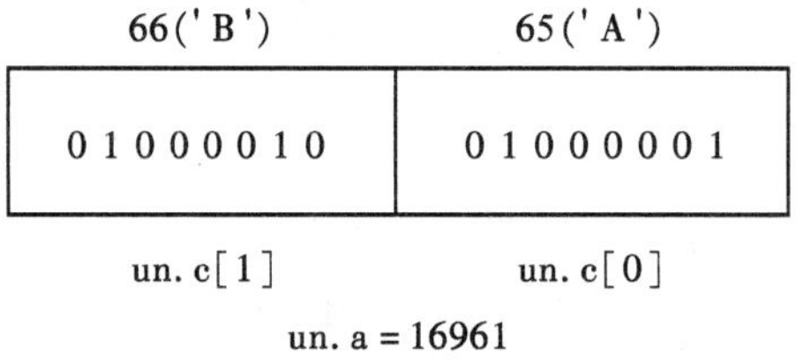

图 14.10 共用体成员赋值后数据存储示意图

当给成员 un.a 赋 16961 后，系统将按 short 整型把数存放到存储空间中，分别输出un.c[1]、un.c[0] 即完成把一个 int 整型数分别按高字节和低字节输出。

习题

一、选择题

14.1 有以下定义：

struct person { char name[9]; int age ; };

```
struct person class[10] = {"Johu" , 17,
                           "Paul" , 19,
                           "Mary" , 18,
                           "Adam" , 16, };
```

则下面能输出字母 M 的语句是

A) printf ("%c\n", class[3].name);　　B) printf ("%c\n", class[3].name [1]);

C) printf ("%c\n", class[2].name [1]);　　D) printf ("%c\n", class[2].name [0]);

14.2　有以下程序:

```
#include <stdio.h>
main()
{  struct cmplx { int x; int y; } cnum[2] = { 1,3,2,7 };
   printf ("%d\n", cnum[0].y / cnum[0].x * cnum[1].x ); }
```

程序的运行结果是

A) 0　　B) 1　　C) 3　　D) 6

14.3　若有以下定义和语句:

```
struct st
    {  int n;
       struct st *next;
    };
    struct st a[3], *p;
    a[0].n = 5; a[0].next = &a[1]; a[1].n = 7; a[1].next = &a[2]; a[2].n = 9; a[2].next = '\0';
    p = & a[0];
```

则以下值为 6 的表达式是

A) p++ -> n　　B) p-> n++　　C) ++(*p).n　　D) ++p->n

14.4　有以下程序:

```
#include <stdio.h>
main()
{  union {  short i[2];
            long k;
            char c[4];
         } r, *s = &r;
    s->i[0] = 0x39;s->i[1] = 0x38;
    printf ( "%x\n", s->c[0] );
}
```

已知字符 0 的 ASCII 码值的十进制数是 48,且数组的第 0 个元素在低位。以上程序的运行结果是

A) 39　　B) 9　　C) 38　　D) 8

14.5　有以下程序(若 long 型和 int 型数据均占 4 字节):

```
#include <stdio.h>
typedef union {long x[2]; int y[4]; char z[8]; } MYTYPE;
MYTYPE them;
main()
```

```
{  printf ( "%d\n", sizeof ( them ) ); }
```

程序的运行结果是

A) 32　　B) 16　　C) 8　　D) 24

14.6 有以下程序：

```
#include <stdio.h>
struct st
{  int x;
   int *y;
} *p;
int dt[4] ={ 10, 20, 30, 40 };
struct st aa[4] = { 50,&dt[0], 60, &dt[0], 60, &dt[0], 60, &dt[0]};
main()
{  p =aa;     printf ("%d\n", ++p-> x );
   printf ("%d\n", (++p)-> x ); printf ("%d\n", ++( *p-> y) );
}
```

程序的运行结果是

A)	B)	C)	D)
10	50	51	60
20	60	60	70
20	21	11	31

14.7 若已建立如图 14.11 所示的链表结构，指针 p、s 分别指向图中所示结点：

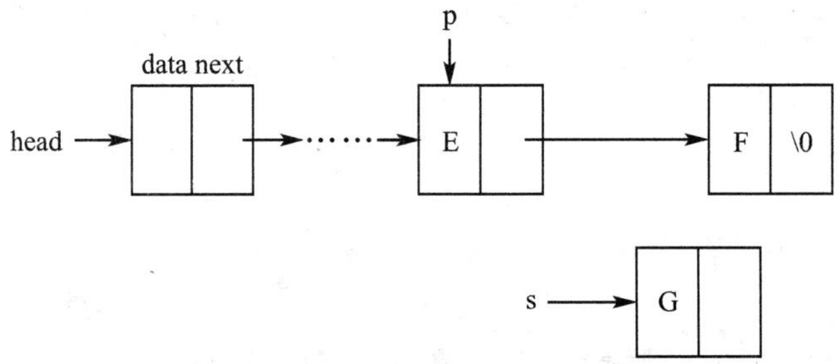

图 14.11 题 14.7 的链表结构

则以下不能将 s 所指的结点插入到链表末尾的语句组是

A) s->next = NULL; p = p->next; p->next=s;

B) p =p->next; s->next = p->next; p->next = s;

C) p=p->next; s->next = p; p->next=s;

D) p =(*p).next; (*s).next=(*p).next; (*p).next = s;

14.8 设有以下定义和语句：

```
struct STD
  { char name[10];
    int age; int sex;
  } s[5], *ps;
```

```
ps=&s[0];
```

下面 scanf 函数调用语句中对结构体变量成员引用错误的是

A) scanf("%s",s[0].name);　　　B) scanf("%d",&s[0].age);

C) scanf("%d",&(ps->sex));　　　D) scanf("%d",ps->age);

二、填空题

14.9　为了建立如图 14.12 所示的存储结构(即每个结点含两个域,data 是数据域,next 是指向结点的指针域),请填空。

```
sruct  link
{  char  data;
________;
} node;
```

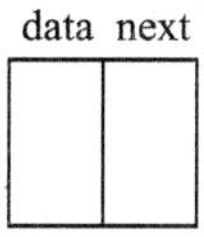

图 14.12　题 14.9 的存储结构

14.10　以下 mymin 函数的功能是:在如图 14.13 所示的带有头结点的单向链表中,查找结点数据域的最小值作为函数值返回。请填空。

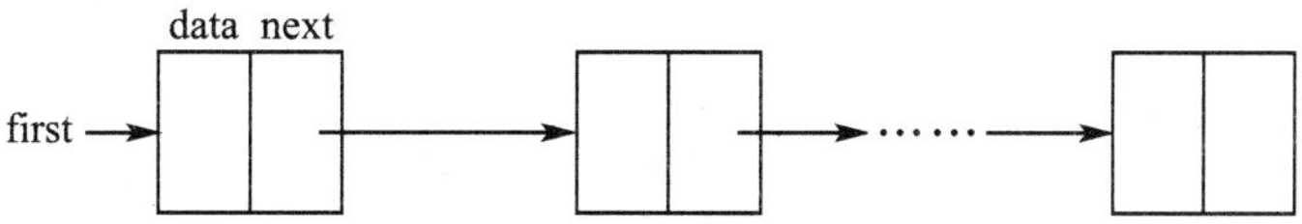

图 14.13　题 14.10 的单向链表

```
#include <stdio.h>
struct node {  int data;
               struct node  *next;
                };
int mymin ( struct node *first )
{  struct node  *p; int m;
   p=first->next; m = p->data ;
   for ( p = p-> next ; p!= '\0'; p= __[1]__ )
        if ( __[2]__ ) m = p->data;
   return m;
}
```

14.11　以下函数 creat 用来建立一个带头结点的单向链表,新产生的结点总是插在链表的末尾,单向链表的头指针作为函数值返回。请填空。

```
#include <stdio.h>
#include <stdlib.h>
struct list
{  char data;
   struct list * next;
};
struct list *creat ( )
{  struct list *h, *p, *q;
```

```
    char ch;
    h= __[1]__ malloc (sizeof ( __[2]__ ));
    p=q=h;
    ch=getchar ();
    while ( ch != '? ' )
    {  p= __[3]__ malloc ( sizeof ( __[4]__ ) );
       p ->data = ch;  q->next = p;  q = p;
       ch = getchar ();
    }
    p->next = '\0';
    __[5]__ ;
}
```

三、编程题

14.12 设有以下结构类型说明：

```
struct stud
{  char num[5], name[10];
   int s[4];
   double ave;
};
```

请编写：

(1) 函数 readrec：把 30 名学生的学号、姓名、四项成绩以及平均分放在一个结构体数组中，学生的学号、姓名和四项成绩由键盘输入，然后计算出平均分放在结构体对应的域中。

(2) 函数 writerec：输出 30 名学生的记录。

(3) main 函数调用 readrec 函数和 writerec 函数，实现全部程序功能(注：不允许使用外部变量，函数之间的数据全部使用参数传递)。

14.13 已知 head 指向一个带头结点的单向链表，链表中每个结点包含数据域(data)和指针域(next)，数据域为整型。请分别编写函数，在链表中查找数据域值最大的结点：

(1) 由函数值返回找到的最大值。

(2) 由函数值返回最大值所在结点的地址值。

第 15 章 位运算

学习目标与要求

一、位运算

1. 了解 C 语言提供的基本位运算符、复合赋值位运算符以及运算优先级。
2. 掌握位运算符的具体运算功能。

二、基本位运算及运算结果的输出

1. 在掌握二进制、八进制、十进制、十六进制数之间转换的基础上，能够利用位运算符进行基本运算。
2. 掌握位运算结果的八进制、十进制、十六进制数的输出格式。
3. 在掌握各种位运算特征的基础上，能够灵活运用位运算对数据做如下处理：

(1) 对数据进行 2 的幂次的乘除运算。

(2) 把变量的指定二进制位清零。

(3) 提取变量中指定二进制位上的值。

(4) 把变量中的指定二进制位翻转。

(5) 对变量的指定二进制位置 1。

(6) 不借助中间变量，实现两个整数的交换。

(7) 循环左移和右移。

(8) 对数据进行简单加密和解密。

(9) 大、小写字母的转换。

C 语言中，位运算的对象只能是整型或字符型数据，不能是其他类型的数据。为了便于叙述，本章均设 short int 型数据占 2 字节，char 类型数据占 1 字节进行举例。

15.1 位运算符

表 15.1 列出了 C 语言提供的六种位运算符及其运算功能。

表 15.1 位运算符

运 算 符	含 义	优 先 级
~	按位求反	1(高)
<<	左移	2
>>	右移	2
&	按位与	3
^	按位异或	4
|	按位或	5(低)

以上位运算符中，只有求“反”运算符(~)为单目运算符，其余均为双目运算符。各双目运算符与赋值运算符结合可以组成扩展的赋值运算符，其表示形式及含义见表 15.2。

表 15.2 扩展的赋值运算符

扩展运算符	表 达 式	等价的表达式
<<=	a<<=2	a=a<<2
>>=	b>>=n	b=b>>n
&=	a&=b	a=a&b
^=	a^=b	a=a^b
|=	a|=b	a=a|b

15.2 位运算符的运算功能

一、“按位取反”运算

运算符 ~ 是位运算中唯一的一个单目运算符，运算对象应置于运算符的右边，其运算功能是把运算对象的内容按位取反，即，使每一位上的 0 变 1，1 变 0。例如：表达式 ~0115 是将八进制数 115 按位求反。由于是“位”运算，为了直观起见，我们把运算对象直接用二进制形式来表示：

```
~01001101
─────────────
结果： 10110010 （换算成八进制数为 0262）
```

二、“左移”运算

左移运算符是双目运算符。运算符左边是移位对象，右边是整型表达式，代表左移的位数。左移时，右端(低位)补 0；左端(高位)移出的部分舍弃。例如：

```
char a=6,b;
b=a<<2;
```

用二进制数来表示运算过程如下：

```
a:00000110 (a = 6)
```

b=a<<2:0 0 0 1 1 0 0 0 (b=24=4*6)

左移时,若左端移出的部分不包含有效二进制数1,则每左移一位,相当于移位对象乘以2。某些情况下,可以利用左移的这一特性代替乘法运算,以加快运算速度。如果左端移出的部分包含有效二进制数1,这一特性就不适用了。如:

```
char a = 64, b;
b = a << 2;
```

移位情况如下:

a:0 1 0 0 0 0 0 0 (a = 64)

b = a << 2 :0 0 0 0 0 0 0 0 (b = 0)

当a左移两位时,a中唯一的一位数字1被移出了高端,从而使b的值变成了0(注意:a的值并没有变)。

三、"右移"运算

右移运算符的使用方法与左移运算符一样,所不同的是移位方向相反。右移时,右端(低位)移出的二进制数舍弃,左端(高位)移入的二进制数分两种情况:对于无符号整数和正整数,高位补0;对于负整数,高位补1。这是因为负数在机器内均用补码表示所致。例如:

```
short int a = -8, b ;
b = a >> 2;
```

用二进制数表示的运算过程如下:

a为-8时在机内的二进制码:	1 1 1 1 1 1 1 1 1 1 1 1 1 0 0 0
用八进制数表示为:	1 7 7 7 7 0
b = a >> 2后b在机内的二进制码:	1 1 1 1 1 1 1 1 1 1 1 1 1 1 1 0
用八进制数表示为:	1 7 7 7 7 6

b的值为-2。和左移相对应,右移时,若右端移出的部分不包含有效数字1,则每右移一位相当于移位对象除以2。

四、"按位与"运算

运算符&的作用是:把参加运算的两个运算数按对应的二进制位分别进行"与"运算,当两个相应的位都为1时,该位的结果为1;否则为0。例如,表达式12 & 10的运算如下:

```
  12 :0 0 0 0 1 1 0 0
& 10 :0 0 0 0 1 0 1 0
---------------------
结果:0 0 0 0 1 0 0 0    (换算成十进制数为8)
```

分析以上运算结果可知,"按位与"运算具有如下特征:任何位上的二进制数,只要和0"与",该位即被屏蔽(清零);和1"与",该位保留原值不变。"按位与"运算的这一特征很具实用性。例如,设有:char a = 0322;则a的二进制数为:11010010。若要保留a的第5位,只需和这样的数进行"与"运算:这个数的第5位上为1,其余位为0。其运算过程如下:

```
   a    :1 1 0 1 0 0 1 0
&  020  :0 0 0 1 0 0 0 0
------------------------
a & 020 :0 0 0 1 0 0 0 0
```

五、"按位异或"运算

"按位异或"运算的规则是：参与运算的两个运算数中相对应的二进制位上，若数相同，则该位的结果为 0；若数不同，则该位的结果为 1。例如：

```
  0 0 1 1 0 0 1 1   （换算成八进制数为 063）
^ 1 1 0 0 0 0 1 1   （换算成八进制数为 303）
—————————————————
  1 1 1 1 0 0 0 0   （换算成八进制数为 360）
```

观察以上运算结果可知：数为 1 的位和 1"异或"结果为 0（最低的两位）；数为 0 的位和 1"异或"结果就为 1（最高的两位）；而和 0"异或"的位其值均未变（中间四位）。由此可见，要使某位的数翻转，只要使其和 1 进行"异或"运算；要使某位保持原数，只要使其和 0 进行"异或"运算即可。利用"异或"运算的这一特征，可以使一个数中某些指定位翻转而另一些位保持不变，它比求反运算更具随意性（求反运算每一位都无条件翻转）。例如，设有：

```
char a = 0152;
```

若希望 a 的高四位不变，低四位取反，只需将高四位分别和 0"异或"，低四位分别和 1"异或"即可：

```
  a      : 0 1 1 0 1 0 1 0
^ 017    : 0 0 0 0 1 1 1 1
—————————————————————————
a ^ 017  : 0 1 1 0 0 1 0 1   （换算成八进制数为 145）
```

六、"按位或"运算

"按位或"的运算规则是：参加运算的两个运算数中，只要两个相应的二进制位中有一个为 1，该位的运算结果即为 1；只有当两个相应位的数都为 0 时，该位的运算结果才为 0。例如：

```
  0123      : 0 1 0 1 0 0 1 1
| 014       : 0 0 0 0 1 1 0 0
—————————————————————————————
0123 | 014  : 0 1 0 1 1 1 1 1   （换算成八进制数为 137）
```

利用"按位或"运算的操作特点，可以使一个数中的指定位上置成 1，其余位不变，即：将希望置 1 的位与 1 进行"或"运算；保持不变的位与 0 进行"或"运算。例如：若想使 a 中的高四位不变，低四位置 1，可采用表达式：a = a | 017。

七、位数不同的运算数之间的运算规则

由前已知：位运算的对象可以是整型（long int 或 int 或 short）和字符型（char）数据。当两个运算数类型不同时位数亦会不同。遇到这种情况，系统将自动进行如下处理：

（1）先将两个运算数右端对齐。

（2）再将位数短的一个运算数往高位扩充，即：无符号数和正整数左侧用 0 补全，负数左侧用 1 补全，然后对位数相等的这两个运算数按位进行位运算。

习题

一、选择题

15.1　有以下程序：

```
#include <stdio.h>
main( )
{ char x = 040;
  printf ("%d\n", x = x <<1 );
}
```

程序运行后的输出结果是

A) 100　　B) 160　　C) 120　　D) 64

15.2　设有定义语句：

```
    char a = 3, b = 6, c;
```

则执行赋值语句 c = a ^ b <<2; 后变量 c 中的二进制值是

A) 00011011　　B) 00010100　　C) 00011100　　D) 00011000

15.3　有以下程序：

```
#include <stdio.h>
main( )
{ short int x = 35; char  z = 'A';
printf ("%d\n", ( x&15) && (z < 'a') );
}
```

程序运行后的输出结果是

A) 0　　B) 1　　C) 2　　D) 3

15.4　有以下程序：

```
#include <stdio.h>
main( )
{ short int a=5, b=6, c=7, d=8, m=2, n=2;
  printf ("%d\n", ( m = a>b) & (n=c>d ) );
}
```

程序运行后的输出结果是

A) 0　　B) 1　　C) 2　　D) 3

二、填空题

15.5　设变量 a 的二进制数是 00101101,若想通过运算 a^b 使 a 的高四位取反,低四位不变,则 b 的二进制数应是________。

15.6　a 为任意整数。能将变量 a 清零的表达式是________。

15.7　a 为八进制数 07101。能将变量 a 中的各二进制位均置成 1 的表达式是________。

15.8　能将两字节变量 x 的高八位全置 1,低八位字节保持不变的表达式是________。

15.9　运用位运算,能将八进制数 012500 除以 4,然后赋给变量 a 的表达式是________。

15.10　运用位运算,能将字符型变量 ch 中的大写字母转换成小写字母的表达式是________。

第16章 文件

学习目标与要求

一、C 语言文件的相关概念

1. 掌握源程序文件和执行文件的概念。
2. 掌握对数据文件进行输入和输出操作的概念。
3. 了解数据流文件的概念。
4. 了解文本文件和二进制文件中数据存放的形式。
5. 了解对顺序存取文件和直接存取文件操作的特点。
6. 建立输入输出缓冲区的概念。

二、掌握文件指针的定义并了解文件指针的作用

三、打开文件和关闭文件

1. 了解“打开文件”操作的含义。
2. 正确调用 fopen 函数。
3. 掌握系统提供的与标准设备连接的文件指针。
4. 了解“关闭文件”操作的含义。
5. 正确调用 fclose 函数。

四、掌握 C 语言提供的常用输入输出标准库函数的使用和文件位置函数。

五、能够对文件中的数据进行读、写等操作。

16.1 C 语言文件的概念

在本章之前，所有输入输出操作只涉及键盘和显示器，在运行 C 程序时我们通过键盘输入数据，并借助显示器把程序的运算结果显示出来。但是，计算机作为一种先进的数据处理工具，它所面对的数据信息量十分庞大，仅依赖于键盘输入和显示输出等方式是完全不够的。通常情况下，解决这个问题的办法是将这些数据记录在某些介质上，利用这些介质的存储特性，携带数据或长久地保存数据。这种记录在外部介质上的数据的集合称为“文件”。

其实，我们对文件并不陌生，在本书的开头，读者在编写 C 语言的简单程序时，就知道在 VC

的环境下或在某些编辑系统中将源程序输入到计算机里去，然后把它们以文件的形式存储到磁盘上，这些文件我们称之为源程序文件，或叫文本文件、磁盘文件等。

计算机的文件分类方法有很多，本章我们仅讨论通过C程序的输入、输出操作所涉及的、存储在外部介质上的文件，这类文件通常称为“数据文件”，并以磁盘作为文件的存储介质。

在程序中，当调用输入函数从外部文件中输入数据赋给程序中的变量时，这种操作称为“输入”或“读”；当调用输出函数把程序中变量的值输出到外部文件中时，这种操作称为“输出”或“写”。

C语言中，对于输入、输出的数据都按“数据流”的形式进行处理，也就是说，输出时，系统不添加任何信息；输入时，逐一读入数据，直到遇到EOF或文件结束标志就停止。C程序中的输入、输出文件都以数据流的形式存储在介质上。

对文件的输入输出方式也称为“存取方式”。C语言中，有两种对文件的存取方式：顺序存取和直接存取。

顺序存取文件的特点是：每当“打开”这类文件，进行读或写操作时，总是从文件的开头开始，从头到尾顺序地读或写。也就是说，当顺序存取文件时，要读第n个字节，先要读取前n-1个字节，而不能一开始就读到第n个字节；要写第n个字节，先要写前n-1个字节。

直接存取文件又称随机存取文件，其特点是：可以通过调用C语言的库函数去指定开始读或写的字节号，然后直接对此位置上的数据进行读，或把数据写到此位置上。

数据可以按文本形式或二进制形式存放在介质上，因此文件可以按数据的存放形式分为文本文件和二进制文件，这两种文件都可以用顺序方式或直接(随机)方式进行存取。本章只讨论按这两种存取方式存储在磁盘介质上的文本文件和二进制文件。

所谓文本文件指的是，当输出时，数据转换成一串字符，每个字符以字符的ASCII码值存储到文件中，一个字符占一个字节。例如：int类型的整数1234在内存中占两个字节，当把它以字符代码的形式存储到文件中时，系统将把它转换成1、2、3、4四个字符的ASCII码，并把这些代码依次存入文件，在文件中占四个字节。又如：float类型数3.141592在内存中占四个字节，系统将把它转换成3、.(小数点号)、1、4、1、5、9、2八个字符的ASCII码值存入文件，在文件中占八个字节。在前面的章节中，当用printf函数进行输出时就进行了这样的转换，并且在内部处理过程中指定了输出文件为终端屏幕。反之，当输入时，又把指定的一串字符按类型转换成数据，并存入内存，比如当调用scanf函数进行输入时就进行了这种转换，并且在内部处理过程中指定了终端键盘为输入文件。

当数据按二进制形式输出到文件中时，数据不经过任何转换、按计算机内的存储形式直接存放到磁盘上。也就是说，对于字符型数据，每个字符占一个字节；对于int类型数据，每个数据占两个字节；float类型的每个数据占四个字节，其他以此类推。当从二进制文件读入数据时，不必经过任何转换，而直接将读入的数据存入变量所占内存空间。由此可见，因为不存在转换的操作，从而提高了对文件输入输出的速度。注意：不能将二进制数据直接输出到终端屏幕，也不能从键盘输入二进制数据。

ANSI标准规定，在对文件进行输入或输出的时候，系统将为输入或输出文件开辟缓冲区。所谓“缓冲区”，是系统在内存中为各文件开辟的一片存储区。当对某文件进行输出时，系统首先把输出的数据填入为该文件开辟的缓冲区内，每当缓冲区被填满时，就把缓冲区中的内容一次性地输出到对应文件中;当从某文件输入数据时,首先将从输入文件中输入一批数据放入到该文件的内存缓冲区中,输入语句将从该缓冲区中依次读取数据,当该缓冲区中的数据被读完时,将再从输入文件中输入一批数据放入。这种方式使得读、写操作不必频繁地访问外设,从而提高了读、写操作的速度。

16.2 文件指针

文件指针实际上是指向一个结构体类型的指针,这个结构体中包含有诸如:缓冲区的地址、在缓冲区中当前存取的字符的位置、对文件是“读”还是“写”、是否出错、是否已经遇到文件结束标志等信息。用户不必去了解其中的细节,所有一切都在 stdio.h 头文件中进行了定义。一般称上面提到的结构体类型名为 FILE,可以用此类型名来定义文件指针。定义文件类型指针变量的一般形式为:

FILE *指针变量名;

例如:

```
FILE *fp1, *fp2;
```

fp1 和 fp2 均被定义为指向文件类型的指针变量,称为文件指针。

16.3 打开文件

在对文件进行读、写操作之前,首先要解决的问题是如何把程序中要读、写的文件与磁盘上实际的数据文件联系起来。在 C 语言中,其实这并不困难,只需调用 C 语言提供的库函数 fopen “打开”文件就可实现这些联系。fopen 函数的一般调用形式为:

fopen(文件名,文件使用方式);

函数返回一个指向 FILE 类型的指针。例如:

```
FILE *fp;
fp = fopen("file_a","r");
```

fopen 函数调用中有两个字符串作为参数。第一个字符串中包含了进行读、写操作的文件名,用来指定所要打开的文件。在本例中,指定的函数名为:file_a。第二个字符串中指定了文件的使用方式,用户可通过这个参数来指定对文件的使用意图。

若以上函数调用成功,函数返回一个 FILE 类型的指针,赋给文件指针变量 fp,从而把指针 fp 与文件 file_a 联系起来了,也就是说,在此调用之后,指针 fp 就指向了文件 file_a。

无论是哪种使用方式,当打开文件时出现了错误,fopen 函数将返回 NULL。为了保证在程序中使用正确打开的文件,建议用以下的程序段,当在打开文件发生错误时,使程序停止运行:

```
#include <stdlib.h>
      ⋮
   if ( ( pf = fopen ( "file_a", "r" ) ) == NULL )
   { printf ( "Cannot open this file! \n" );
```

```
    exit (0); /* 注意:使用 exit 函数时,必须包含 stdlib.h 头文件 */
}
```

C 语言中,最常用的文件使用方式及其含义如下:

(1) "r"。为读而打开文本文件。当指定这种方式时,对打开的文件只能进行“读”操作。若指定的文件不存在,则会出错;另外一些情况,如企图去读一个不允许读的文件时,也会出错。

(2) "rb"。为读而打开一个二进制文件。其余功能与"r"相同。

(3) "w"。为写而打开文本文件。这时,如果指定的文件不存在,系统将用在 fopen 调用中指定的文件名建立一个新文件;如果指定的文件已存在,则将从文件的起始位置开始写,文件中原有的内容将全部消失。

(4) "wb"。为写而打开一个二进制文件。可以在指定文件位置进行写操作,其余功能与"w"相似。

(5) "a"。为在文件后面添加数据而打开文本文件。这时,如果指定的文件不存在,系统将用在 fopen 调用中指定的文件名建立一个新文件;如果指定的文件已存在,则文件中原有的内容将保存,新的数据写在原有内容之后。

(6) "ab"。为在文件后面添加数据而打开一个二进制文件。其余功能与"a"相同。

(7) "r+"。为读和写而打开文本文件。用这种方式时,指定的文件应当已经存在,既可以对该文件进行读,也可对该文件进行写,在读和写操作之间不必关闭文件。只是对于文本文件来说,读和写总是从文件的起始位置开始。在写新的数据时,只覆盖新数据所占的空间,其后的老数据并不丢失。

(8) "rb+"。为读和写而打开一个二进制文件。功能与"r+"相同,只是在读和写时,可以由位置函数设置读和写的起始位置,也就是说不一定从文件的起始位置开始读和写。

(9) "w+"。首先建立一个新文件,进行写操作,随后可以从头开始读。如果指定的文件已存在,则原有的内容将全部消失。

(10) "wb+"。功能与"w+"相同,只是在随后的读和写时,可以由位置函数设置读和写的起始位置。

(11) "a+"。功能与"a"相同,只是在文件尾部添加新的数据之后,可以从头开始读。

(12) "ab+"。功能与"a+"相同,只是在文件尾部添加新的数据之后,可以由位置函数设置开始读的起始位置。

当开始运行一个 C 程序时,系统将负责自动打开三个文件,这三个文件分别是标准输入文件、标准输出文件和标准出错文件,并规定相应的文件指针为 stdin、stdout、stderr,它们已在 stdio.h 头文件中进行了说明。通常情况下,stdin 与键盘连接、stdout 和 stderr 与终端屏幕连接。注意:这些指针是常量,不是变量,因此不能重新赋值。

16.4 关闭文件

当对文件的读(写)操作完成之后,必须将它关闭。关闭文件可调用库函数 fclose 来实现,fclose 函数的调用形式如下:

fclose (文件指针);

若 fp 是指向文件 file_a 的文件指针,当执行了 fclose (fp); 之后,若对文件 file_a 的操作方式为“读”方式,则将使文件指针 fp 与文件 file_a 脱离联系。在此之后,可以重新分配文件指针 fp 去指向其他文件。若对文件 file_a 的操作方式为“写”方式,则系统首先把该文件缓冲区中的剩余数据全部输出到文件中,然后使文件指针 fp 与文件 file_a 脱离联系。由此可见,在完成了对文件的操作之后,应当关闭文件,否则文件缓冲区中的剩余数据就会丢失。

当成功地执行了关闭操作,函数返回 0,否则返回非 0。

16.5 调用 getc(fgetc) 和 putc(fputc) 函数进行输入和输出

当成功地打开文件之后,接下来的事情就是对文件进行输入或输出操作,最简单的是调用 getc(或 fgetc)和 putc(或 fputc)函数进行字符的输入和输出。

一、调用 putc(或 fputc)函数输出一个字符

putc 函数的调用形式如下:

putc (ch, fp);

这里 ch 是待输出的某个字符,它可以是一个字符常量,也允许是一个字符变量;fp 是文件指针。putc (ch, fp)的功能是将字符 ch 写到文件指针 fp 所指的文件中去。如果输出成功,putc 函数返回所输出的字符;如果输出失败,则返回一个 EOF 值。EOF 是在 stdio. h 库函数文件中定义的符号常量,其值等于-1。

fputc 函数的调用形式和功能与 putc 函数完全相同。

例 16.1 把从键盘输入的文本按原样输出到名为 file_a. dat 的文件中,用字符@ 作为键盘输入结束标志。

以上操作的算法步骤十分简单:

(1) 打开文件。

(2) 从键盘输入一个字符。

(3) 判断输入的字符是否是@ 。若是,结束循环,执行步骤(7)。

(4) 把刚输入的字符输出到指定的文件中。

(5) 从键盘输入一个字符。

(6) 重复步骤(3)至(5)。

(7) 关闭文件。

(8) 程序结束。

程序如下:

```
#include <stdio.h>
#include <stdlib.h>
main( )
{   FILE *fpout ;
    char ch;
```

```
    if ( ( fpout = fopen ( "file_a.dat", "w" ) ) == NULL )
    {  printf ( "Can't open this file! \n" ); exit (0); }
    ch = getchar ( );
    while ( ch != '@')
    {  fputc ( ch, fpout ); ch = getchar ( ); }
    fclose ( fpout );
}
```

二、调用 getc(或 fgetc)函数输入一个字符

getc 函数的调用形式如下：

```
ch = getc ( pf );
```

此处 pf 是文件指针。函数的功能是从 pf 指定的文件中读入一个字符,并把它作为函数值返回。以上表达式中 getc 函数把从文件中读入的一个字符赋给变量 ch。

fgetc 函数的调用形式和功能与 getc 函数完全相同。

例 16.2 把一个已存在磁盘上的 file_a.dat 文本文件中的内容原样输出到终端屏幕上。

算法步骤如下：

(1) 打开文件。

(2) 从指定文件中读入一个字符。

(3) 判断读入的是否是文件结束标志。若是,结束循环,执行步骤(7)。

(4) 把刚输入的字符输出到终端屏幕。

(5) 从文件中再读入一个字符。

(6) 重复步骤(3)~(5)。

(7) 关闭文件。

(8) 程序结束。

注意:无论调用哪种函数读文件时,一定要先执行一次读操作,然后才能判断文件是否结束。

程序如下：

```
#include <stdio.h>
#include <stdlib.h>
main( )
{  FILE *fpin;
   char ch;
   if ( ( fpin = fopen ( "file_a.dat", "r" ) ) == NULL )
   {  printf ( "Can't open this file! \n" ); exit (0); }
   ch = fgetc ( fpin );
   while ( ch != EOF )
   {  putchar ( ch ); ch = fgetc ( fpin ); }
   fclose ( fpin );
}
```

16.6 判断文件结束函数 feof

例 16.2 中,程序从一个磁盘文件中逐个读取字符并输出到屏幕上显示,在 while 循环中以 EOF 作为文件结束标志。这种以 EOF 作为文件结束标志的文件,必须是文本文件。在文本文件中,数据都是以字符的 ASCII 代码值的形式存放。我们知道,ASCII 代码值的范围是 0 ~ 255,不可能出现-1,因此可以用 EOF 作为文件结束标志。

当把数据以二进制形式存放到文件中时,就会有-1 值的出现,此时不能采用 EOF 作为二进制文件的结束标志。为解决这一个问题,ANSI C 提供一个 feof 函数,用来判断文件是否结束。如果遇到文件结束,函数 feof (fp)的值为 1,否则为 0。feof 函数既可用以判断二进制文件是否结束,也可用以判断文本文件是否结束。

例 16.3 编写程序,用于把一个文本文件(源文件)复制到另一个文件(目的文件)中。源文件名为 file_a. dat,目的文件名为 file_b. dat。程序如下:

```
#include <stdio. h>
void filecopy ( FILE * , FILE * );
main( )
{   FILE  * fpin,  * fpout ;
    fpin  =  fopen ( "file_a. dat", "r" ) ;      /* 打开输入文件 */
    fpout  =  fopen ( "file_b. dat", "w" ) ;      /* 打开输出文件 */
    filecopy( fpin, fpout ) ;      /* 把 fpin 所指文件中的内容输出到 fpout 所指文件中 */
    fclose ( fpin); fclose (fpout ) ;      /* 关闭输入、输出文件 */
}
void filecopy ( FILE  * fpin, FILE  * fpout )
{   char ch;
    ch  =  getc ( fpin ) ;      /* 先读一次文件再去判文件是否结束 */
    while ( ! feof ( fpin ) )      /* 当未到文件末尾时进行循环 */
    { putc ( ch, fpout ) ;   ch  =  getc ( fpin ) ; }      /* 逐个字符进行复制 */
}
```

16.7 fscanf 函数和 fprintf 函数

一、fscanf 函数

fscanf 函数只能从文本文件中按格式输入。fscanf 函数和 scanf 函数相似,只是输入的对象是磁盘上文本文件中的数据。函数的调用形式如下:

fscanf(文件指针, 格式控制字符串, 输入项表);

例如,若文件指针 fp 已指向一个已打开的文本文件,a、b 分别为整型变量,则以下语句从 fp 所指的文件中读入两个整数放入变量 a 和 b 中:

fscanf (fp, "%d%d", &a, &b);

注意:文件中的两个整数之间用空格(或跳格符、回车符)隔开。

语句:

fscanf (stdin, "%d%d", &a, &b);

等价于:

scanf ("%d%d", &a, &b);

因为文件名 stdin 就是代表终端键盘。

二、fprintf 函数

fprintf 函数按格式将内存中的数据转换成对应的字符,并以 ASCII 代码形式输出到文本文件中。fprintf 函数和 printf 函数相似,只是输出的内容将按格式存放在磁盘的文本文件中。函数的调用形式如下:

fprintf (文件指针, 格式控制字符串, 输出项表);

例如,若文件指针 fp 已指向一个已打开的文本文件,x、y 分别为整型变量,则以下语句将把 x 和 y 两个整型变量中的整数按%d 格式输出到 fp 所指的文件中:

fprintf (fp, "%d %d", x , y);

注意:为了以后便于读入,两个数之间应当用空格隔开。同时为了以后便于读入,最好不要输出附加的其他字符串。

语句:

fprintf (stdout, "%d %d", x , y);

等价于:

printf ("%d %d", x , y);

因为文件名 stdout 就是代表终端屏幕。

16.8 fgets 函数和 fputs 函数

一、fgets 函数

fgets 函数用来从文件中读入字符串。fgets 函数的调用形式如下:

fgets (str , n , fp);

此处,fp 是文件指针,str 是存放字符串的起始地址,n 是一个 int 型变量。函数的功能是从 fp 所指文件中读入 n-1 个字符放入以 str 为起始地址的空间内。如果在未读满 n-1 个字符时,已读到一个换行符或一个 EOF(文件结束标志),则结束本次读操作,读入字符串的最后包含读到的换行符。因此,确切地说,调用 fgets 函数时,最多只能读入 n-1 个字符。读入结束后,系统将自动在最后加'\0',并以 str 作为函数值返回。

二、fputs 函数

fputs 函数用来把字符串输出到文件中。fputs 函数的调用形式如下:

fputs (str , fp);

此处,fp 是文件指针;str 是待输出的字符串,可以是字符串常量、指向字符串的指针或存放字符串的字符数组名等。用此函数进行输出时,字符串中最后的'\0'并不输出,也不自动加'\n'。输出成功函数值为正整数,否则为-1(EOF)。

根据 fputs 函数的操作特点,需要注意的是,调用函数输出字符串时,文件中各字符串将首尾相接,它们之间将不存在任何间隔符。为了便于读入,在输出字符串时,应当注意人为地加入诸如"\n"这样的字符串。

16.9 fread 函数和 fwrite 函数

fread 函数和 fwrite 函数分别用来读、写二进制文件。它们的调用形式如下:

fread(buffer,size,count,fp);

fwrite(buffer,size,count,fp);

其中,buffer 是数据块的指针,对 fread 来说,它是内存块的首地址,输入的数据存入此内存块中;对于 fwrite 来说,它是准备输出的数据块的起始地址。size 表示每个数据块的字节数。count 用来指定每读、写一次,输入或输出数据块的个数(每个数据块具有 size 字节)。

例如有以下结构体:

```
struct st
{   char num [ 8];
    float mk [ 5 ];
}   pers [30];
```

假设 pers 数组的每个元素包含有学生的学号和五门课的成绩,并假设 pers 数组的 30 个元素中都已有值,文件指针 fp 所指文件已正确打开,则执行以下循环将把这 30 个元素中的数据输出到 fp 所指文件中:

```
for ( i = 0; i < 30; i++ )
     fwrite ( &pers[i], sizeof ( struct st ), 1, fp );
```

以上 for 循环中,每执行一次 fwrite 函数调用,就从 &pers[i]地址开始输出由第三个参数指定的“1”个数据块,每个数据块含有 sizeof (struct st)个字节,也就是一次整体输出一个结构体变量中的值。

也可以用以下步骤从上面建立的文件中再次将每个学生的数据逐个读入到 pers 数组中。这时,文件必须为“读”而打开。

```
i = 0;
fread ( &pers [i], sizeof ( struct st ), 1, fp );
while ( ! feof ( fp ) )
{  i++;
   fread ( &pers [i], sizeof ( struct st ), 1, fp );
}
```

16.10 文件定位函数

在介绍文件定位函数之前，我们先引入一个“文件位置指针”的概念。“文件位置指针”和前面的“文件指针”完全是两个不同的概念。

文件指针是指在程序中定义的 FILE 类型的变量，通过 fopen 函数调用给文件指针赋值，使文件指针和某个文件建立联系，C 程序中通过文件指针实现对文件的各种操作。

文件位置指针只是一个形象化的概念，我们将用文件位置指针来表示当前读或写的数据在文件中的位置。当通过 fopen 函数打开文件时，可以认为文件位置指针总是指向文件的开头、第一个数据之前。当文件位置指针指向文件末尾时，表示文件结束。当进行读操作时，总是从文件位置指针所指位置开始，去读其后的数据，然后位置指针移到尚未读的数据之前，以备指示下一次的读（或写）操作。当进行写操作时，总是从文件位置指针所指位置开始去写，然后移到刚写入的数据之后，以备指示下一次输出的起始位置。

16.10.1 fseek 函数

fseek 函数用来移动文件位置指针到指定的位置上，接着的读或写操作将从此位置开始。函数的调用形式如下：

```
fseek ( pf , offset, origin );
```

此处，pf 是文件指针；offset 是以字节为单位的位移量，为长整型数；origin 是起始点，用以指定位移量是以哪个位置为基准，起始点既可用标识符来表示，也可用数字来表示。表 16.1 给出了代表起始点的标识符和对应的数字。

表 16.1　代表位置指针起始点的标识符和对应的数字

标　识　符	数　　字	代表的起始点
SEEK_SET	0	文件开始
SEEK_END	2	文件末尾
SEEK_CUR	1	文件当前位置

对于二进制文件，当位移量为正整数时，表示位置指针从指定的起始点向文件尾部方向移动；当位移量为负整数时，表示位置指针从指定的起始点向文件首部方向移动。

假设 pf 已指向一个二进制文件，以下函数调用将使文件位置指针从文件的开头后移 30 个字节：

```
fseek ( pf , 30L , SEEK_SET );
```

若 pf 已指向一个二进制文件，以下函数调用将使文件位置指针从文件尾部前移 10 个 sizeof (int)，即 20 个字节：

```
fseek ( pf, -10L * sizeof ( int ), SEEK_END );
```

对于文本文件，位移量必须是 0。假设 pf 已指向一个文本文件，以下函数调用将使文件位置指针移到文件的开始：

```
fseek ( pf , 0L , SEEK_SET );
```

假设 pf 已指向一个文本文件，以下函数调用将使文件位置指针移到文件的末尾：

```
fseek ( pf, 0L , SEEK_END );
```

16.10.2 ftell 函数

ftell 函数用以获得文件当前位置指针的位置，函数给出当前位置指针相对于文件开头的字节数。若 fp 已指向一个正确打开的文件，函数调用形式如下：

```
long t;
t = ftell(fp);
```

当函数调用出错时，函数返回 -1L。

当打开一个文件时，通常并不知道该文件的长度，通过以下函数调用可以求出文件的字节数：

```
fseek ( fp, 0L, SEEK_END );      /* 把位置指针移到文件末尾 */
t = ftell (fp );                 /* 求出文件中的字节数 */
```

若二进制文件中存放的是 struct st 结构体类型数据，则通过以下语句可求出该文件中以该结构体为单位的数据块的个数：

```
fseek ( fp, 0L, SEEK_END );
t = ftell (fp );
n = t / sizeof ( struct st );
```

16.10.3 rewind 函数

rewind 函数又称“反绕”函数，调用形式如下：

```
rewind ( pf );
```

此处 pf 为文件指针。此函数没有返回值，函数的功能是使文件的位置指针回到文件的开头。

习题

一、选择题

16.1 标准库函数 fgets (s, n, f)的功能是

A）从文件 f 中读取长度为 n 的字符串存入指针 s 所指的内存

B）从文件 f 中读取长度不超过 n-1 的字符串存入指针 s 所指的内存

C）从文件 f 中读取 n 个字符串存入指针 s 所指的内存

D）从文件 f 中读取长度为 n-1 的字符串存入指针 s 所指的内存

16.2 若 fp 是指向某文件的指针，且已读到文件末尾，则库函数 feof(fp)的返回值是

A）EOF　　B）-1　　C）非零值　　D）NULL

二、填空题

16.3 以下 C 程序将磁盘中的一个文件复制到另一个文件中，两个文件名已在程序中给出（假定文件名无

误)。请填空。

```
#include <stdio.h>
main( )
{  FILE  * f1,  * f2;
   f1  =  fopen ( "file_a. dat"  ,"r"  ); f2  =  fopen ( "file_b. dat"  ,"w"  );
   while ( __【1】__ ) fputc ( fgetc ( f1 ), __【2】__ );
   __【3】__ ;  __【4】__ ;
}
```

16.4　以下程序由终端键盘输入一个文件名,然后把终端键盘输入的字符依次存放到该文件中,用#号作为结束输入的标志。请填空。

```
#include <stdio.h>
#include <stdlib.h>
main( )
{  FILE  * fp;      char ch, fname[10];
   printf ( "Enter the name of file\n"  ); gets (  fname );
   if ( ( fp = __【1】__ ) == NULL ) { printf ( "Open error\n" ); exit (0); }
   printf ( "Enter data :\n" );
   while ( ( ch  =  getchar ( ) ) != '#') fputc ( __【2】__ , fp );
   fclose ( fp );
}
```

16.5　以下程序用来统计文件中字符的个数。请填空。

```
#include <stdio.h>
main( )
{  FILE  * fp;      long num  =  0;
   fp  =  fopen(  "fname. dat", __【1】__ );
   while __【2】__
   {  __【3】__ ; num++; }
   printf ( "num  =  % ld\n" , num );
   fclose ( fp ) ;
}
```

16.6　假定磁盘当前目录下有文件名为 a. dat、b. dat、c. dat 三个文本文件,文件中内容分别为:aaaa#、bbbb#和 cccc#,执行以下程序后将输出________。

```
#include <stdio.h>
void fc ( FILE  * );
main( )
{  FILE   * fp;  int   i  =  3;  char   fname[ ][10] = { "a. dat" ,"b. dat" ,"c. dat" };
   while ( --i >= 0 )
   {  fp  =  fopen ( fname [i], "r"  );
      fc ( fp );     fclose ( fp );
   }
}
```

```
void fc ( FILE * ifp )
{   char   c;
    while ( (c = getc(ifp)) != '#') putchar ( c-32 );
}
```

三、编程题

16.7 请调用 fputs 函数，把 10 个字符串输出到文件中；再从此文件中读入这 10 个字符串放在一个字符串数组中；最后把字符串数组中的字符串输出到终端屏幕，以检验所有操作是否正确。

16.8 从键盘输入 10 个浮点数，以二进制形式存入文件中。再从文件中读出数据显示在屏幕上。

附录1 考试指导

全国计算机等级考试上机考试系统(以下简称“考试系统”)是在 Windows 平台下运行的应用软件。它提供了开放式的考试环境,具有自动计时、断点保护、自动评分和试卷回收等功能。

为了更好地让考生在应考前了解和掌握考试系统环境及模式,熟练操作考试系统,提高应试能力,下面将详细介绍如何使用考试系统以及二级 C 考试的内容。

1 考试系统使用说明

1.1 考试环境

1. 硬件环境

PC 兼容机,CPU 主频 2 GHz、内存 2 GB 或以上,硬盘剩余空间 10 GB 或以上。

2. 软件环境

上机考试软件。

操作系统:中文版 Windows 7(32/64 位均可),安装了.net framework 4.x。

应用软件:Visual C++ 2010 学习版。

1.2 考试时间

全国计算机等级考试二级 C 考试时间定为 120 分钟。考试时间由考试系统自动进行计时,提前 5 分钟自动报警来提醒考生应及时存盘,考试时间用完,考试系统将自动锁定计算机,考生将不能继续进行考试。

1.3 考试题型及分值

全国计算机等级考试二级 C 考试试卷满分为 100 分,包括单项选择题 40 分(含公共基础知识部分 10 分)和操作题 60 分(程序填空题 18 分、程序修改题 18 分和程序设计题 24 分)。

1.4 考试登录

登录考试系统的操作步骤如下:

双击桌面上的“NCRE 考试系统”图标,考试系统启动后将显示考生登录界面,如图 1 所示,界面右上角的数字是考试机对应的座位号。

图1 考生登录

此时请考生输入自己的准考证号(必须是满16位的数字),单击“下一步”按钮进行输入确认,考试系统将对输入的准考证号进行有效性检查,并获取考生姓名、证件号等信息。下面列出在登录过程中可能会出现的提示信息。

输入的准考证号不存在时,考试系统会显示如图2所示的提示信息并要考生重新输入准考证号。

如果输入的准考证号有效,则屏幕显示此准考证号所对应的证件号和姓名,如图3所示。

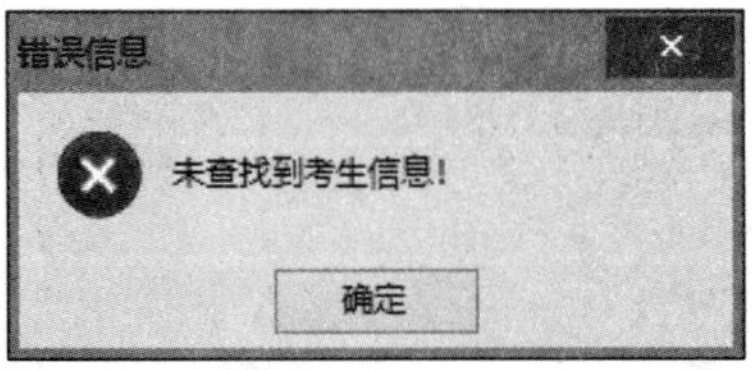

图2 准考证号无效

图3 考生信息确认

考生核对自己的姓名和证件号,如果发现不符合,单击“重输准考证号”按钮,则重新输入准考证号;如果核对后相符,单击“下一步”按钮,接着考试系统进行一系列处理后将随机生成一份二级C考试的试卷。考试系统抽取试题成功后,在屏幕上会显示二级C考试须知,如图4所示。

考生仔细阅读考试须知后,勾选“已阅读”,然后单击“开始考试并计时”按钮,随后将进入考试作答界面。选择题作答界面只允许进入一次,退出后不能再次进入;操作题的答题均在考生文件夹下完成。考生在考试过程中,一旦发现不在考生文件夹中时,应及时返回到考生文件夹下。在答题过程中,允许考生自由选择答题顺序,已经作答的试题可以重新作答。

当考生在上机考试时遇到死机等意外情况(即无法进行正常考试时),考生应向监考人员说明情况,由监考人员确认为非人为造成停机时,方可进行二次登录。二次登录时需要由监考人员输入密码方可继续进行上机考

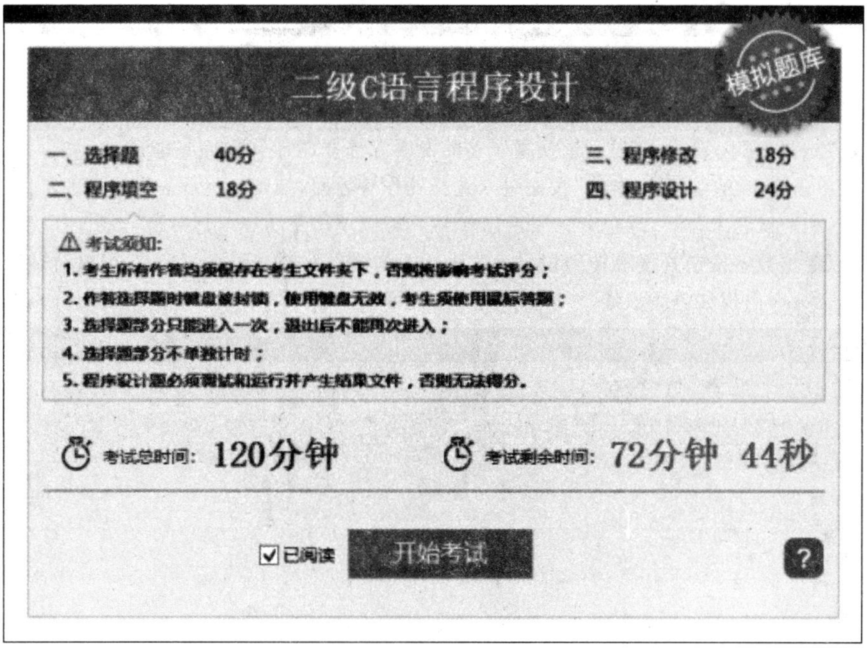

图4　考试须知

试,因此考生必须注意在上机考试时不得随意关机,否则考点有权终止其考试资格。

当考试系统提示“考试时间已到,请停止答卷”后,此时由监考人员输入延时密码后对还没有存盘的数据进行存盘,如果考生擅自关机或启动机器,可能会影响考生自己的考试成绩。

1.5　考试作答界面的使用

系统登录完成以后,将进入考试作答界面。考试作答界面分为两部分。

屏幕中间是显示试题内容和查阅作答工具按钮的主窗口,如图5所示。

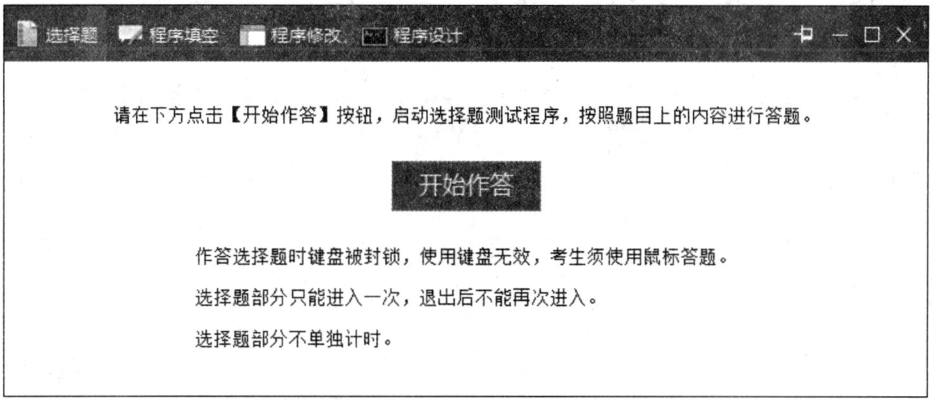

图5　考试作答界面主窗口

屏幕顶部是一个工具栏,始终显示着考生的准考证号、姓名、考试剩余时间,并提供了隐藏/显示试题内容窗口、查看作答进度、查看系统帮助、交卷等功能按钮,如图6所示。

二级C共四种类型的考题,相应的选择标签分别为“选择题”“程序填空”“程序修改”“程序设计”。用鼠标

图 6　考试作答界面顶部工具栏

单击标签就能显示相应类型的试题内容。

当考生单击“选择题”标签后，会显示选择题作答的说明。选择题作答界面只能进入一次，退出后不能再次进入。考生可以单击右上角的“开始作答”按钮进入选择题作答界面，如图 7 所示。在屏幕的下方有一排数字按钮，白色背景表示相应试题未作答，绿色背景表示已作答。可以单击下方的“上一题”或“下一题”按钮，按顺序切换试题；也可以单击数字按钮直接跳转到相应的试题。在作答界面单击题号图标时，可以对试题进行标注，标注过的试题题号下方会出现红色波浪线。

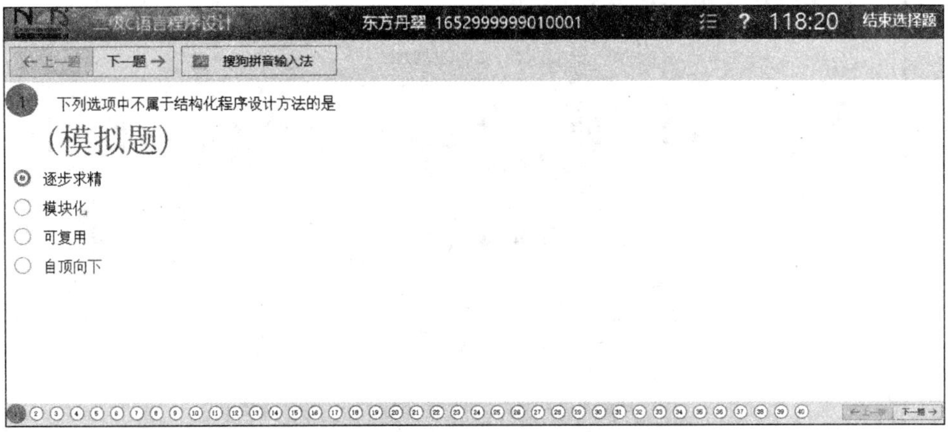

图 7　选择题作答

当考生单击“程序填空”标签后，会显示程序填空题的内容，如图 8 所示。考生可以单击工具箱的“MS Visual C++ 2010 Express”按钮，打开 VC++软件。考生应该按照试题要求，编辑考生文件夹中的相应源代码并保存，然后使用 VC++软件进行编译调试。

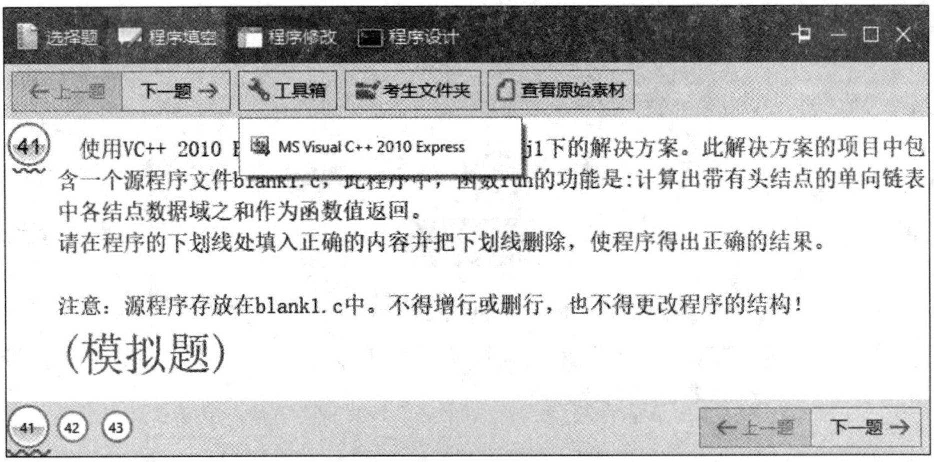

图 8　程序填空题作答

当考生单击“程序修改”标签后，会显示程序修改题的内容，如图 9 所示。考生可以单击试题内容窗口上方工具箱的“MS Visual C++ 2010 Express”按钮，打开 VC++软件。考生应该按照试题要求，编辑考生文件夹中的相应源代码并保存，然后使用 VC++软件进行编译调试。

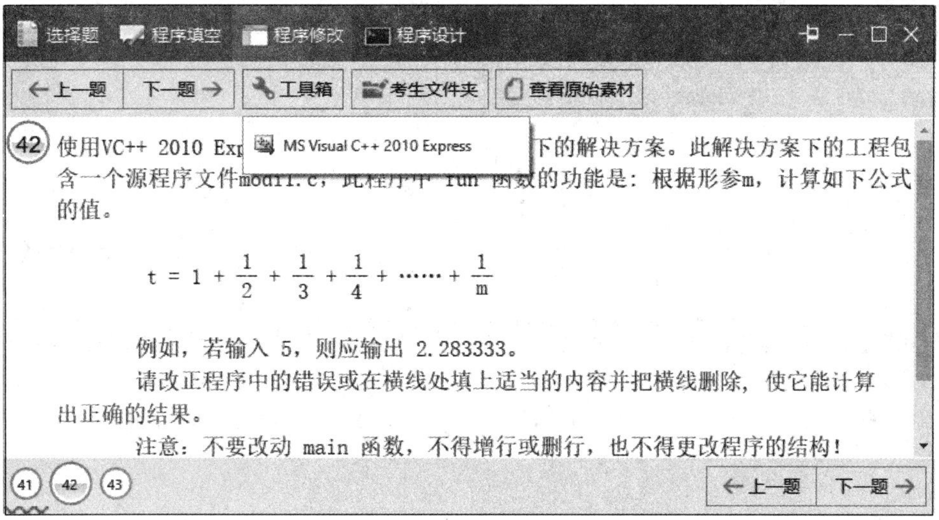

图9　程序修改题作答

当考生单击“程序设计”标签后，会显示程序设计题的内容，如图10所示。考生可以单击试题内容窗口上方工具箱的“MS Visual C++ 2010 Express”按钮，打开VC++软件。考生应该按照试题要求，编辑考生文件夹中的相应源代码并保存，然后使用VC++软件进行编译调试。

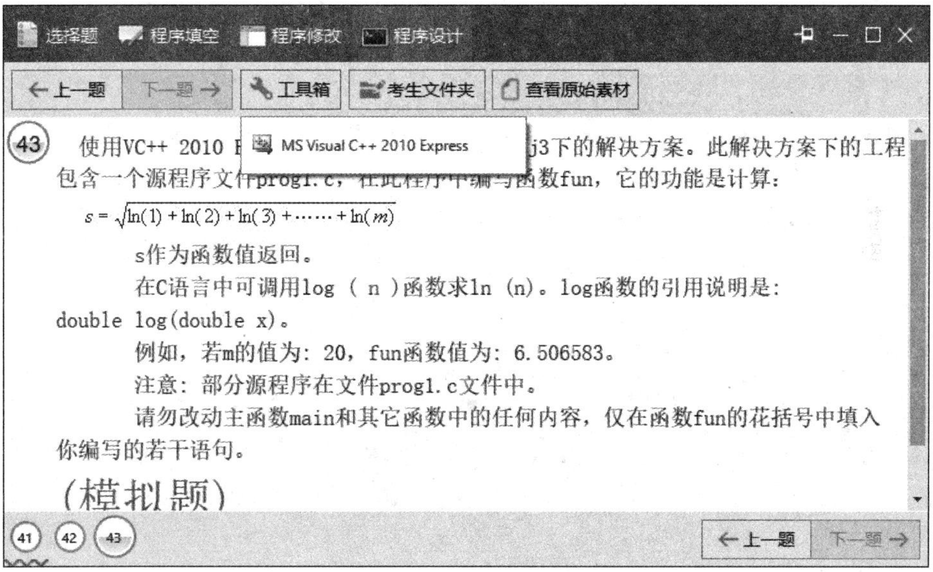

图10　程序设计题作答

考生在考试过程中，随时可以单击顶部工具栏中的“作答进度”按钮，查看作答情况，如图11所示。其中绿色背景的数字按钮代表已作答的试题，白色背景的数字按钮代表未作答的试题。考生可以单击按钮直接跳转到相应试题的作答页面。

如果考生要提前结束考试，请单击屏幕顶部工具栏最右边的“交卷”按钮，考试系统将显示当前的作答情况并提示考生未作答试题的数量，如图12所示。考生如果选择“确认”按钮，系统会再次显示确认对话框，如果考

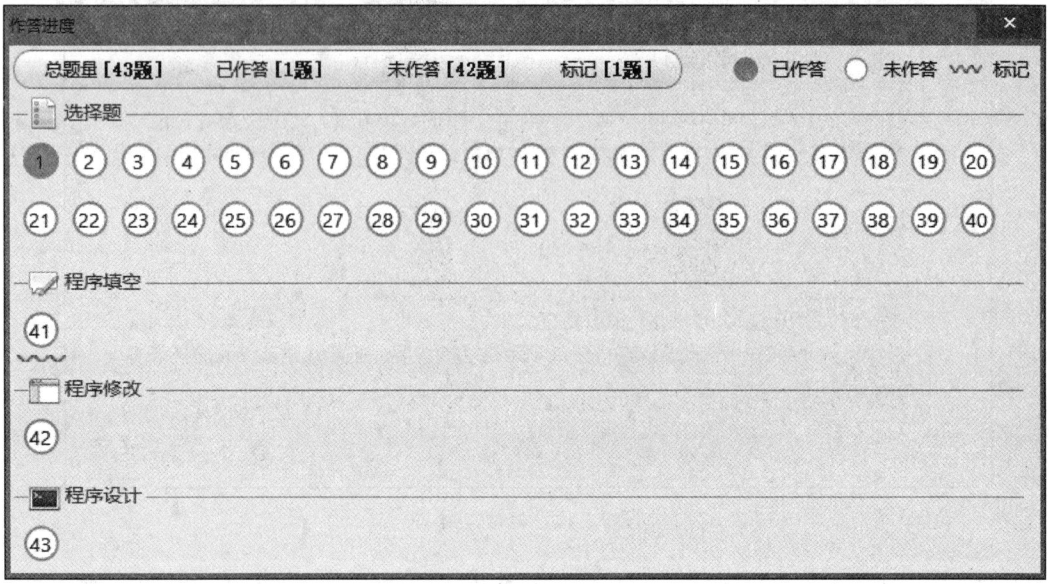

图 11 查看作答进度

生仍然选择“确认”,考试系统将执行交卷操作,并显示考试结束的锁屏界面,如图 13 所示。因此考生要特别注意,如果考生还没有做完试题,则选择“取消”按钮继续进行考试。

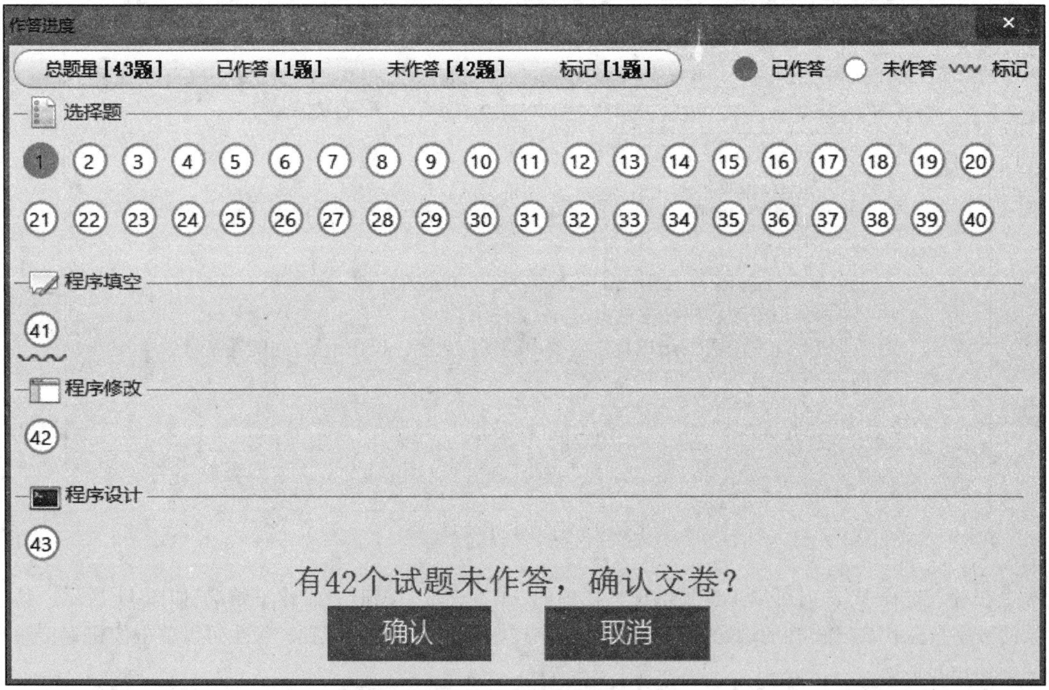

图 12 交卷确认

图 13 考试结束

1.6 考生文件夹和文件的恢复

1. 考生文件夹

当考生登录成功后，上机考试系统会自动在本计算机上创建一个以考生准考证号命名的考试文件夹，形如 C:\KSWJJ\2445999999010018。该文件夹将存放该考生所有操作题的作答和输出文件，因此考生不能随意删除该文件夹以及该文件夹下与考试内容有关的文件及文件夹，避免在考试和评分时产生错误，从而影响考生的考试成绩。

考试作答界面的主窗口和顶部工具栏均提供了使用资源管理器打开考生文件夹的操作按钮。

2. 素材文件的恢复

如果考生在考试过程中，原始的素材文件不能复原或被误删除时，可以点击作答界面中的“查看原始素材”按钮，系统将会下载原始素材文件到一个临时目录中，如图 14 所示。考生可以查看或复制原始素材文件，但是请勿在临时目录中作答。

图 14 查看原始素材

2 考试样题

1. 选择题

略。

2. 程序填空

给定程序中,函数 fun 的功能是:计算出带有头结点的单向链表中各结点数据域之和作为函数值返回。

请在程序的下画线处填入正确的内容并把下画线删除,使程序得出正确的结果。

注意:源程序存放在 BLANK1.C 中,不得增行或删行,也不得更改程序的结构!

3. 程序修改

给定程序 MODI1.C 中,fun 函数的功能是:根据形参 m,计算如下公式的值。

$$t=1+\frac{1}{2}+\frac{1}{3}+\frac{1}{4}+\cdots+\frac{1}{m}$$

例如,若输入 5,则应输出 2.283333。

请改正程序中的错误或在横线处填上适当的内容并把横线删除,使它能计算出正确的结果。

注意:不要改动 main 函数,不得增行或删行,也不得更改程序的结构!

4. 程序设计

编写函数 fun,它的功能是计算:

$$s=\sqrt{\ln(1)+\ln(2)+\ln(3)+\cdots+\ln(m)}$$

s 作为函数值返回。

在 C 语言中可调用 log(n)函数求 ln(n)。log 函数的引用说明是:

double log(double x)

例如,若 m 的值为 20,fun 函数值为 6.506583。

注意:部分源程序在文件 PROG1.C 中。

请勿改动主函数 main 和其他函数中的任何内容,仅在函数 fun 的花括号中填入你编写的若干语句。

附录2 C语言的关键字

asm	auto	break	case	cdecl	char	const	continue
default	do	double	else	enum	extern	far	float
for	goto	huge	if	interrupt	int	long	near
pascal	register	return	short	signed	sizeof	static	struct
switch	typedef	union	unsigned	void	volatile	while	

附录3 双目算术运算中两边运算量类型转换规律

运 算 数 1	运 算 数 2	转换结果类型
短整型	长整型	短整型→长整型
整型	长整型	整型→长整型
字符型	整型	字符型→整型
有符号整型	无符号整型	有符号整型→无符号整型
整型	浮点型	整型→浮点型

附录4 运算符的优先级和结合性

<table>
<tr><th>优先级</th><th>运 算 符</th><th>运算符功能</th><th>运 算 类</th><th>结 合 方 向</th></tr>
<tr><td>最高
15</td><td>( )
[ ]
->
.</td><td>圆括号、函数参数表
数组元素下标
指向结构体成员
结构体成员</td><td></td><td>自左至右</td></tr>
<tr><td>14</td><td>!
~
++、--
+
-
*
&
(类型名)
sizeof</td><td>逻辑非
按位取反
自增1、自减1
求正
求负
间接运算符
求地址运算符
强制类型转换
求所占字节数</td><td>单目运算</td><td>自右至左</td></tr>
<tr><td>13</td><td>*、/、%</td><td>乘、除、整数求余</td><td>双目算术运算</td><td>自左至右</td></tr>
<tr><td>12</td><td>+、-</td><td>加、减</td><td>双目算术运算</td><td>自左至右</td></tr>
<tr><td>11</td><td><< 、>></td><td>左移、右移</td><td>移位运算</td><td>自左至右</td></tr>
<tr><td>10</td><td>< 、<=、>、>=</td><td>小于、小于或等于、
大于、大于或等于</td><td>关系运算</td><td>自左至右</td></tr>
<tr><td>9</td><td>==、!=</td><td>等于、不等</td><td>关系运算</td><td>自左至右</td></tr>
<tr><td>8</td><td>&</td><td>按位与</td><td>位运算</td><td>自左至右</td></tr>
<tr><td>7</td><td>^</td><td>按位异或</td><td>位运算</td><td>自左至右</td></tr>
<tr><td>6</td><td>|</td><td>按位或</td><td>位运算</td><td>自左至右</td></tr>
<tr><td>5</td><td>&&</td><td>逻辑与</td><td>逻辑运算</td><td>自左至右</td></tr>
<tr><td>4</td><td>||</td><td>逻辑或</td><td>逻辑运算</td><td>自左至右</td></tr>
</table>

续表

优先级	运　算　符	运算符功能	运 算 类	结 合 方 向
3	？　：	条件运算	三目运算	自右至左
2	= 、+ = 、- = 、*= 、/= 、%= 、&= 、^= 、!= 、<<= 、>>=	赋值、 运算且赋值	双目运算	自右至左
最低 1	，	顺序求值	顺序运算	自左至右

说明：同一优先级的运算次序由结合方向决定。例如，* 号和/号有相同的优先级，其结合方向为自左至右，因此，3 * 5/4 的运算次序是先乘后除。单目运算符--和++具有同一优先级，结合方向为自右至左，因此，表达式：--i++相当于--(i++)。

附录5 常用字符与 ASCII 代码对照表

ASCII码	字符	ASCII码	字符	ASCII码	字符	ASCII码	字符	ASCII码	字符	ASCII码	字符
000	NUL	022	SYN(^V)	044	,	066	B	088	X	110	n
001	SOH(^A)	023	ETB(^W)	045	–	067	C	089	Y	111	o
002	STX(^B)	024	CAN(^X)	046	.	068	D	090	Z	112	p
003	ETX(^C)	025	EM(^Y)	047	/	069	E	091	[	113	q
004	EOT(^D)	026	SUB(^Z)	048	0	070	F	092	\	114	r
005	EDQ(^E)	027	ESC	049	1	071	G	093	]	115	s
006	ACK(^F)	028	FS	050	2	072	H	094	^	116	t
007	BEL(bell)	029	GS	051	3	073	I	095	_	117	u
008	BS(^H)	030	RS	052	4	074	J	096	'	118	v
009	HT(^I)	031	US	053	5	075	K	097	a	119	w
010	LF(^J)	032	Space	054	6	076	L	098	b	120	x
011	VT(^K)	033	!	055	7	077	M	099	c	121	y
012	FF(^L)	034	"	056	8	078	N	100	d	122	z
013	CR(^M)	035	#	057	9	079	O	101	e	123	{
014	SO(^N)	036	$	058	:	080	P	102	f	124	|
015	SI(^O)	037	%	059	;	081	Q	103	g	125	}
016	DLE(^P)	038	&	060	<	082	R	104	h	126	~
017	DC1(^Q)	039	'	061	=	083	S	105	i	127	del
018	DC2(^R)	040	(	062	>	084	T	106	j		
019	DC3(^S)	041	)	063	?	085	U	107	k		
020	DC4(^T)	042	*	064	@	086	V	108	l		
021	NAK(^U)	043	+	065	A	087	W	109	m		

说明:表中用十进制数表示 ASCII 码值。符号^代表 Ctrl 键。

附录6 库函数

标准 C 提供了数百个库函数，本附录仅从教学角度列出最基本的一些函数。读者如有需要，请查阅有关手册。

一、数学函数

调用数学函数时，要求在源文件中包含以下命令行

#include "math.h"

函数名	函数原型说明	功　能	返 回 值	说　明
abs	int abs(int x);	求整数 x 的绝对值	计算结果	
acos	double acos(double x);	计算 $\cos^{-1}(x)$ 的值	计算结果	x 在-1 到 1 范围内
asin	double asin(double x);	计算 $\sin^{-1}(x)$ 的值	计算结果	x 在-1 到 1 范围内
atan	double atan(double x);	计算 $\tan^{-1}(x)$ 的值	计算结果	
atan2	double atan2(double x,double y);	计算 $\tan^{-1}(x/y)$ 的值	计算结果	
cos	double cos(double x);	计算 cos(x)的值	计算结果	x 的单位为弧度
cosh	double cosh(double x);	计算双曲余弦 cosh(x)的值	计算结果	
exp	double exp(double x);	求 e^x 的值	计算结果	
fabs	double fabs(double x);	求 x 的绝对值	计算结果	
floor	double floor(double x);	求不大于 x 的双精度最大整数		
fmod	double fmod(double x,double y);	求 x/y 整除后的双精度余数		
frexp	double frexp(double val, int *exp);	把双精度数 val 分解尾数 x 和以 2 为底的指数 n，即 val = x * 2^n，n 存放在 exp 所指的变量中	返回尾数 x，$0.5 \leq x < 1$	

续表

函数名	函数原型说明	功 能	返 回 值	说 明
log	double log(double x);	求 ln x	计算结果	x>0
log10	double log10(double x);	求 $\log_{10}x$	计算结果	x>0
modf	double modf(double val, double *ip);	把双精度数 val 分解成整数部分和小数部分，整数部分存放在 ip 所指的变量中	返回小数部分	
pow	double pow(double x,double y);	计算 x^y 的值	计算结果	
sin	double sin(double x);	计算 sin(x)的值	计算结果	x 的单位为弧度
sinh	double sinh(double x);	计算 x 的双曲正弦函数 sinh(x)的值	计算结果	
sqrt	double sqrt(double x);	计算$\sqrt{x}$	计算结果	x≥0
tan	double tan(double x);	计算 tan(x)	计算结果	
tanh	double tanh(double x);	计算 x 的双曲正切函数 tanh (x)的值	计算结果	

二、字符函数和字符串函数

调用字符函数时，要求在源文件中包含头文件"ctype. h"；调用字符串函数时，要求在源文件中包含头文件"string. h"。

函数名	函数原型说明	功 能	返 回 值
isalnum	int isalnum(int ch);	检查 ch 是否为字母或数字	是，返回 1；否则返回 0
isalpha	int isalpha(int ch);	检查 ch 是否为字母	是，返回 1；否则返回 0
iscntrl	int iscntrl(int ch);	检查 ch 是否为控制字符	是，返回 1；否则返回 0
isdigit	int isdigit(int ch);	检查 ch 是否为数字	是，返回 1；否则返回 0
isgraph	int isgraph(int ch);	检查 ch 是否为 ASCII 码值在 ox21 到 ox7e 的可打印字符(即不包含空格字符)	是，返回 1；否则返回 0
islower	int islower(int ch);	检查 ch 是否为小写字母	是，返回 1；否则返回 0
isprint	int isprint(int ch);	检查 ch 是否为包括空格在内的可打印字符	是，返回 1；否则返回 0
ispunct	int ispunct(int ch);	检查 ch 是否为除了空格、字母、数字之外的可打印字符	是，返回 1；否则返回 0

续表

函数名	函数原型说明	功　能	返 回 值
isspace	int isspace(int ch);	检查 ch 是否为空格、制表或换行符	是,返回1;否则返回0
isupper	int isupper(int ch);	检查 ch 是否为大写字母	是,返回1;否则返回0
isxdigit	int isxdigit(int ch);	检查 ch 是否为16进制数字	是,返回1;否则返回0
strcat	char *strcat(char *s1,char *s2);	把字符串 s2 接到 s1 后面	s1 所指地址
strchr	char *strchr(char *s,int ch);	在 s 所指字符串中,找出第一次出现字符 ch 的位置	返回找到的字符的地址,找不到返回 NULL
strcmp	int strcmp(char *s1,char *s2);	对 s1 和 s2 所指字符串进行比较	s1<s2,返回负数, s1==s2,返回0, s1>s2,返回正数
strcpy	char *strcpy(char *s1,char *s2);	把 s2 指向的串复制到 s1 指向的空间	s1 所指地址
strlen	unsigned strlen(char *s);	求字符串 s 的长度	返回串中字符(不计最后的'\0')个数
strstr	char *strstr(char *s1,char *s2);	在 s1 所指字符串中,找出字符串 s2 第一次出现的位置	返回找到的字符串的地址,找不到返回 NULL
tolower	int tolower(int ch);	把 ch 中的字母转换成小写字母	返回对应的小写字母
toupper	int toupper(int ch);	把 ch 中的字母转换成大写字母	返回对应的大写字母

三、输入输出函数

调用输入输出函数时,要求在源文件中包含头文件"stdio.h"。

函数名	函数原型说明	功　能	返 回 值
clearerr	void clearerr(FILE *fp);	清除与文件指针 fp 有关的所有出错信息	无
fclose	int fclose(FILE *fp);	关闭 fp 所指的文件,释放文件缓冲区	出错返回非0,否则返回0
feof	int feof(FILE *fp);	检查文件是否结束	遇文件结束返回非0,否则返回0
fgetc	int fgetc(FILE *fp);	从 fp 所指的文件中取得下一个字符	出错返回 EOF,否则返回所读字符
fgets	char *fgets(char *buf,int n, FILE *fp);	从 fp 所指的文件中读取一个长度为 n-1 的字符串,将其存入 buf 所指存储区	返回 buf 所指地址,若遇文件结束或出错返回 NULL

续表

函数名	函数原型说明	功 能	返 回 值
fopen	FILE *fopen(char *filename, char *mode);	以 mode 指定的方式打开名为 filename 的文件	成功,返回文件指针(文件信息区的起始地址),否则返回 NULL
fprintf	int fprintf(FILE *fp, char *format,args,…);	把 args,…的值以 format 指定的格式输出到 fp 所指定的文件中	实际输出的字符数
fputc	int fputc(char ch,FILE *fp);	把 ch 中字符输出到 fp 所指文件	成功返回该字符,否则返回 EOF
fputs	int fputs(char *str,FILE *fp);	把 str 所指字符串输出到 fp 所指文件	成功返回非负整数,否则返回-1(EOF)
fread	int fread(char *pt,unsigned size, unsigned n,FILE *fp);	从 fp 所指文件中读取长度为 size 的 n 个数据项存到 pt 所指文件中	读取的数据项个数
fscanf	int fscanf(FILE *fp, char *format,args,…);	从 fp 所指定的文件中按 format 指定的格式把输入数据存入到 args,…所指的内存中	已输入的数据个数,遇文件结束或出错返回 0
fseek	int fseek(FILE *fp, long offer,int base);	移动 fp 所指文件的位置指针	成功返回当前位置,否则返回非 0
ftell	long ftell(FILE *fp);	求出 fp 所指文件当前的读写位置	读写位置,出错返回-1L
fwrite	int fwrite(char *pt,unsigned size, unsigned n,FILE *fp);	把 pt 所指向的 n * size 个字节输出到 fp 所指文件中	输出的数据项个数
getc	int getc(FILE *fp);	从 fp 所指文件中读取一个字符	返回所读字符,若出错或文件结束返回 EOF
getchar	int getchar(void);	从标准输入设备读取下一个字符	返回所读字符,若出错或文件结束返回-1
gets	char *gets(char *s);	从标准设备读取一行字符串放入 s 所指存储区,用'\0'替换读入的换行符	返回 s,出错返回 NULL
printf	int printf(char *format,args,…);	把 args,…的值以 format 指定的格式输出到标准输出设备	输出字符的个数
putc	int putc(int ch,FILE *fp);	同 fputc	同 fputc
putchar	int putchar(char ch);	把 ch 输出到标准输出设备	返回输出的字符,若出错,返回 EOF

续表

函数名	函数原型说明	功 能	返 回 值
puts	int puts(char *str);	把 str 所指字符串输出到标准设备,将'\0'转换成回车换行符	返回换行符,若出错,返回 EOF
rename	int rename(char *oldname, char *newname);	把 oldname 所指文件名改为 newname 所指文件名	成功返回 0,出错返回-1
rewind	void rewind(FILE *fp);	将文件位置指针置于文件开头	无
scanf	int scanf(char *format,args,…);	从标准输入设备按 format 指定的格式把输入数据存入到 args,…所指的内存中	已输入的数据个数,出错返回 0

四、动态分配函数和随机函数

调用动态分配函数和随机函数时,要求在源文件中包含头文件"stdlib. h"。

函数名	函数原型说明	功 能	返 回 值
calloc	void *calloc(unsigned n, unsigned size);	分配 n 个数据项的内存空间,每个数据项的大小为 size 个字节	分配内存单元的起始地址;如不成功返回 0
free	void free(void *p);	释放 p 所指的内存区	无
malloc	void *malloc(unsigned size);	分配 size 个字节的存储空间	分配内存空间的地址;如不成功返回 0
realloc	void *realloc(void *p, unsigned size);	把 p 所指内存区的大小改为 size 个字节	新分配内存空间的地址;如不成功返回 0
rand	int rand (void);	产生 0~32767 的随机整数	返回一个随机整数
exit	void exit(0);	文件打开失败,返回运行环境	无

附录7 全国计算机等级考试二级C语言程序设计考试大纲(2018年版)

基本要求

1. 熟悉 Visual C++集成开发环境。
2. 掌握结构化程序设计的方法,具有良好的程序设计风格。
3. 掌握程序设计中简单的数据结构和算法并能阅读简单的程序。
4. 在 Visual C++集成环境下,能够编写简单的 C 程序,并具有基本的纠错和调试程序的能力。

考试内容

一、C 语言程序的结构

1. 程序的构成,main 函数和其他函数。
2. 头文件,数据说明,函数的开始和结束标志以及程序中的注释。
3. 源程序的书写格式。
4. C 语言的风格。

二、数据类型及其运算

1. C 的数据类型(基本类型,构造类型,指针类型,无值类型)及其定义方法。
2. C 运算符的种类、运算优先级和结合性。
3. 不同类型数据间的转换与运算。
4. C 表达式类型(赋值表达式,算术表达式,关系表达式,逻辑表达式,条件表达式,逗号表达式)和求值规则。

三、基本语句

1. 表达式语句,空语句,复合语句。
2. 输入输出函数的调用,正确输入数据并正确设计输出格式。

四、选择结构程序设计

1. 用 if 语句实现选择结构。
2. 用 switch 语句实现多分支选择结构。
3. 选择结构的嵌套。

五、循环结构程序设计

1. for 循环结构。
2. while 和 do-while 循环结构。
3. continue 语句和 break 语句。
4. 循环的嵌套。

六、数组的定义和引用

1. 一维数组和二维数组的定义、初始化和数组元素的引用。
2. 字符串与字符数组。

七、函数

1. 库函数的正确调用。
2. 函数的定义方法。
3. 函数的类型和返回值。
4. 形式参数与实际参数,参数值的传递。
5. 函数的正确调用,嵌套调用,递归调用。
6. 局部变量和全局变量。
7. 变量的存储类别(自动,静态,寄存器,外部),变量的作用域和生存期。

八、编译预处理

1. 宏定义和调用(不带参数的宏,带参数的宏)。
2. “文件包含”处理。

九、指针

1. 地址与指针变量的概念,地址运算符与间址运算符。
2. 一维、二维数组和字符串的地址以及指向变量、数组、字符串、函数、结构体的指针变量的定义。通过指针引用以上各类型数据。
3. 用指针作函数参数。
4. 返回地址值的函数。
5. 指针数组,指向指针的指针。

十、结构体(即“结构”)与共同体(即“联合”)

1. 用 typedef 说明一个新类型。
2. 结构体和共用体类型数据的定义和成员的引用。
3. 通过结构体构成链表,单向链表的建立,结点数据的输出、删除与插入。

十一、位运算

1. 位运算符的含义和使用。
2. 简单的位运算。

十二、文件操作

只要求缓冲文件系统(即高级磁盘 I/O 系统),对非标准缓冲文件系统(即低级磁盘 I/O 系统)不要求。

1. 文件类型指针(FILE 类型指针)。
2. 文件的打开与关闭(fopen,fclose)。
3. 文件的读写(fputc,fgetc,fputs,fgets,fread,fwrite,fprintf,fscanf 函数的应用),文件的定位(rewind,fseek 函数的应用)。

考试方式

上机考试,考试时长120分钟,满分100分。

1. 题型及分值

单项选择题40分(含公共基础知识部分10分)。

操作题60分(包括程序填空题、程序修改题及程序设计题)。

2. 考试环境

操作系统:中文版 Windows 7。

开发环境:Microsoft Visual C++ 2010 学习版。

附录 8 全国计算机等级考试二级 C 语言程序设计样题及参考答案

样题

一、选择题

(1) 构成 C 程序的三种基本结构是

A) 顺序结构、转移结构、递归结构　　B) 顺序结构、嵌套结构、递归结构

C) 顺序结构、选择结构、循环结构　　D) 选择结构、循环结构、嵌套结构

(2) C 语言编译程序的功能是

A) 执行一个 C 语言编写的源程序

B) 把 C 源程序翻译成 ASCII 码

C) 把 C 源程序翻译成机器代码

D) 把 C 源程序与系统提供的库函数组合成一个二进制执行文件

(3) 下列形式中不合法的常量是

A) 2. E8　　B) -.28　　C) -028　　D) 2e-8

(4) 以下不是 C 语言字符型或字符串常量的是

A) "It's"　　B) "0"　　C) 'a=0'　　D) '\010'

(5) C 语言程序中,若函数无返回值,则应该对函数说明的类型是

A) int　　B) double　　C) char　　D) void

(6) 若变量已正确定义并赋值,则错误的赋值语句是

A) a+=a+1;　　B) a=sizeof(double);

C) a=d ‖ c;　　D) a+1=a;

(7) 若有定义:int　a=1,b=2,c=3;,则执行表达式(a=b+c) ‖ (++b)后 a,b,c 的值依次为

A) 1,2,3　　B) 5,3,2　　C) 5,2,3　　D) 5,3,3

(8) 有以下程序

```
#include   <stdio.h>
main()
{   int k=10;
    printf("%4d,%o,%x\n",k,k,k);
}
```

程序的运行结果是(□代表一个空格)

A) 10,12,a　　B) □□10,012,a　　C) 010,12,a　　D) □□10,12,a

(9) 设有:char　s[5],c;,则调用函数 scanf 能正确给 s 和 c 读入数据的是

A) scanf("%s%c",s,c);　　B) scanf("%d%c",&s,&c);

C) scanf("%d%c",s,&c);　　D) scanf("%s%c",s,&c);

(10) 设 x,y,z 均为实型变量,代数式 $\frac{x}{y\times z}$ 在 C 语言中的正确写法是

A) x/y * z　　B) x%y%z　　C) x/y/z　　D) x * z/y

(11) 有以下程序

```
#include  <stdio.h>
main()
{  int  i,j,k,a=5,  b=6;
   i=(a==b)? ++a:--b;
   j=a++;  k=b;printf("%d,%d,%d\n",i,j,k);
}
```

程序的运行结果是

A) 7,6,5　　B) 5,5,5　　C) 7,5,5　　D) 5,6,5

(12) 设变量 x 为 long　int 型并已正确赋值,以下表达式中能将 x 的百位上的数字提取出的是

A) x/10%100　　B) x%10/100　　C) x%100/10　　D) x/100%10

(13) 有以下程序

```
#include  <stdio.h>
main()
{  int  i,  j,  x=0;
   for(i=0;i<2;i++)
   {  x++;
      for(j=0;j<=3;j++)
         {  if(j%2==0)  continue;  x++;  }
      x++;
   }
   printf("x=%d\n",x);
}
```

程序的运行结果是

A) x=4　　B) x=6　　C) x=8　　D) x=12

(14) 有以下程序

```
#include  <stdio.h>
main()
{  int  sum=0,x=5;
   do {  sum+=x;  } while(! --x);
   printf("%d\n",sum);
}
```

程序的运行结果是

A) 0　　B) 5　　C) 14　　D) 15

(15) 有以下程序

```
#include <stdio.h>
```

```
main( )
{ char ch='Z';
  ch=(ch-'A'+1)%26+'A'; putchar(ch);
}
```

程序的运行结果是

A) Z　　B) Y　　C) B　　D) A

(16) 以下函数的功能是:计算a的n次方作为函数值返回

```
double fun(double a,int n)
{ int i; double s=1.0;
  for(i=1; i<=n; i++) s=________;
  return s;
}
```

为实现上述功能,函数中下划线处应填入的是

A) s*i　　B) s*a　　C) s+i*i　　D) s+a*a

(17) 在C语言程序中,下列说法正确的是

A) 函数的定义可以嵌套,但函数的调用不可以嵌套

B) 函数的定义不可以嵌套,但函数的调用可以嵌套

C) 函数的定义和调用均不可以嵌套

D) 函数的定义和调用均可以嵌套

(18) 若主函数中有定义语句:int a[10],b[10],c;,在主函数前定义的fun函数首部为:void fun(int x[ ]),则以下选项中错误的调用语句是

A) fun(b);　　B) fun(&c);　　C) fun(&a[3]);　　D) fun(b[1]);

(19) 有以下程序

```
#include <stdio.h>
main( )
{ int k,n=0;char c, str[]="teach";
  for(k=0; str[k]; k++)
  { c=str[k];
    switch (k)
    { case 1: case 3: case 5: putchar(c); printf("%d",++n); break;
      default: putchar('N');
    }
  }
}
```

程序的运行结果是

A) Ne1NN　　B) e1a2e3　　C) Ne1Nc2N　　D) Na1NNNN

(20) 以下叙述中错误的是

A) 同一个数组中所有元素的类型相同

B) 不可以跳过前面的数组元素,给后面的元素赋初值

C) 定义语句:int a[10]={0};,给a数组中所有元素赋初值0

D) 若有定义语句:int a[4]={1,2,3,4,5};,编译时将忽略多余的初值

(21) 执行以下程序段后,s的值为

```
int a[ ] = {1,2,3,4,5,6,7,8,9} ,s=0,k;
  for(k=0;k<8;k+=2)   s+= *(a+k);
```

A) 13　　B) 16　　C) 17　　D) 45

(22) 有以下程序

```
#include   <stdio.h>
#define   N   4
void   fun( int   a[ ][N],int   b[ ])
{   int   i;
    for(i=0;i<N;i++)   b[i] = a[i][N-1-i];
}
main( )
{   int   x[N][N]={1,2,3,4,5,6,7,8,9,10,11,12,13,14,15,16},   y[N],   i;
    fun(x,y);
    for (i=0;i<N; i++)   printf("%d,",y[i]);
    printf("\n");
}
```

程序的运行结果是

A) 1,2,3,4,　　B) 3,6,9,12,　　C) 4,7,10,13,　　D) 1,5,9,13,

(23) 有以下程序

```
#include   <stdio.h>
#include   <string.h>
main( )
{   char   str[ ]={"Hello,Beijing"};
    printf("%d,%d\n",strlen(str),sizeof(str));
}
```

程序的运行结果是

A) 13,13　　B) 13,14　　C) 13,15　　D) 14,15

(24) 有以下程序

```
#include   <stdio.h>
void   fun(char   ( *p)[6] )
{   int i;
    for(i=0; i<4; i++ ) printf("%c ",p[i][i]);
    printf("\n");
}
main( )
{   char   s[6][6]={ "ABCDE","abcde","12345","FGHIJ","fghij","54321"};
    fun(s);
}
```

程序的运行结果是

A) A a 1 F　　B) A b 3 I　　C) A B C D　　D) f g h i j

(25) 有以下程序

```
#include  <stdio.h>
int  fun(int  n)
{  if(n)   return   fun(n-1) + n;
   else   return   0;
}
main()
{  printf("%d\n",fun(3));  }
```

程序的运行结果是

A) 4　　B) 5　　C) 6　　D) 7

(26) 有以下程序

```
#include <stdio.h>
#define   M   5
#define   f(x,y)   x * y+M
main()
{  int  k;
   k = f(2,3) * f(2,3);
   printf("%d\n",k);
   }
```

程序的运行结果是

A) 22　　B) 41　　C) 100　　D) 121

(27) 有以下定义

```
struct data
{  int  i; char  c; double  d;  } x;
```

以下叙述中错误的是

A) x 的内存地址与 x.i 的内存地址相同

B) struct data 是一个类型名

C) 初始化时,可以对 x 的所有成员同时赋初值

D) 成员 i、c 和 d 占用的是同一个存储空间

(28) 有以下程序

```
#include   <stdio.h>
#include   <string.h>
typedef  struct {  char name[9];  char sex;  float score[2];  } STU;
void f (STU   *a)
{  strcpy(a->name,"Zhao");
   a->sex='m'; a->score[1]=90.0;
}
main()
{  STU   c={"Qian",'f',95.0,92.0}, *d=&c;
   f (d);   printf("%s,%c,%2.0f,%2.0f\n",d->name,c.sex,c.score[0],c.score[1]);
}
```

程序的运行结果是

A）Qian,f,95,92　　B）Zhao,f,95,90　　C）Zhao,m,95,90　　D）Zhao,f,95,92

（29）若有以下定义

struct　tt{ char　name[10]; char　sex;} aa={ "aaaa",'F'}, *p=&aa;

则错误的语句是

A）scanf("%c",aa.sex);　　B）aa.sex=getchar();

C）printf("%c\n",(*p).sex);　　D）printf("%c\n",p->sex);

（30）若有说明：typedef　struct　{ int　a; char　c;}W；则以下叙述正确的是

A）编译后系统为 W 分配5个字节

B）编译后系统为 W 分配6个字节

C）编译后系统为 W 分配8个字节

D）编译后系统不为 W 分配存储空间

二、程序填空题

1．程序通过定义学生结构体变量，存储了学生的学号、姓名和3门课的成绩。所有学生数据均以二进制方式输出到文件中。函数 fun 的功能是重写形参 filename 所指文件中最后一个学生的数据，即用新的学生数据覆盖该学生原来的数据，其他学生的数据不变。

请在程序的下划线处填入正确的内容并把下划线删除，使程序得出正确的结果。

注意：源程序存放在 BLANK1.C 中。不得增行或删行，也不得更改程序的结构！

源程序如下：

```
#include <stdio.h>
#define     N     5
typedef struct student {
  long sno;
  char name[10];
  float score[3];
} STU;
void fun(char *filename,STU n)
{ FILE  *fp;
/********** found **********/
   fp = fopen(___1___,"rb+");
/********** found **********/
   fseek(fp,-1L*sizeof(STU),___2___);
/********** found **********/
   fwrite(___3___,sizeof(STU),1,fp);
   fclose(fp);
}
main()
{ STU t[N]={ {10001,"MaChao",91,92,77},{10002,"CaoKai",75,60, 88},
                    {10003,"LiSi",85,70,78},{10004,"FangFang",90,82, 87},
                    {10005,"ZhangSan",95,80,88}};
  STU n={10006,"ZhaoSi",55,70,68},ss[N];
```

```
    int i,j;        FILE *fp;
    fp = fopen("student.dat","wb");
    fwrite(t,sizeof(STU),N,fp);
    fclose(fp);
    fp = fopen("student.dat","rb");
    fread(ss,sizeof(STU),N,fp);
    fclose(fp);
    printf("\nThe original data :\n\n");
    for (j=0; j<N; j++)
    {  printf("\nNo: %ld Name: %-8s     Scores: ",ss[j].sno,ss[j].name);
       for (i=0; i<3; i++)printf("%6.2f ",ss[j].score[i]);
       printf("\n");
    }
    fun("student.dat",n);
    printf("\nThe data after modifing :\n\n");
    fp = fopen("student.dat","rb");
    fread(ss,sizeof(STU),N,fp);
    fclose(fp);
    for (j=0; j<N; j++)
    {  printf("\nNo: %ld Name: %-8s     Scores: ",ss[j].sno,ss[j].name);
       for (i=0; i<3; i++)printf("%6.2f ",ss[j].score[i]);
       printf("\n");
    }
}
```

2. 给定程序中,函数fun的功能是:找出100~999之间(含100和999)所有整数中各位上数字之和为x(x为一正整数)的整数,然后输出;符合条件的整数个数作为函数值返回。

例如,当x值为5时,100~999之间各位上数字之和为5的整数有:104、113、122、131、140、203、212、221、230、302、311、320、401、410、500。共有15个。当x值为27时,各位数字之和为27的整数是:999。只有1个。

请在程序的下划线处填入正确的内容并把下划线删除,使程序得出正确的结果。

注意:源程序存放在BLANK1.C中。不得增行或删行,也不得更改程序的结构!

源程序如下:

```
#include <stdio.h>
fun(int x)
{ int n,s1,s2,s3,t;
  n=0;
  t=100;
/ ********** found ********** /
  while(t<= ___1___ ){
/ ********** found ********** /
       s1=t%10;   s2=( ___2___ )%10;   s3=t/100;
/ ********** found ********** /
```

```
        if(s1+s2+s3==__3__)
        { printf("%d ",t);
          n++;
        }
        t++;
    }
    return n;
}
main()
{ int x=-1;
  while(x<0)
  { printf("Please input(x>0): "); scanf("%d",&x); }
  printf("\nThe result is: %d\n",fun(x));
}
```

三、程序修改题

1. 给定程序 MODI1.C 中函数 fun 的功能是:统计一个无符号整数中各位数字值为零的个数,通过形参传回主函数;并把该整数中各位上最大的数字值作为函数值返回。例如,若输入无符号整数 30800,则数字值为零的个数为 3,各位上数字值最大的是 8。

请改正函数 fun 中指定部位的错误,使它能得出正确的结果。

注意:不要改动 main 函数,不得增行或删行,也不得更改程序的结构!

源程序如下:

```
#include <stdio.h>
int  fun(unsigned n,int *zero)
{  int count=0,max=0,t;
   do
   {  t=n%10;
/**************found**************/
        if(t=0)
        count++;
        if(max<t) max=t;
        n=n/10;
   }while(n);
/**************found**************/
     zero=count;
     return max;
}
main()
{ unsigned n;    int    zero,max;
  printf("\nInput n(unsigned): ");  scanf("%d",&n);
  max=fun( n,&zero );
  printf("\nThe result:  max=%d    zero=%d\n",max,zero);
```

```
}
```

2. 给定程序 MODI1. C 中函数 fun 的功能是:依次取出字符串中所有数字字符,形成新的字符串,并取代原字符串。

请改正函数 fun 中指定部位的错误,使它能得出正确的结果。

注意:不要改动 main 函数,不得增行或删行,也不得更改程序的结构!

源程序如下:

```
#include <stdio.h>
void   fun(char  * s)
{   int    i,j;
    for(i=0,j=0; s[i]!='\0'; i++)
            if(s[i]>='0'&& s[i]<='9')
/ ********** found ********** /
                s[j]=s[i];
/ ********** found ********** /
            s[j]="\0";
}
main()
{   char item[80];
    printf("\nEnter a string   :   ");gets(item);
    printf("\n\nThe string   is   :\"%s\"\n",item);
    fun(item);
    printf("\n\nThe string of changing is   :\"%s\"\n",item );
}
```

四、程序设计题

1. 假定输入的字符串中只包含字母和 * 号。请编写函数 fun,它的功能是:除了尾部的 * 号之外,将字符串中其他 * 号全部删除。形参 p 已指向字符串中最后的一个字母。在编写函数时,不得使用 C 语言提供的字符串函数。

例如,字符串中的内容为:****A*BC*DEF*G******* ,删除后,字符串中的内容应当是:ABCDEFG*******。

注意:部分源程序在文件 PROG1. C 中。

请勿改动主函数 main 和其他函数中的任何内容,仅在函数 fun 的花括号中填入你编写的若干语句。

部分源程序如下:

```
#include <stdio.h>
void fun( char  * a,char  * p )
{



}
main()
{   char s[81], *t;
    printf("Enter a string:\n");gets(s);
```

```
    t=s;
    while( *t)t++;
    t--;
    while( *t=='*')t--;
    fun( s ,t );
    printf("The string after deleted:\n");puts(s);
    NONO();
}
NONO()
{/* 本函数用于打开文件,输入数据,调用函数,输出数据,关闭文件。*/
  FILE *in, *out ;
  int i ; char s[81], *t ;
  in = fopen("k:\\k01\\24010001\\in.dat","r");
  out = fopen("k:\\k01\\24010001\\out.dat","w");
  for(i = 0 ; i < 10 ; i++) {
    fscanf(in,"%s",s);
    t=s;
    while( *t)t++;
    t--;
    while( *t=='*')t--;
    fun(s,t);
    fprintf(out,"%s\n",s);
  }
  fclose(in);
  fclose(out);
}
```

数据文件 in.dat 内容如下:

```
****A*BC*DEF*G********
**********LKJFHG****KHJ***SDFGH****KJKJ*J*K*K*J*****
******OGH*GKLJ*LKJ*LKJ*KLKJHG*DQ*LJ*KJ*****
********HJJKD***JHHKJH*DGH*TDFHG*TYRYTRIU*JGJ**********
*****HKHJLKH***GUHHJ*GFHJ**GJHK***GJKGK****KHKLHKJHKJ***
******JHGDFXGGJH****JFHGFK**HKH**KJHKL***KLH***
************UYKJDFARTQYW*****HFCUJ**KJHKJ**KJHK***
********JKHILUHIUGCLKLKJGH*******HJGHG**KJH**JY*JH*M*HJH****
*****JKH***GHJK*JHGG*GGJK*GJKG*GKJ*GH*GK*JK*****
****KJKHLKJHSQDQDQ*DQDQ*DQ*DQLKDKJQ*POUOIUO*LKJL*****
```

结果文件 out.dat 内容如下:

```
ABCDEFG********
LKJFHGKHJSDFGHKJKJJKKJ*****
OGHGKLJLKJLKJKLKJHGDQLJKJ*****
```

HJJKDJHHKJHDGHTDFHGTYRYTRIUJGJ **********

HKHJLKHGUHHJGFHJGJHKGJKGKKHKLHKJHKJ ***

JHGDFXGGJHJFHGFKHKHKJHKLKLH ***

UYKJDFARTQYWHFGUJKJHKJKJHK ***

JKHILUHIUGCLKLKJGHHJGHGKJHJYJHMHJH ****

JKHGHJKJHGGGJKGJKGGKJGHGKJK *****

KJKHLKJHSQDQDQDQDQDQDQLKDKJQPOUOIUOLKJL *****

2. 函数 fun 的功能是:将两个两位数的正整数 a、b 合并形成一个整数放在 c 中。合并的方式是:将 a 数的十位和个位数依次放在 c 数的个位和百位上,b 数的十位和个位数依次放在 c 数的千位和十位上。

例如,当 a=45,b=12 时,调用该函数后,c=1524。

注意:部分源程序存在文件 PROG1.C 中。数据文件 IN.DAT 中的数据不得修改。

请勿改动主函数 main 和其他函数中的任何内容,仅在函数 fun 的花括号中填入你编写的若干语句。

部分源程序如下:

```
#include <stdio.h>
void fun(int a,int b,long *c)
{




}
main()
{   int a,b; long c;
    printf("Input a,b:");
    scanf("%d,%d",&a,&b);
    fun(a,b,&c);
    printf("The result is: %ld\n",c);
    NONO();
}
NONO ( )
{/* 本函数用于打开文件,输入数据,调用函数,输出数据,关闭文件。*/
  FILE *rf, *wf ;
  int i,a,b ; long c ;
  rf = fopen("k:\\k01\\24010001\\in.dat","r");
  wf = fopen("k:\\k01\\24010001\\out.dat","w");
  for(i = 0 ; i < 10 ; i++) {
    fscanf(rf,"%d,%d",&a,&b);
    fun(a,b,&c);
    fprintf(wf,"a=%d,b=%d,c=%ld\n",a,b,c);
  }
  fclose(rf);
  fclose(wf);
```

}

数据文件 in. dat 内容如下：

45,12
63,54
14,78
88,91
71,13
12,45
72,32
29,99
34,43
22,44

结果文件 out. dat 内容如下：

a=45,b=12,c=1524
a=63,b=54,c=5346
a=14,b=78,c=7481
a=88,b=91,c=9818
a=71,b=13,c=1137
a=12,b=45,c=4251
a=72,b=32,c=3227
a=29,b=99,c=9992
a=34,b=43,c=4433
a=22,b=44,c=4242

参考答案

一、选择题

(1) C (2) C (3) C (4) C (5) D (6) D (7) C (8) D (9) D (10) C
(11) B (12) D (13) C (14) B (15) D (16) B (17) B (18) D (19) C (20) D
(21) B (22) C (23) B (24) B (25) C (26) B (27) D (28) C (29) A (30) D

二、程序填空题

1. 第 1 处:filename 或"student. dat"
   第 2 处:SEEK_END 或 2
   第 3 处:&n
2. 第 1 处:999
   第 2 处:t/10
   第 3 处:x

三、程序修改题

1. 错误点 1 参考答案:if(t==0)或 if(!t)或 if(0==t)
   错误点 2 参考答案: *zero=count;
2. 错误点 1 参考答案:s[j++]=s[i];或 *(s+j++)= *(s+i);

或 s[j]=s[i],j++;或 s[j]=s[i],j+=1;

或 s[j]=s[i],j=j+1; 或 s[j]=s[i],++j;

或 s[j]=s[i],j=1+j; 或 *(s+j)= *(s+i),j++;

或 *(s+j)= *(s+i),j+=1; 或 *(s+j)= *(s+i),j=j+1;

或 *(s+j)= *(s+i),++j; 或 *(s+j)= *(s+i),j=1+j;

错误点2参考答案:s[j]=0;

四、程序设计题

略。

附录9 习题参考答案

第1章

1.1 .exe　1.2 [1].C　[2].obj　[3].exe

1.3 [1]顺序结构　[2]选择结构　[3]循环结构

第2章

2.1 B　2.2 D　2.3 B　2.4 A　2.5 C　2.6 A　2.7 B　2.8 B　2.9 A　2.10 C

2.11 D　2.12 A　2.13 A

2.14 [1]11　[2]12　2.15 [1]4.2　[2]4.2　2.16 [1]{[2]}[3]定义和说明 [4]语句

2.17 [1]关键字 [2]用户标识符　2.18 [1]int [2]float [3]double　2.19 double a1=1,a2=1;

2.20 存储单元　2.21 3.5　2.22 [1]a*b/c [2](a*b)/c [3]a*(b/c)　2.23 将10赋给变量s

2.24 答:第一行的末尾有多余的分号";"

　　第一行的文件名stdio.h缺双引号" "或<>括住

　　第二行主函数main的末尾有多余的";"

　　第二行的注释有错,C语言规定"/"与"*"之间不能有空格

　　main函数体缺函数体括号"{ }"

　　第三行的注释有错,C语言规定:注释内容由一对"/*"和"*/"括注,并且"/*"总是与离它最近的"*/"配对,由此可以看出,该行注释中有一个多余的",",末尾的"*/"由于没有"/*"与之配对,因此也是多余的。

　　第六行语句printf(" %f \n " ,s)缺分号";"

2.25 答:在程序开始缺 #include "stdio.h"

　　第二行main函数缺()

　　第三行末尾缺分号";"

　　第五行语句末尾缺分号";"

第3章

3.1 C　3.2 C　3.3 D　3.4 C　3.5 D　3.6 B　3.7 C　3.8 D　3.9 A　3.10 B

3.11 输出结果是:

(1) -200,2500　(2) i=-200,j = 2500

(3) i = -200

j = 2500

3.12 [1]12 [2]0 [3]0

3.13 [1] 一条语句 [2] ;(分号)

3.14 ;(分号)

3.15 可用以下三种形式输入(<CR>代表 Enter 键):

[1] 100 15.81 1.89234<CR>

[2] 100<CR>

15.81 1.89234<CR>

[3] 100<CR>

15.81<CR>

1.89234<CR>

第4章

4.1 A 4.2 A 4.3 A 4.4 D 4.5 C 4.6 A 4.7 B 4.8 C 4.9 D 4.10 A

4.11 [1] 非0 [2] 0 4.12 低 4.13 高 4.14 高 4.15 !

4.16 A) a==b || a<c B) x<-4 || x>4 4.17 1 4.18 A) x<=0 B) 1

4.19 [1] 3 [2] 2 [3] 2 4.20 *#

4.21 提示:若 a 的值小于 100,switch 后一对括号内的表达式可写成:a/10。

4.22 提示:根据当前日期计算年龄的语句可写成:

```
age = y1 - y0;
    if( m1<m0 || m1 == m0&&d1<d0 )  age--;
```

4.23 提示:判断语句可写成:

```
if( n%2 == 0 ) printf( "%d is even number\n", n ); /* 余数为0时为偶数 */
    else       printf( "%d is odd number\n", n );
```

4.24 请参考例 4.2。

4.25 请参考本章的有关例题。

第5章

5.1 D 5.2 C 5.3 B 5.4 C 5.5 C 5.6 B 5.7 D 5.8 A 5.9 D 5.10 A

5.11 [1] 5 [2] 4 [3] 6 5.12 1024 5.13 -1 5.14 11

5.15 [1] d = 1.0 [2] k++ [3] k<=n

5.16 [1] x>=0 [2] x < amin

第6章

6.1 B 6.2 D 6.3 A 6.4 D 6.5 B 6.6 D 6.7 D 6.8 B 6.9 A 6.10 A

6.11 C 6.12 — 6.13 ctype.h 6.14 0

6.15 10A<CR>

20B<CR>

30C<CR>

40D<CR>

或:10A　20B　30C　40D<CR>

6.16　7.29<CR>

101.298AB<CR>

或:　7.29　101.298AB<CR>

6.17　(从第一列起):A　　7.29B　　101.298<CR>

6.18　(从第一列起,␣代表空格):A␣␣␣␣B␣␣␣␣C␣␣␣␣<CR>

6.19　参考程序段:

```
while((ch=getchar())!='\n')
{ if(n%3==0) putchar('\n');
  n++;      printf("%c : %d ",ch,ch);
}
```

6.20　参考程序段:

```
while((ch=getchar())!='\n')
{   if(ch>='0'&&ch<='9') n=n*10+ch-'0';
}
```

6.21　参考程序段:

```
while((ch=getchar())!='!') if(ch=='\n')n++;
```

6.22　参考程序段:

```
while((ch=getchar())!='\n')
{   if(ch>='a'&& ch<='z')n++;
}
```

6.23　参考程序段,其中 L 为行数,由用户输入。

```
for(i=1; i<=L; i++)
{   ch='A'+i-1;   n=2*i-1;
    for(k=L; k>=i; k--)putchar(' ');
    for(j=1; j<=n; j++)putchar(ch);
    putchar('\n');
}
```

第7章

7.1　C　　7.2　C　　7.3　B　　7.4　C　　7.5　A　　7.6　D　　7.7　A

7.8　12　　7.9　9.0(或 9.000000)　7.10　4　7.11　[1]n=1　[2]s　7.12　[1]<=y　[2]z*x

7.13　[1]1　[2]s*i　[3]0　[4]f(k)

7.14　请参考例7.4。

```
for(k=2; k<=n/2; k++)   if(n%k==0) return 0;
      return  1;
```

7.15　请参考例7.1。

7.16　函数中主要程序段:for(k=1; k<=n; k++) { s=-s; t=s*1.0/k; add=add+t; }。注意,k 的初值为 -1,add 的初值为 0。当传给形参 n 的值为 10 时,函数的返回值 add 应当是:0.645635。

7.17　此题与题7.16相似。函数的返回值为浮点型,而且函数只有一个形参,为整型。函数的基本算法是累加,只是除第一项外其余各项都用减法。每一项的分子都是1,分母部分为 k*k,k 的值逐项增1,由2变化到

m。因此,算法可以用一个循环来实现。当 m 的值为 12 时,函数值应是:0.435023。

7.18 本题已给出了函数需要求值的表达式,读者只需确定函数的类型和形参的类型,就可以写出函数:

double fun(double x) { return x * x-5 * x+4; }

读者应当写出正确的调用语句。

第 8 章

8.1 A 8.2 B 8.3 B 8.4 C 8.5 B 8.6 B 8.7 C 8.8 D 8.9 B 8.10 C

8.11 C 8.12 C 8.13 110 8.14 7 1

8.15 [1] char *p; [2] p=&ch; [3] scanf("%c",p);或 *p= getchar();

[4] *p='A'; [5] printf("%c", *p);或 putchar(*p);

8.16 [1] s=p+3; [2] s--,s--;或 s=s-2; 或 s-=2; [3] 50

[4] *(s+1) [5] 2 [6] 10 20 30 40 50<CR>

8.17 void fun(double a,double b,double *p1,double *p2)

{ *p1=a+b; *p2=a-b; }

调用 fun 函数的语句可以是:fun(x,y,&x,&y);

8.18 本题要求的算法在第 4 章应当已掌握,本题的主要目的是要求读者掌握如何通过指针把函数中的多个结果传回主函数。

第 9 章

9.1 D 9.2 A 9.3 A 9.4 A 9.5 C 9.6 A 9.7 B 9.8 D 9.9 C 9.10 C

9.11 C 9.12 D 9.13 D 9.14 A 9.15 A 9.16 A 9.17 C 9.18 C

9.19 [1] 9 [2] 0 9.20 6 9.21 12 9.22 3 9.23 2721

9.24 -850,2,0 9.25 [1] k=p [2] k 9.26 [1] (c=getchar()) [2] c-'A'

9.27 若用 num 数组元素来进行统计,可参考以下程序段,注意:num 数组的初值为 0。

while((ch=getchar()) !='\n') if(ch<='9'&&ch>='0') num [ch-'0']+=1;

9.28 本题的编程请参考例 9.8。

9.29 若把函数命名为 odds,则函数首部可写成:

void odds(int * a,int an,int * b,int * bn)

形参 a 指向存放原始数据的数组,an 存放此数组中数据的个数;b 指向另一个数组,此数组中将存放将选出的所有奇数,通过指针 bn,把奇数的个数传回主函数。在 odds 函数中,可通过一个 for 循环选出所有的奇数:

for(j=0,i=0;i<an;i++) if(a[i]%2){ b[j]=a[i];j++; }

9.30 本题编程请参考例 9.9。

9.31 若把插入操作放在函数 insert 中,待插入的数据放在形参 x 中,指针 a 指向主函数中的数组,指针 n 指向存放数组中元素个数的变量,因为插入后,数组中的数据会增加。函数的首部如下:

void insert(int *a,int x,int *n)

函数 insert 中插入步骤如下:

(1) 确定插入的位置。用变量 j 来放置该位置在数组中的下标,以下 while 循环将完成此任务:

j=0; while(j< * n && a[j]<x)j++;

(2) 把下标为 j 的元素后原有的数据移走,但不能改变原来的顺序:

for(i= *n-1;i>=j;i--)a[i+1]=a[i];

(3) 把 x 放入 a[j]中:

a[j]=x;

(4) 使存放数据个数的变量中的数增1:

*n=*n+1;

插入过程到此结束。

9.32　把一个整数转换为二进制数的算法,就是一个把十进制整数不断被2除的过程,每次被2除的余数即是一个二进制位上的数(1或0)。注意,因为在a[0]中放的是二进制数的最低位,若最高位的下标为n,则输出的顺序应该从a[n]到a[0]。

9.33　x中存放新产生的随机数,可用while循环从头到尾去检查数组中是否有与值相同的元素:

```
while(i<n && x!=a[i]) i++;
```

如果i的值等于n时,数组中没有与x相同的元素,因此需要把新的值放入数组中,可用以下语句来实现:

```
if(i==n){ a[n]=x;n++; }
```

因为已有的数据放在下标为0到n-1的元素中,因此新的数放在a[n]中,然后n++,即在数组中,值不同数据的个数增1。再去产生一个新的随机数,重复以上过程,直到n的值等于15时退出外循环。

9.34　本题可参考例9.11。

9.35　要进行相加的两个矩阵(假定为a和b)的行数和列数应当相等。两个矩阵相加就是把两个矩阵中下标相同的两个元素相加,相加的和值放入第三个矩阵(假定为c)相同下标的元素中。即:c[i][j]=a[i][j]+b[i][j]。

9.36　可用以下for循环把九九表中的数据放入二维数组中:

```
for(i=0;i<N;i++)
        for(j=0;j<N;j++) a[i][j]=(i+1)*(j+1);
```

表格的第二行:(1) (2) …(9),可用以下语句输出:

```
for(i=1;i<=9;i++)printf(" (%d) ",i);printf("\n");
```

在二维数组每一行输出前加语句:

```
printf(" (%d) ",i+1);
```

就可得到每一行最前面的(1)、(2)、…、(9)。对于表格的格式,可以通过对程序的运行,逐步进行调整。

9.37　本题求出每行的和值,然后交换两行中的数据,这时被交换的两个元素的行下标不同,而列下标相同。若k为和值最大的行下标,以下循环完成两行中的数据对调:

```
for(i=0;i<N;i++) { t=a[0][i]; a[0][i]=a[k][i]; a[k][i]=t; }
```

9.38　对矩阵进行逆置的操作可由函数void　transpose(int p[][N])来完成。形参p指向一个二维数组。逆置的过程可由双重循环来完成:

```
for(i=0;i<N;i++)
        for(j=0;j<i;j++) { t=p[i][j];p[i][j]=p[j][i];p[j][i]=t;}
```

第10章

10.1　B　　10.2　B　　10.3　C　　10.4　B　　10.5　C　　10.6　A　　10.7　D　　10.8　A

10.9　C　　10.10　C

10.11　GFEDCB　　10.12　XYZA

10.13　SO　　10.14　10　　10.15　Itis

10.16　[1] strlen(str)-1　[2] j-- 或--j 或 j=j-1 或 j-=1

10.17　3　　10.18　goodgood!

10.19　mygets 和 myputs 函数如下:

```
void mygets( char *s )
```

```
  { while( ( *s=getchar( ) ) != '\n') s++;  *s='\0'; }
void myputs( char *s)
  { while( *s) { putchar( *s); s++; } putchar( '\n'); }
```

10.20　可用以下函数判断 s 所指字符串是否是回文：

```
int isHuiwen( char *s)
  { int i=0,j=strlen(s)-1;
    while(i<j && s[i]==s[j]) { i++;j--; }
    if(i<j) return 0; else return 1;
  }
```

10.21　形参指定位置(下标)：

```
char delchar( char *s,int pos)
  { int i; char ch=s[pos];
    if( pos>=strlen(s) || pos<0) return 0;
    for( i=pos; s[i] ;i++) s[i]=s[i+1]; return ch;
  }
```

第 11 章

11.1　D　　11.2　B　　11.3　A　　11.4　C

11.5　IJKLEFGHABCD　11.6　7　11.7　8　11.8　[1] *(s+j)　[2] i+1　[3] i

11.9　17　11.10　[1] (*fun)(double)　[2] (*fun)(a+i*h)　[3] mypoly

11.11　主函数的首部写成：main(int a,char *c[ ]),若 a 的值为 1 时，则按隐含规定输出最后 10 个字符。c[1]中存放了字符串："-2"或"+6"的首地址，则存储单元 *c[1](即 c[1][0])中存放了字符'-'或'+',存储单元 *(c[1]+1)(即 c[1][1])中存放了字符'2'或'6',通过表达式 n=*(c[1]+1)-'0'可把数字字符转换为一位整数，然后根据存储单元 *c[1]和 a 中的值去进行相应的字符串操作。

11.12　习题 9.32 已经给出了把一个整数转换为二进制数的算法，这是一个把十进制整数不断被 2 除的过程，每次被 2 除的余数即是一个二进制位上的数(1 或 0)。在递归算法中，每次被 2 除后的余数若保留在每个递归层的变量 d 中，当满足递归结束条件，退出递归函数之前输出该层变量 d 中的值，则先输出的就是转换后二进制数中高位上的值，这可用以下 outninary 递归函数来完成：

```
void outninary( int a )
  { int d;
    d=a%2;
    if( a!=0 ) { outbinary(a/2); printf("%d",d); }
  }
```

11.13　这是一个累加的过程，若函数形参为 n,从 n 开始逐个累加，而每次的加数比前一个减 1,递归结束条件是，累加项为 0。此函数可写成：

```
long sum( int n ) { if(n!=0) return n+sum(n-1);else return 0; }
```

11.14　$F(n)$函数已经给出了明确的递归算法，所以只要把它用 C 语言来表达就可以了：

```
int f( int n )
  { if(n==0 || n==1) return 1;
    return( f(n-1)+f(n-2) );
  }
```

当 n 的值分别为 5、6、7、8 时，函数值为 8、13、21、34。

第 12 章

12.1　B　12.2　B　12.3　A　12.4　C　12.5　D　12.6　B　12.7　A　12.8　D
12.9　2,5,1,2,3,-2　12.10　2468

第 13 章

13.1　A　13.2　C　13.3　B　13.4　C　13.5　D　13.6　D　13.7　D
13.8　ar=9　ar=9　ar=11　13.9　[1] int *　[2] s　[3] *b
13.10　#define MYALPHA(c) (((c)>='A'&&(c)<='Z') || ((c)>='a'&&(c)<='z'))
13.11　#define SWAP(t,x,y) {t temp; temp =x; x=y; y= temp; }
13.12　提示：本题涉及的算法应该已很熟悉，只是要求用动态存储单元来代替普通的变量。首先要定义三个基类型为 int 的指针变量；然后调用 malloc 函数，分别使三个指针指向三个动态分配的存储单元；通过调用 scanf 函数给指针所指的三个动态分配存储单元赋值；然后通过比较和两数交换使得最小的数放入 p1 所指的动态存储单元中，最大的数放入 p3 所指的动态存储单元中；最后输出这三个指针所指的存储单元中的值，以便验证结果是否正确。

第 14 章

14.1　D　14.2　D　14.3　D　14.4　A　14.5　B　14.6　C　14.7　C　14.8　D
14.9　struct link *next
14.10　[1] p->next　[2] m>p->data 或 p->data<m
14.11　[1] (struct list *)　[2] struct list　[3] (struct list *)　[4] struct list
[5] return　h
14.12　可用以下 readrec 函数读入学号、姓名和四项成绩并计算平均分：

```
void readrec(struct stud *ps)
  { int i,j;
    for ( i=0; i<N; i++ )
    { gets(ps[i].num); gets(ps[i].name); ps[i].ave=0;
      for(j=0;j<4;j++) { scanf("%d",&ps[i].s[j]); ps[i].ave+=ps[i].s[j]/4.0; }
      getchar(); /* 读走留在输入缓冲区内的回车符 */
    }
  }
```

用以下 writerec 函数输出学号、姓名、输出四项成绩和平均分：

```
void writerec(struct stud *ps)
    { int i,j;
      for(i=0;i<N;i++)
      { printf("%s %s",(ps+i)->num,(*(ps+i)).name); /* 输出学号、姓名 */
        for(j=0;j<4;j++) printf("%3d",ps[i].s[j]); /* 输出四项成绩 */
        printf("%6.1f\n",ps[i].ave); /* 输出平均分 */
      }
  }
```

14.13 提示：

(1) 为了对链表进行操作，必须先建立链表。建链表函数的编写可参考例14.7。

(2) 本题要求编写的两个函数都是找结点数据域的最大值，区别在于函数的返回值不同：一个是结点的数值，一个是结点的地址值。因此，两个函数的首部不同，例如：

```
int maxaval(struct node *head) /* 返回结点的数值 */
    struct node *maxadd(struct node *head) /* 返回结点的地址值 */
```

函数的核心程序段如下：

```
p=head->next; /* p指向第1个结点 */
    m=p->data; pmax=p; /* 假设的最大值放入m,结点的地址放入pmax */
    for(p=p->next; p; p=p->next) /* 依次访问链表的各个结点 */
      if(m < p->data){ m=p->data; pmax=p; } /* 记下当前的最大值及最大值所在结点的地址值 */
```

对于第一个函数，需要返回的是m；而第二个函数，需要返回的是pmax。

第15章

15.1 D　15.2 A　15.3 B　15.4 A

15.5 11110000　15.6 a=a&0　15.7 a=a|07777　15.8 x=x|0177400

15.9 a=012500>>2　15.10 ch=ch|32

第16章

16.1 B　16.2 C

16.3 [1] ! feof(f1)　[2] f2　[3] fclose(f1)　[4] fclose(f2)

16.4 [1] fopen(fname,"w")　[2] ch

16.5 [1] "r"　[2] (! feof(fp))　[3] fgetc(fp)

16.6 CCCCBBBBAAAA

16.7 以下程序段从终端输入一个字符串后，就立即把它输出到文件中，因为有N个字符串，因此需要放在循环中来完成：

```
for(i=1;i<=N;i++)
    { printf("Enter a string: ");gets(s); fputs(s,fp);fputc('\n',fp); }
```

函数fputs(s,fp)把刚从终端读入的字符串s输出到fp所指的文件中。请注意函数fputs(s,fp)的输出特点：在输出时它将只输出字符串中的字符而不输出字符串的结束标志到文件中，因此在文件中，连续输出的字符串之间将头尾相接，在文件中存储了一个接一个的字符，分不清到底是哪个字符串，其结果就使得不再可能从其中读入各个字符串了。为了分清各个字符串，因此在每输出一个字符串时，就接着输出一个'\n'符，以区分各字符串，在此由fputc('\n',fp);来完成。

在关闭和重新打开文件后，用以下程序段从文件中输入字符串，并把刚读入的字符串输出到终端屏幕：

```
fgets(s,M-1,fp);
    while(! feof(fp))
    { c=s[strlen(s)-1];
      if(c=='\n') s[strlen(s)-1]=0;
      puts(s); fgets(s,M-1,fp);
    }
```

fgets(s,M-1,fp)从fp所指文件中输入M-1个字符放入s的地址中。如果在未读满M-1个字符之前读到了一个换行符，则结束本次操作，系统在字符串最后自动加入'\0'。注意，如果未读满 M-1 个字符，这时已把换行符读入，并作为字符串最后一个字符(在'\0'之前)。因此需要用'\0'来替换'\n'，可用语句：s[strlen(s)-1]=0；来实现，然后用 puts(s)；进行输出。fgets(s,M-1,fp)；作为循环体内最后的语句，当读到文件的结束标志时，函数 feof(fp)的值为 1，循环立即结束。

16.8　若数据放在 a 数组中，以下程序段输出 N 个双精度数据到已打开的二进制文件中：

```
for(i=0;i<N;i++)fwrite(a+i,sizeof(double),1,fp);
```

在把文件位置指针移到文件开头之后，可参考以上程序段从 fp 所指文件中逐个读入数据依次存放在 a 数组中，或用以下语句一次性输入 N 个 sizeof(double)字节的数据，放入 a 所指地址开始的存储区中。

```
fread(a,sizeof(double),N,fp);
```